旧机动车鉴定与评估

（第二版）

交通职业教育教学指导委员会　组织编写

屠卫星　主　编

刘　锐　主　审

人民交通出版社

内 容 提 要

本书是"十二五"职业教育国家规划教材之一,是在各高等职业院校积极践行和创新先进职业教育思想和理念,深入推进"校企合作、工学结合"模式的大背景下,由交通职业教育教学指导委员会汽车运用与维修专业指导委员会组织编写而成。

本教材以旧机动车鉴定、评估、交易等工作过程为主线,内容主要包括旧机动车市场、旧机动车的技术鉴定、旧机动车评估方法的选择、旧机动车的评估、旧机动车的交易等,共分5个学习任务。

本书主要供高等职业院校汽车技术服务与营销专业教学使用,也可作为旧机动车鉴定与评估、旧机动车评估等岗位职业培训机构的培训教材或自学用书。

图书在版编目(CIP)数据

旧机动车鉴定与评估/屠卫星主编. —2版. —北京:
人民交通出版社,2014.8
 ISBN 978-7-114-11217-1

Ⅰ. ①旧… Ⅱ. ①屠… Ⅲ. ①机动车–鉴定–高等职业教育–教材②机动车–估价–高等职业教育–教材
Ⅳ. ①F724.76

中国版本图书馆 CIP 数据核字(2014)第 036411 号

"十二五"职业教育国家规划教材

书　　名:	旧机动车鉴定与评估(第二版)
著 作 者:	屠卫星
责任编辑:	时　旭
出版发行:	人民交通出版社
地　　址:	(100011)北京市朝阳区安定门外外馆斜街3号
网　　址:	http://www.ccpress.com.cn
销售电话:	(010)59757973
总 经 销:	人民交通出版社发行部
经　　销:	各地新华书店
印　　刷:	北京市密东印刷有限公司
开　　本:	787×1092　1/16
印　　张:	14.25
字　　数:	330千
版　　次:	2010年3月　第1版 2014年8月　第2版
印　　次:	2018年5月　第4次印刷　总第8次印刷
书　　号:	ISBN 978-7-114-11217-1
定　　价:	33.00元

(有印刷、装订质量问题的图书由本社负责调换)

交通职业教育教学指导委员会
汽车运用与维修专业指导委员会

主 任 委 员：魏庆曜

副主任委员：张尔利　汤定国　马伯夷

委　　　员：王凯明　王晋文　刘　锐　刘振楼

　　　　　　刘越琪　许立新　吴宗保　张京伟

　　　　　　李富仓　杨维和　陈文华　陈贞健

　　　　　　周建平　周柄权　金朝勇　唐　好

　　　　　　屠卫星　崔选盟　黄晓敏　彭运均

　　　　　　舒　展　韩　梅　解福泉　詹红红

　　　　　　裴志浩　魏俊强　魏荣庆

秘　　　书：秦兴顺

第二版 前言

　　根据教育部的《关于"十二五"职业教育国家规划教材选题立项的函》(教职成司函[2013]184号)的通知精神,人民交通出版社出版的教材《旧机动车鉴定与评估》符合"十二五"职业教育国家规划教材选题立项要求。

　　2013年10月,人民交通出版社组织十几所院校的汽车专业教师代表,在青岛召开了"十二五"职业教育国家规划教材汽车类专业立项教材修订会议。会议根据《教育部关于"十二五"职业教育教材建设的若干意见》(教职成[2012]9号)文件精神,经过认真研究讨论,吸收了教材使用院校教师的意见和建议,确定了立项教材的修订方案。

　　本书是在第一版的基础上,在会议确定的修订方案指导下完成的,教材的内容修订主要体现在以下几个方面:

　　1. 依据最新颁布的国家政策和标准修改书中陈旧内容。针对最近几年国家发布的与旧机动车鉴定评估相关的政策和法规,如汽车环保国十条、汽车尾气排放国V标准、汽车燃油质量标准、机动车安全检验技术条件、汽车新报废标准等;以及即将出台的旧机动车鉴定与评估标准,书中就这些内容进行了添加与修改。

　　2. 作者近几年对旧机动车市场进行了调研,就旧机动车市场变化,汽车置换的深入,旧机动车拍卖的兴起,特别是一些汽车公司都陆续投入品牌旧机动车,对这些内容进行了添加和更新。

　　3. 根据教育教学改革新理念进行修改。特别是学生自主学习,利用网络资源、移动设备进行再学习。书中适当添加了网络资源链接、app运用查找相关旧机动车资料等内容。

　　4. 几年来,与我院合作办学的汽车企业已有8家,利用提供的培训资料,更换修改书中一些图片和相关数据表格。

　　本教材的修订工作,具体分工如下:由南京交通职业技术学院的黄秋平修订学习任务1和学习任务5;屠卫星修订学习任务2、学习任务3和学习任务4及附录。南京保时捷投资管理有限公司陆捷经理、江苏雨田广州本田旧二手车部何进文经理、南京苏奥汽车销售服务有限公司置换顾问张陆林、南京中升丰田汽车服务有限公司二手车主管张兴旺为本次修订工作提供了相关资料,并对本书提出了宝贵建议,在此编者特表示感谢!

　　限于编者水平,书中难免有疏漏和错误之处,恳请广大读者提出宝贵建议,以便进一步修改和完善。

编者

2014年1月

第一版 前言

为贯彻《国务院关于大力发展职业教育的决定》以及教育部制订的《国家教育事业发展"十一五"规划纲要》精神,深化职业教育教学改革,积极推进课程改革和教材建设,满足职业教育发展的新需求,交通职业教育教学指导委员会汽车运用与维修专业指导委员会组织全国交通职业技术院校的骨干教师及相关企业的专业人员,编写了本套高等职业教育规划教材,供高等职业院校汽车技术服务与营销专业教学使用。

本系列教材在组织编写过程中,认真总结了全国交通职业院校多年来的专业教学经验,注意吸收发达国家先进的职教理念和方法,形成了以下特色:

1. 推行工学结合的人才培养模式。汽车技术服务与营销专业建设,从市场调研、职业分析,到专业教学标准、课程标准开发,再到课程方案制订、教材编写的全过程,都是交通职业院校的教师与相关企业的专业人员一起合作完成的,真正实现了学校和企业的紧密结合。本专业的课程也体现了工学结合的本质特征——"学习的内容是工作,通过工作实现学习"。本专业的核心课程有:《汽车结构与拆装》、《汽车使用与维修》、《汽车维修服务》、《汽车备件管理》、《汽车营销》、《汽车保险与公估》、《旧机动车鉴定与评估》。

2. 体现任务驱动的课程教学理念。以职业岗位的典型工作任务为驱动,确定理论与实践一体化的学习任务,按照工作过程组织学习过程。每个学习任务既有知识学习,又有技能操作,是工作要求、工作对象、工具、方法与劳动组织方式的有机整体。

3. 倡导行动导向的引导式教学方法。本系列教材注重对学习目标和引导问题的设计,以学生为主体,强化学生的地位,给学生留下充分思考、实践与合作交流的时间和空间,让学生亲身经历从观察→操作→交流→反思的活动过程。

4. 提供紧密结合职业岗位的技术内容。教材内容力求符合最新的国家及行业相关技术岗位标准以及技能鉴定的要求,为学生考取双证提供帮助。

5. 采用全新的结构编排模式。本系列教材打破了传统教材的章节体例,以典型学习任务为一个相对完整的学习过程,每个学习任务的内容相互独立但又有内在的联系。在每个学习任务开篇处,都以解决实际问题、完成岗位任务为导引,设定"学习目标"、"任务描述"和"学习引导"三个栏目,围绕工作任务聚焦知识和技能;正文则由若干个单元组成,包含"相关知识"、"任务实施"等内容;任务的最后是"评价反馈",包括自我评价、小组评价、教师评价,可帮助学生获得初步的总结、反思,是学习的延伸与拓展。

《旧机动车鉴定与评估》是本系列教材中的一本。与传统同类教材相比,本

第一版 前言

教材紧跟旧机动车市场行情,适应当前旧机动车交易发展的需要,诸如"小排量"、"环保标志"、"交强险"、"汽车下乡"等内容书中均有体现。本书图文并茂,有大量旧机动车评估的案例,书中收集了许多旧机动车评估人员的一手资料,内容翔实,理论联系实际,操作性强,同时还有大量的"小知识"、"相关链接"、"特别提示"等,有助于学生拓展知识面和提高能力。

参加本书编写工作的有:南京交通职业技术学院的黄秋平(编写学习任务1和学习任务5)、屠卫星(编写学习任务2、学习任务3和学习任务4)。全书由南京交通职业技术学院的屠卫星担任主编,吉林交通职业技术学院的刘锐担任主审。文正保险公估有限公司旧机动车高级鉴定估价师王永盛提供了许多资料,并对本书提出了宝贵建议。

限于编者经历和水平,教材内容难以覆盖全国各地的实际情况,希望各教学单位在积极选用和推广本系列教材的同时,注重总结经验,及时提出修改意见和建议,以便再版修订时补充完善。

交通职业教育教学指导委员会
汽车运用与维修专业指导委员会
2009年6月

目 录

学习任务1　旧机动车市场与旧汽车认知 ……………………………………… 1
　　学习目标 ………………………………………………………………………… 1
　　任务描述 ………………………………………………………………………… 1
　　学习引导 ………………………………………………………………………… 1
　　一、相关知识 …………………………………………………………………… 2
　　二、任务实施 …………………………………………………………………… 34
　　三、评价反馈 …………………………………………………………………… 40

学习任务2　旧机动车的技术鉴定 …………………………………………… 42
　　学习目标 ………………………………………………………………………… 42
　　任务描述 ………………………………………………………………………… 42
　　学习引导 ………………………………………………………………………… 42
　　一、相关知识 …………………………………………………………………… 43
　　二、任务实施 …………………………………………………………………… 72
　　三、评价反馈 …………………………………………………………………… 73

学习任务3　旧机动车评估方法的选择 ……………………………………… 75
　　学习目标 ………………………………………………………………………… 75
　　任务描述 ………………………………………………………………………… 75
　　学习引导 ………………………………………………………………………… 75
　　一、相关知识 …………………………………………………………………… 76
　　二、任务实施 …………………………………………………………………… 96
　　三、评价反馈 …………………………………………………………………… 104

学习任务4　旧机动车的评估 ………………………………………………… 106
　　学习目标 ………………………………………………………………………… 106
　　任务描述 ………………………………………………………………………… 106
　　学习引导 ………………………………………………………………………… 106
　　一、相关知识 …………………………………………………………………… 107
　　二、任务实施 …………………………………………………………………… 143
　　三、评价反馈 …………………………………………………………………… 145

学习任务5　旧机动车的交易 ………………………………………………… 147
　　学习目标 ………………………………………………………………………… 147
　　任务描述 ………………………………………………………………………… 147
　　学习引导 ………………………………………………………………………… 147

目 录

一、相关知识 …………………………………………… 148
二、任务实施 …………………………………………… 188
三、评价反馈 …………………………………………… 193
附录　旧机动车交易相关法律法规 ……………………… 195
参考文献 ……………………………………………………… 217

学习任务1　旧机动车市场与旧汽车认知

学习目标

1. 知道我国旧机动车市场行情；
2. 知道汽车的分类与主要性能指标的含义；
3. 根据汽车识别码可以识别汽车生产厂家与生产年代。

任务描述

在旧机动车评估时，需要了解旧机动车的市场行情，并且知晓汽车的相关信息，如评价指标与性能的关系，车辆识别代码VIN等。评估人员必须掌握这些重要信息，才能对旧机动车进行评估。

学习引导

本学习任务沿着以下脉络进行学习：

一、相 关 知 识

（一）旧机动车市场

目前我国已经有多种旧机动车交易市场形式，常见的有旧机动车交易市场、旧机动车经营公司、旧机动车置换公司、旧机动车经纪公司和经纪人等。但旧机动车经纪公司和经纪人只能在旧机动车市场中进行旧机动车的撮合成交。

随着旧机动车市场的发展和壮大，旧机动车超市和旧机动车园区也在逐渐形成和发展。其主要功能是在一般的旧机动车市场的基础上，引入了汽车文化、科技、科普教育、展示、旅游、娱乐等多项功能。

总之，随着我国机动车保有量的不断增加，旧机动车市场的发展前景将是一片光明，旧机动车产品的流通，逐渐成为一种朝阳产业，已成不争的事实。

旧机动车是指从办理完注册登记手续至达到国家强制报废标准之前进行交易并转移所有权的汽车。旧机动车鉴定评估就是指对旧机动车进行技术状况检测、鉴定，确定某一时点价值的过程。

旧机动车交易是指买主和卖主进行旧机动车商品交易和产权交易。由于政府对机动车实行严格的管理，旧机动车产权只能在旧机动车交易市场中进行交易、转换。因而，为满足旧机动车的产权流动而建立的旧机动车产权交易市场，其主要业务就是接受产权交易双方委托并撮合成交，以及对旧机动车交易及产权转换的合法性进行审查。

旧机动车交易市场是机动车商品二次流通的场所，它具有中介服务商和商品经营者的双重属性。具体而言，旧机动车交易市场的功能有：旧机动车鉴定评估、收购、销售、寄售、代购代销、租赁、置换、拍卖、检测维修、配件供应、美容装饰、售后服务，以及为客户提供过户、转籍、上牌、保险等服务。此外，旧机动车交易市场还应严格按国家有关法律、法规审查旧机动车交易的合法性，坚决杜绝盗抢车、走私车、非法拼装车和证照与规费凭证不全的车辆上市交易。

1. 我国旧机动车市场现状概述

（1）行业法规滞后，时效性不足；政策不健全，造成旧机动车市场管理水平难以提高，服务功能缺乏。

（2）旧机动车车源逐渐得到丰富。受新车降价影响，旧机动车经销商风险加大，一般来说，新车价格下降10%，同类车的旧机动车价格同步下降7%左右，有时甚至更多；但新车降价使更多品牌的轿车流入旧机动车市场，丰富了旧机动车市场车源、品种和质量，扩大了消费者的选择范围。

（3）随着市场经济的发展，旧机动车交易形式趋于多元化。为了开拓市场，满足消费者的需求，一些汽车生产厂家在全国推出旧机动车置换、认证业务，打破了原有的有形旧机动车市场单一交易的模式，一种以品牌轿车销售为主体的旧机动车置换体系正在全国逐步形成。其主要特点是：方便消费者购车，解除消费者在购买旧机动车时对售后服务的担忧，同时品牌轿车企业在稳定原有客户的基础上，延伸了新的利润来源。

相关链接

汽车排放标准车型查询

由于环保要求,很多达不到国3排放标准的旧机动车被限制转籍,旧机动车车型极多,很多车主自己都弄不清楚自己的车到底达到何种排放标准,买车人也因为不明确看中的车辆是否可以在自己当地上牌而不敢下手,到车管所查询又费时费力,现在为大家提供一个查询地址,即国家环保总局的官方查询地址。

汽车排放标准车型查询,http://www.vecc-sepa.org.cn/vehicls/main.jsp。

(4)旧机动车鉴定评估与旧机动车交易市场分离试点工作全面铺开,出现了一大批专业的旧机动车鉴定评估机构,但我国目前还没有形成完整统一的旧机动车价值评估标准和汽车残值发布制度,对旧机动车价值的评估过于简单和随意,实际估值与理论价值差异很大。

(5)部分旧机动车交易市场开始转变经营理念,面对旧机动车经营权逐渐放开,还有的企业引入了旧机动车网上拍卖系统,开展网上交易等;汽车拍卖以快捷定价、快捷转让和兑现的优势迎合了市场的需求。目前,消费者在转让旧机动车过程中遇到的突出问题是转让繁琐、价格不理想以及车兑现货币较慢等,旧机动车拍卖这种营销方式在一定程度上满足了这部分消费者的需求。

(6)未来中国旧机动车市场将呈现出三个重要趋势。

①豪华品牌旧机动车比重将会增加,这主要是由于豪华品牌新车销售比例的连年上升。这将会给4S认证旧机动车带来积极的影响,消费者对于豪华旧机动车的购买驱动因素和原因与普通品牌的不甚相同。简单来说,品质、安全、售后服务将被更为看重,对价格的敏感度不如普通品牌,这恰恰是4S店相对于黄牛的优势所在。

②跨区域流转将成为未来趋势,本质上来说,跨区域流通主要是出于价格洼地的考虑,将车从收车价格低的地方卖到车价格高的地方。起初可能是城市中心逐步形成,然后是区域中心形成,最后是全国统一大市场的形成。

③旧机动车交易将向新车交易水平靠拢,旧机动车将不再是令人看不起的旧货业务,而是从销售流程、汽车金融、售后服务、再收购等方面全面向新车规范靠拢,让消费者在选购旧机动车的过程中同样感受并享受到购买新车一样的客户体验,毕竟从本质上讲,消费者买旧机动车和新车的期盼是一致的,都希望开一辆放心和称心的爱车回家。

(7)未来阻碍中国旧机动车市场发展的主要问题可能有以下三个。

①非黄牛经营实体的增值税负担,这个是目前最为直接,经销商抱怨最多的一个硬伤,2%的增值税使得本来对于黄牛就不具备价格优势的经销商愈加不具竞争力。

②黄牛当道,收不到车,这是直接造成黄牛充斥于市并且扰乱正常经营规则的重要原因。目前已经有主机厂和经销商集团意识到这个问题,并提出建立统一收车和内部流通平台的想法,如果这一方案被证明是可行的,那么旧机动车残值将得到更好的保护,主机厂和经销商都可以从中受益,而作为卖车的消费者,也可以得到更多补偿。

③旧机动车评估问题,这是困扰中国旧机动车市场发展的老大难问题了,参照美国市场的做法,认证旧机动车是由授权经销商来负责,而非认证旧机动车则是由社会公认的第三方

机构来评估。但在中国,由于保养记录不全、里程表篡改现象普遍、新车价格持续走低、各品牌在新车市场厮杀正酣等因素,使得建立一个跨品牌的第三方残值评估机构变得非常困难。

据中国汽车流通协会统计,2000—2009年十年间,我国旧机动车交易量由25.17万辆上升到333.86万辆,增长了12倍。2011年,堪称我国旧机动车市场元年,这一年的旧机动车累计交易量达433万辆,同比增长12.47%。2012全年旧机动车交易增长10.6%,达到479.14万辆。2013年,全国旧机动车成交量有望达到500万辆的水平。但与欧美成熟市场相比,我国的旧机动车市场尚处在起步阶段。

随着旧机动车相关政策的陆续出台,旧机动车市场将迎来高速发展期。据预测,未来十年,国内旧机动车市场的年度交易规模将超过3600万辆,比2013年增加6倍。中国汽车流通协会副秘书长沈荣表示,在各项利好政策的支持下,旧机动车市场的交易总规模将进一步上升,未来十年,旧机动车的年度交易规模将达到3640万辆,新车和旧机动车交易量1:1的成熟汽车市场标志将在全国显现。

旧机动车市场的崛起体现出我国汽车市场正在步入成熟阶段,其中政策的带动效果明显。除了2012年一系列老旧车辆淘汰更新刺激政策外,2011年底国家税务总局发布的新《车辆购置税征收管理办法》,更是给旧机动车市场注入了强劲的发展动力。车辆购置税过户、转籍、变更业务的取消,为中国旧机动车市场进一步发展打开了一个更大的空间。

据悉,为了进一步推动旧机动车市场,商务部在2011年底发布的《关于促进汽车流通业"十二五"发展的指导意见》中提出,2015年中国旧机动车交易量将超过1000万辆,年均增长率达到15%。同时,鼓励发展品牌旧机动车经营,支持汽车供应商拓展品牌旧机动车业务,完善旧机动车流通网络。

2. 我国旧机动车市场的多元发展

目前,旧机动车市场表现出的巨大发展活力,对社会资金产生了强大吸引力,新注册成立的旧机动车流通企业明显增多,旧机动车交易市场、旧机动车经销公司、旧机动车拍卖公司、旧机动车鉴定评估机构、旧机动车信息服务企业等迅速增多,旧机动车市场竞争格局随之发生了深刻变化。透过这些变化,不难看出我国旧机动车市场正走入多元发展的轨道。

1)品牌旧机动车全面铺开

我国大部分主流乘用车生产企业已推出了旧机动车业务,没有开展旧机动车业务的企业也在密切关注、积极准备。过去开展旧机动车业务的只有上海通用、上海大众、一汽大众、东风雪铁龙等少数几个品牌,而如今除上述几个品牌外,一汽丰田已经在其营销网络推出了"安心二手车",华晨宝马推出了"尊选二手车",东风悦达起亚推出了"起亚·至诚二手车"。品牌旧机动车的出现,丰富了旧机动车市场,增加了消费者的选择。

品牌旧机动车有汽车生产企业作为强大的后盾,其经营运作方式由汽车生产企业严格把关、统一形象、统一宣传推广、注重品牌效应。特别是一些企业推出的"认证旧机动车",有严格的认证标准和操作规范,并借鉴欧美国家的实践经验,使消费者购买"认证旧机动车"时,不用为其车辆质量问题担忧,也不用担心会上当受骗,更用不着操心售后服务问题,因为汽车生产企业针对这些问题有成熟的解决方案。

2)旧机动车交易市场服务升级将成为发展趋势

旧机动车交易市场是我国特有的旧机动车流通渠道,经过近20年的培育和发展,形成了比较成熟的模式,同时也为我国旧机动车市场的发展作出了不可磨灭的贡献。新的经营主体出现后,旧机动车交易市场普遍感到竞争压力增大。不少旧机动车交易市场意识到,提高经营管理水平,扩大服务功能,改变过去交易市场散、乱、差和服务不到位的形象是提高竞争力的最佳途径。他们开始转变经营机制,拓宽服务领域,延伸服务产业链,改变过去仅"交易过户"一项功能的局面,增加了维修、美容、交易、质量担保等多环节、一条龙服务模式,既为消费者创造了更加周到的服务,又为企业找到了新的利润增长点。

以北京、上海、天津等地的旧机动车交易市场为代表的大批旧机动车流通企业,走出了一条以旧机动车交易服务为主线,以置换、拍卖、鉴定评估、维修、美容等多种服务并存的发展之路。南京最大的旧机动车市场天诚二手车交易市场如图1-1所示。这些企业首先在硬件设施建设上投入巨资,为驻场商户提供良好的经营条件,为消费者提供整洁舒适的交易环境;其次在保护消费者利益方面,他们引入了先行赔付制度。另外,他们在营销方法与手段上,也不断推陈出新,一些企业引入旧机动车网上拍卖系统,把网上交易和现场拍卖会相结合,进一步扩大了原有旧机动车经营业务的范围,为旧机动车交易市场在新的市场形势下实现可持续发展,提供了新思路。

图1-1　天诚二手车交易市场

3)旧机动车拍卖呈现活跃趋势

目前,大量拍卖企业已经涉足旧机动车流通领域,专业的旧机动车拍卖企业将随着旧机动车市场的逐步完善而发展壮大,成为旧机动车流通体系中不可缺少的重要环节。根据发达国家的经验,旧机动车拍卖主要是旧机动车经销商之间实现流通的中间环节,其资源提供者一般为汽车厂商、汽车金融机构、汽车租赁企业、政府机关和新车经销商以及旧机动车经销企业,而旧机动车拍卖会的竞买人一般为旧机动车经销商。因此,我国旧机动车拍卖企业的发展将依赖两个主要因素:其一是旧机动车经销商(包括品牌经销商)的一手车销售、置换业务相对成熟,能够向拍卖企业提供足够的车源;其二是汽车租赁、汽车金融业的发达程度。

4)旧机动车鉴定评估寻求出路

目前,大部分鉴定评估企业仍然沿用过去落后的评估手段,不能满足消费者对评估结果的需求。在"自愿评估"的政策环境下,一部分鉴定评估企业感到日子不好过,似乎遇到了所谓的"生存危机"。

但不能否认的是,鉴定评估企业还有巨大的发展空间。因为当前旧机动车信息不对称的问题仍然非常严重,很多消费者购买旧机动车时希望请"懂行人"帮忙挑车。如果鉴定评估企业能向消费者提供有公信力的鉴定评估报告,并对评估结论承担相应的责任,必定受到广大消费者的欢迎,在行业内树立权威性。

因此,鉴定评估企业要尽快地转变观念、树立服务意识、深层次挖掘鉴定评估的内涵,同时要改进鉴定评估手段和方法,在开展鉴定评估过程中强化对车辆质量状况的评估,淡化估值行为。这应该是目前鉴定评估企业寻求发展的当务之急。

可以肯定地说,鉴定评估企业作为旧机动车流通过程中的重要环节,将随着评估标准和手段的改变,度过生存危机,进入良性发展阶段。

5）旧机动车信息服务市场活力显现

旧机动车市场的巨大发展潜力为专业服务机构提供了空前的发展机遇,并受到风险投资的青睐。我们经常会看到这样一些新闻:某某风险投资商向某某网站投入了多少资金用于旧机动车服务项目。这预示着我国旧机动车市场已经到了暴发行情的前期,围绕旧机动车交易的专业服务机构,如旧机动车鉴定评估机构、旧机动车信息服务机构、专业咨询机构、专业媒体、网站等将实现跨越式的发展。

随着旧机动车市场的发展与整合,可以预见,不久以后,一种以旧机动车经销企业（包括新车专卖店）为主体,以旧机动车拍卖企业、旧机动车经纪企业为中坚力量,以旧机动车交易市场为载体,以经营销售、拍卖、经纪、直接交易为主要运作模式的市场竞争格局将逐步形成,为旧机动车市场实现跨越式发展奠定基础。

3. 旧机动车市场的特点

回首这几年的旧机动车市场,在总体销量保持平稳上升的基础上,也凸现出如下新特点:

1）乘用车销量明显提高

随着私家车进入家庭的深度不断跟进,更好的车辆需求已经成为新的追求。目前换车的概念不言而喻,更多地是侧重家庭换车,这就给旧机动车市场提供了更充盈的货源,近年来二手家庭轿车销量一直平稳上升。整体来说全年货源紧张的时候不太多,基本都能收到车,即使诸多品牌公司开展旧机动车置换业务之后,仍然不愁收车,轿车为旧机动车市场提供了最稳定的货源。

据《2012年中国二手乘用车市场发展前景与消费特征研究报告》资料统计,轿车占到二手乘用车约90%的份额;占所有旧机动车的54%。二手乘用车交易量已形成了近270万辆的规模,总体呈高速增长态势,尤其是在新车市场呈现明显增长乏力的这几年,旧机动车仍然保持了两位数的增幅。由此不难看出,全年二手轿车销量明显增幅较大,已经成为拉动旧机动车高速增长的中坚力量。

2）新车、准新车明显增多

据《2012年中国二手乘用车市场发展前景与消费特征研究报告》资料统计,旧机动车车龄集中于6年以内（70%）,3年以内的次新车的比例相对较低（不到30%）,与旧机动车总体相比,二手轿车的车龄在近几年变化不大。整个市场上,高中低档旧机动车中新车、准新车都有不少,微型车中以奇瑞QQ系列为代表,中高级轿车中的别克君越、雅阁,甚至旺销车型凯美瑞也在此列,高档进口车里面的宝马X5系列等。与新车销售价格相比,目前二手乘用车的平均价格水平仅略高于 A00 级轿车新车，约为乘用车新车平均价格的 1/3，因而具有强大的价格吸引力。由此可见，旧机动车向低龄化方向发展已经成为旧机动车市场的一大亮点。和往年相比，卖的车都要新的多，大多数都是 3 年以内的，像以前车龄 7、8 年或者 10 多年的老车基本见不到了。

3）本地成交量明显提高

由于交易较原始，总体上旧机动车交易以本地过户为主；但近年来，随着交易量的扩大，转籍的比例还有所上升，尤其是 2011 年以来，北京的转籍比例急剧上升。统计资料显示，前几年北京市旧机动车交易量的 40% 是外地消费者，包括周边天津、河北等省市的消费者和经销商。

交易量排名前 5 位的省市交易量占全国总交易量的 57.5%，前 10 位省份交易量占全国总交易量的 81.5%。如图 1-2 所示。

图 1-2　2011 年全国二手乘用车交易量前十名

4）品牌旧机动车逐渐走俏

目前，国内主要乘用车生产企业大多数都已经开展了品牌置换业务，上海通用、上海大众、一汽大众、一汽丰田、东风雪铁龙、东风日产、东风悦达起亚、广州本田、宝马等汽车品牌厂商的旧机动车置换业务已经在全国形成不小的营销网络。业界耳熟能详的 3A、安心、喜悦、至诚、诚新、优选、尊选等都是杰出的代表。奥迪品荐、奔驰的星睿、保时捷的认可易、大众易手车品牌 Das WeltAuto 同样也是耳闻目睹的品牌。

同时旧机动车置换也得到越来越多消费者的认可。方便、省心，另外不仅以旧换新还是以旧换旧，质量也都有保证，比去旧机动车市场淘车省事不少。

4. 旧机动车鉴定与估价

近年来，随着我国汽车保有量的增加，市场经济的不断完善和国民经济的发展，每年需要进行鉴定估价的车辆越来越多，涉及面也越来越广。据统计，为适应不同需要，目前我国每年要对约 100 万辆旧机动车进行鉴定估价，总价值逾 200 亿元，而且这个数量还在以 20% 左右的速度逐年递增。在目前情况下，正确认识和把握旧机动车鉴定估价行为，对做好有关经济和社会工作具有重要意义。

1）旧机动车鉴定估价的适用范围

随着汽车与经济和社会活动联系的紧密及功能的拓展，车辆鉴定评估行为也逐步渗透到社会的各个领域，成为资产评估的重要组成部分。在流通领域，旧机动车在不同消费能力群体中互相转手,需要鉴定估价,有关企业开展收购、代购、代销、租赁、置换、回收(拆解)等旧车经营业务需要鉴定估价;在金融系统,银行、信托商店及保险公司开展抵押贷款、典当、保险理赔业务时,需要对相关车辆进行鉴定估价;有关单位通过拍卖形式处理罚没车辆、抵押车辆、企业清算等车辆时,需要对车辆进行鉴定评估以获取拍卖底价;司法部门在处理相关案件时,也需要以涉案车辆的鉴定评估结果作为裁定依据;企业或个人在公司注册、合资、合作、联营及合并、兼并、重组过程中,也会涉及旧机动车鉴定评估业务。除此以外,旧机动车鉴定估价的一个重要任务就是要鉴定、识别走私、盗抢、报废、拼装等非法车辆通过旧车市场重新流入社会。

2) 旧机动车鉴定估价的意义

对旧机动车进行鉴定估价的过程,不仅仅是原有价值重置和现实价格形成过程,其背后还隐含着很多深层次的重要意义。

(1) 旧车进入市场再流通,属固定资产转移和处置范畴,按国家有关规定应缴纳一定的税费。目前各地对这一税费的征管,基本是以交易额为计征依据,实行比率税(费)率,采用从价计征的办法,而这里的计征依据实质上就是评估价格。因此,旧机动车鉴定估价的准确与否,直接关系到国家税收和财政收入的多少及其公正合理性。

(2) 旧车属特殊商品,旧机动车流通涉及车辆管理、交通管理、环保管理、资产管理等各方面,属特殊商品流通。目前我国对进入二级市场再流通的旧机动车有严格的规定,鉴定估价环节恰是防止非法交易发生的重要手段。

(3) 旧机动车鉴定估价还关系到金融系统有关业务的健康有序开展,司法裁决公平、公正进行及企业依法破产、重组等诸多经济和社会问题。特别是在目前旧机动车市场已逐步成为我国汽车市场不可分割的重要组成部分的情况下,我们应该把科学准确地对旧机动车进行鉴定估价提高到促进汽车工业进步、有效扩大需求乃至保障国民经济持续稳定发展和社会安定的高度来认识和把握。

3) 旧机动车鉴定估价的特殊性

由于汽车是高科技产品,旧车流通又属特殊商品流通,与其他资产评估相比,旧机动车鉴定估价具有以下特征。

(1) 知识面广。机动车鉴定估价理论和方法以资产评估学为基础,涉及经济管理、市场营销、金融、价格、财会及机械原理、汽车构造等多方面知识。

(2) 政策性强。既要熟知《拍卖法》《国有资产评估管理办法》《汽车报废标准》《旧机动车交易管理办法》《大气污染防治行动计划》等政策法规,还要掌握车辆管理有关规定及各地相关的配套措施。

(3) 实践和技能水平要求高。要求从业人员不仅会驾驶机动车,而且还能使用检测仪器和设备,并能通过目测、耳听、手摸等手段判断旧机动车外观、总成的基本状况,能够通过路试判断发动机、传动系、转向系、制动系、电路、油路等工作情况,甚至对机动车主要部件功能和更换也要有一定的了解。

(4) 动态特征明显。目前汽车产品更新换代快,结构升级、技术创新层出不穷,加之市场经济条件下市场行情的多变难测,使旧机动车鉴定估价工作具有极强的动态性、时效性。要求从业人员在具体工作中,不仅要掌握有关的账面原值、净值、手续历史依据,更要结合评估基准日这一时点的现实价格和行情,才能准确作出评估结果。

4）旧机动车鉴定估价现状和发展方向

目前,我国对旧机动车鉴定估价尚缺乏科学、统一、严谨的评估理论和方法,实际工作中还普遍存在着从业人员混杂、知识技能偏低、人为因素多、随意成分大的现象。很多单位没有评估定价能力和设施,个别地方只批市场,疏于管理,甚至在交易过程中有"私卖公高估价,公卖私低估价"现象,不仅扰乱了市场秩序,造成国有资产和税收的大量流失,影响司法公正和相关业务的正常开展,而且也使广大消费者合法权益得不到保障,有效需求受到抑制,同时也使走私车、拼装车、报废车重新流入社会成为可能,为"暗箱操作"等腐败行为创造了条件。

旧车鉴定估价环节存在的问题和由此引发的不良后果,社会各界反映强烈,也引起国家有关部门的高度重视。国家国内贸易局、劳动和社会保障部已经作出对旧机动车鉴定估价从业人员先培训、后上岗,实行职业资格证书制度的决定。从长远看,我们有必要将旧机动车鉴定估价从资产评估中分离出来,成立由旧机动车鉴定估价师组成的专业中介组织,面向全社会开展旧车鉴定估价业务。这既是鉴定评估行为公开、公正原则的客观要求,也是适应市场形势发展的必然选择,同时还可以为将来我国汽车报废、更新走技术检测道路,在机构组织、人才资源、知识等方面作些储备。

（二）汽车的分类

汽车的分类方法有许多种,我们选择几个对于旧机动车鉴定有用的分类方法进行介绍。

1. 根据汽车的动力装置进行分类

1）内燃机汽车

用内燃机作为动力装置的汽车。通常,内燃机汽车的主要形式是：

（1）汽油机汽车,用汽油机作为动力装置的汽车。

（2）柴油机汽车,用柴油机作为动力装置的汽车。

（3）气体燃料发动机汽车,发动机用天然气、煤气等气体作为燃料的汽车。

（4）旋转活塞发动机汽车,用旋转活塞发动机作为动力装置的汽车。

2）电动汽车

用电能作为动力装置的汽车。

3）混合动力汽车

在传统发动机之外,加上了一套电力驱动系统,两者共同作用去推动汽车前进。

4）燃气涡轮机汽车

用燃气涡轮机作为动力装置的汽车。

 小知识

电动汽车的概念

纯电动汽车：完全由可充电电池（如铅酸电池、镍镉电池、镍氢电池或锂离子电池）提供动力源的汽车。

燃料电池电动汽车：利用氢气和空气中的氧在催化剂的作用下在燃料电池中经电化学反应产生的电能作为主要动力源的汽车。

2. 按发动机位置和驱动方式进行分类

汽车传动系的布置形式取决于发动机的形式和性能、汽车的总体结构形式、汽车行驶系等因素。根据不同的使用要求,有几种布置形式见表1-1。

汽车布置形式   表1-1

图　示	布置形式	特　点
FR式车	发动机前置后轮驱动	(FR方式) Front engine rear drive	传统布置方式,货车、部分中高级乘用车、客车大都是这种布置
FF式车	发动机前置前轮驱动	(FF方式) Front engine front drive	结构紧凑,整车质量小,地板低,高速时操纵稳定性好,越来越多的乘用车采用这种结构形式
RR式车	发动机后置后轮驱动	(RR方式) Rear engine rear drive	大、中型客车常采用的布置形式,发动机的振动、噪声、油气味对乘员影响小,空间利用率高
4WD式车	发动机前置四轮驱动	(4WD方式) Four-wheel drive	越野车、高性能跑车上应用的最多,四个车轮均有动力,地面附着力最大,通过性和动力性好
MR式车	发动机中置,后轮驱动	(MR方式) Middle engine rear drive	F1赛车、跑车的布置形式,轴荷分配均匀,具有很中性的操控特性。但是发动机占去了座舱的空间,降低了空间利用率和实用性

3. 根据汽车的用途分类

汽车按用途分为乘用车和商用车两大类,乘用车是指在其设计和技术特性上主要用于载运乘客及其随身行李和/或临时物品的汽车,包括驾驶员座位在内最多不超过9个座位。它也可以牵引一辆车。商用车是指在设计和技术特性上用于运送人员和货物的汽车,并且可以牵引挂车。根据GB/T 3730.1—2001和GB/T 15089—2001汽车的分类如图1-3所示。

跨界车

英文是 Crossover,也被称为交叉车型。跨界车型结合了轿车、SUV、MPV 的各种优点,既有轿车的舒适性和燃油经济性,又有 SUV 的良好通过性与操控性能,还有 MPV 的大空间和装载能力,满足了时尚消费者更为实用化的需求。如名爵 MG3 SW、天语 SX4 等就属于跨界车。

图 1-3　汽车的分类

4. 根据机动车辆及挂车分类

在汽车性能和维修检测中,往往根据 GB/T 15089—2001(表 1-2)对汽车进行分类,分为 L 类、M 类、N 类、O 类和 G 类五种类型。

GB/T 15089—2001《机动车辆及挂车分类》对汽车的分类　　　表 1-2

字母代号	种类	细类		内容	
L 类车辆	两轮或三轮机动车辆	L_1、L_2、L_3、L_4、L_5		根据排量、驱动方式、车速和车轮数分类	
M 类车辆	至少有四个车轮并用于载客机动车辆	M_1		座位数(包括驾驶员)≤9 座	
		M_2	A	最大设计总质量≤5000kg	允许站立
			B	可载乘员数(不包括驾驶员)≤22 人	不允许站立
			Ⅰ	最大设计总质量＜5000kg	①
			Ⅱ	可载乘员数(不包括驾驶员)＞22 人	②
			Ⅲ		不允许站立
		M_3	A	最大设计总质量＞5000kg	允许站立
			B	可载乘员数(不包括驾驶员)≤22 人	不允许站立
			Ⅰ	最大设计总质量≤5000kg	①
			Ⅱ	可载乘员数(不包括驾驶员)＞22 人	②
			Ⅲ		不允许站立

续上表

字母代号	种类	细类	内容
N 类车辆	至少有四个车轮并且用于载货机动车辆	N_1	最大设计总质量≤3500kg
		N_2	3500kg＜最大设计总质量＜12000kg
		N_3	12000kg＜最大设计总质量
O 类车辆	挂车（包括半挂车）	O_1、O_2、O_3、O_4	根据设计最大总质量分数
G 类车辆	越野车	—	满足要求的 M 类、N 类

说明：①允许乘员站立，并且乘员可以自由走动。
②只允许乘员站立在过道或提供不超过相当于两个人座位的站立面积。

5. 乘用车（轿车）的分类

我国轿车分级是以发动机总排量作依据的。活塞从上止点移动到下止点所通过的空间容积称为汽缸排量，如果发动机有若干个汽缸，所有汽缸工作容积之和称为发动机排量，即发动机总排量是指发动机全部汽缸的工作容积之和，单位是升（L）。轿车发动机的总排量可以作为区分轿车级别的标志。一般排量越大的轿车，功率越大，加速性能越好，车的内装饰也越高级，其档次划分也就越高。乘用车（轿车）的分类见表1-3。

乘用车（轿车）的分类　　　　　　　　　　　　　　　表1-3

分类级别	依据（发动机排量）	分类级别	依据（发动机排量）
微型轿车	发动机排量≤1L	中高级轿车	2.5L＜发动机排量≤4L
普通级轿车	1L＜发动机排量≤1.6L	高级轿车	发动机排量＞4L
中级轿车	1.6L＜发动机排量≤2.5L		

相关链接

小排量汽车的优点

所谓小排量汽车，通常是指排量在1.0L左右的微型汽车，优点如下：

（1）节能。小排量汽车油耗量在城市道路上行驶每公里6L以下，与排量为1.4L的家庭经济型轿车相比，每百公里可省3～4L油，社会效益十分明显。

（2）环保。我国城市环境空气质量检测表明，70%的城市环境空气质量不达标，随着城市机动车保有量的急剧增加，机动车污染排放已成为很多城市空气污染的主要来源。

（3）经济。小排量汽车称得上是最佳的城市用车，价格便宜，一般在8万元以下，在家庭经济承受范围之内；同时，可降低制造的材料成本。

6. 德国汽车分级标准

按照德国汽车分级标准，A 级车包括 A、A0、A00 级车，一般指小型轿车；B 级车是中档轿车；C 级车是高档轿车；而 D 级车指的则是豪华轿车，其等级划分主要依据轴距、排量、质量等参数，字母顺序越靠后，该级别车的轴距越长，排量和质量越大，轿车的豪华程度也不断提高,具体见表1-4。

德国汽车分级标准　　　　　　　　　表1-4

车辆级别	代码	轴距(m)	发动机排量(L)	车型举例
小型轿车	A00	2～2.2	发动机排量<1	奥拓
	A0	2.2～2.3	1<发动机排量≤1.3	夏利
	A级	2.3～2.45	1.3<发动机排量≤1.6	捷达、波罗
中档轿车	B级	2.45～2.6	1.6<发动机排量≤2.4	奥迪A4、帕萨特、东方之子
高档轿车	C级	2.6～2.8	2.3<发动机排量≤3.0	奥迪A6
豪华轿车	D级	>2.8	发动机排量>3	奔驰S系列、宝马7系、奥迪A8

7. 常见车型型号与分类

1) 奥迪汽车型号

A是大部分奥迪轿车型号的开头字母,奥迪轿车和MPV的型号是用公司英文(Audi)的第一个字母(A)打头,数字越大表示价格越高:A1系列是紧凑型掀背车(A1有三种,分别是五门掀背、三门掀背和敞篷车),A2系列是小型旅行车,A3系列是小型旅行车,A4系列是运动轿车,A4 Avant系列是中型旅行车,A4 Cabriolet系列是敞篷车,A5系列是奥迪于2008年推出的Coupe跑车,A6和A6L系列是公务轿车,A6 Avant系列是大型旅行车,A6 Allroad Quattro系列是全地形旅行车,A8和A8L系列是大型公务轿车。

S开头的运动车:S3、S4、S4 Avant、S4 Cabriolet、S6、S6 Avant、S8。

RS开头的高性能运动车:RS4、RS4 Avant、RS4 Cabriolet、RS6、RS6 Avant、RS6 Plus。

Q开头的越野车:Q3、Q5、Q7。

TT开头的跑车:TT Coupe、TT Roadster。

R开头的GT跑车:R8为Le Mans Quattro Concept的量产版本,也是奥迪的第一辆超级跑车。

R开头的赛车:R10。

2) 奔驰汽车型号

奔驰汽车前面的字母表示类型和级别。A级是小型单厢车,C级为小型轿车,E级为中级轿车,S级为高级轿车,M级为SUV,G级为越野车,V级为多功能厢式车,SLK为小型跑车,CLK为中型跑车,SL为高级跑车,CL为高级轿跑车,SLR为超级跑车。

型号中间的数字,如280、300及500代表发动机排量,分别表示发动机排量为2.8L、3L及5L。

型号尾部的字母L表示为加长车型,Diesel表示为柴油发动机。如S600L则表示为高级、排量6L、加长型轿车。

3) 宝马汽车型号

宝马(BMW)汽车公司主要有轿车、跑车、越野车三大车种。

轿车有3、5、7和8四个系列,轿车型号的第一个数字即为系列号,第2个和第3个数字表示排量,最后的字母i表示燃油喷射,A表示自动挡、C表示双座位,S表示超级豪华。如318iA表示为3系列,排量为1.8L,燃油喷射,自动挡;850Si表示8系列轿车,排量为5.0L,

超级豪华型,燃油喷射。

跑车型号用 Z 打头,主打车型有 Z3、Z4、Z8 等,后面的数字越大表示越高级。

越野车用 X 打头,代表车型是 X5。

 相关链接

雷克萨斯车前面的 LX、RX、ES、GS、SC、IS、LS、GX 代表的含义:

LX——大型豪华多功能运动轿车;

RX——中型豪华混合多功能运动轿车;

ES——中型前轮驱动豪华轿车;

GS——中型后轮驱动/四轮驱动豪华运动双门小轿车;

SC——后轮驱动豪华敞篷双门小轿车;

IS——入门级后轮驱动/四轮驱动豪华运动车;

LS——大型后轮驱动豪华轿车;

GX——中型豪华多功能运动轿车。

4)汽车业界公认分类

实际上目前在汽车业界,比较公认的分类如下:

(1)微型车:比亚迪 F0、长安奔奔 Mini、长安轿车-奔奔 Love、菲亚特 500、奇瑞 A1、smart fortwo、江淮悦悦、雪佛兰宝骏乐驰、哈飞路宝、全球鹰熊猫等。

(2)小型车:雪佛兰赛欧、长城 M4、铃木雨燕 sport、广汽本田理念 S1、长安福特嘉年华 1.0T、名爵 3SW、奥迪 A1、长安铃木利亚纳、长安欧力威、MINI CLUBMAN、东风悦达起亚 K2、广汽丰田-YARiS L 致炫等。

(3)准中级车(或紧凑级车):雪佛兰科鲁兹、大众朗逸、日产轩逸、一汽丰田花冠、一汽大众速腾、一汽大众新宝、长安福特福克斯、起亚 K3、东风本田杰德等。

(4)中级车:奥迪 A4、别克君越、BMW3、比亚迪 G6、福特蒙迪欧、现代索纳塔、东风标致 508、广汽本田雅阁、一汽丰田锐志、荣威 750、丰田凯美瑞、帕萨特、沃尔沃 S40、一汽大众迈腾、北京现代名图、一汽奔腾 B70、北汽绅宝、长安睿骋、凯美瑞 Hybrid 等。

(5)中大型车(行政级车):一汽轿车红旗 H7、奥迪 A6、BMW5、通用别克林荫大道、凯迪拉克 SLS 赛威、凯迪拉克 CTS、奔驰 E、皇冠、进口奥迪 S6、进口标致 607、雷克萨斯 ES、雷克萨斯 GS、标志 607、长安沃尔沃 S80L、克莱斯勒新 300S 等。

(6)豪华级车:奥迪 A8、奥迪 A7、BMW7、宾利雅致、捷豹 XJ、雷克萨斯 LS、奔驰 S、大众进口辉腾、劳斯莱斯幻影、玛莎拉蒂总裁、劳斯莱斯幻影、阿斯顿马丁 Rapide 等。

(7)跑车:宝马 Z4、雪佛兰科迈罗 Camaro、阿斯顿·马丁 ONE-77、奥迪 R8、奥迪 TT、奥迪 A5、宾利大陆、BMWZ4、玛莎拉蒂、捷豹 XK、法拉利 F430、兰博基尼、马自达 RX8、奔驰 CLK、奔驰 CLS、保时捷 911、比亚迪 S8、丰田 86 等。

(8)越野车和 SUV 车:长城哈弗 H6、北京现代 ix35、马自达 CX-5、长安福特翼搏、长安福特翼虎、长安 CS35、大众途观、大众途锐、丰田 RAV4、丰田普拉多、丰田兰德库路则、雪佛兰克帕起、比亚迪 S6、传祺 GS5、大切诺基、吉普指挥官、吉普牧马人、吉普指南者、本田 CRV、奇瑞瑞虎、三菱欧蓝德、讴歌 MDX、奥迪 Q7\Q5、宝马 X3\X5\X6、卡迪拉克 SRX\凯雷德、英非尼迪 EX\FX、奔驰 GL\M、保时捷卡宴、沃尔沃 XC90。

(9) 多功能厢式 MPV 车：别克 GL8、大众途安、本田奥德赛、长安杰勋、长城佳誉、东方之子 CROSS、雪铁龙毕加索、C4 毕加索、大发亚森、东风景逸、福特 S-MAX、陆丰风尚、普力马、俊逸、大捷龙、马自达 5、奔驰 R、丰田普瑞维亚、欧宝赛飞利、雷诺风景、三菱菱绅。

8. 旧机动车的分类

旧机动车的分类完全符合汽车分类的特点，比如说，按功能用途分类、按生产厂商分类等。当然作为旧机动车自有区别于新车的地方，所以它还有另外的一些特色分类，如按使用年限分类、按车辆来源及品质分类等。

不同来源、不同功能用途、不同使用年限的车都有着自己的定位，也就是说，这些因素都直接或间接地影响着车辆的性能和市场定价。

1) 按使用年限分类

目前，旧机动车价格主要根据使用年限和车况品质综合判定，一般旧机动车按使用年限分为 5 年以上、2～5 年和 2 年内。

(1) 5 年以上。使用 5 年以上的旧机动车折旧已经比较稳定，价格相对合理，不会有太大的讨价还价余地，主要是挑选车辆状况，同时注意车辆手续是否齐全。消费者还要根据各地的排放法规，注意车辆的环保标准，例如是否是电喷、是否是绿标车等。

(2) 2～5 年。使用 2～5 年的旧机动车可选择性比较多，由于近年来人们生活水平的不断提高，而且国内车型迅速丰富，很多人换车的速度也相应变快，旧机动车市场上出现了各种品牌、各种档次的半新车。其中有奥迪、帕萨特等中高档车，也有伊兰特、爱丽舍、奇瑞风云、QQ 等经济型和微型车，如此丰富的车型给了消费者巨大的选择余地。

(3) 2 年内。使用 2 年内的旧机动车吸引力也在增强，但因为它受新车价格的影响也比较大，消费者购买时最好与新车价格多做比较，特别要参考购置新车的全部费用；另外，挑选车辆后一定要索要车辆的说明书，维护修理记录等，以便日后使用。

2) 按车辆来源及其品质分类

每一位想买旧机动车的消费者都希望买到一辆性能好、价格又便宜的车，但是前提是要搞清楚旧机动车的来源。因为旧机动车的来源很大程度上决定了车辆的品质，所以，一般消费者在买旧机动车时，最好先摸清车辆的来龙去脉，旧机动车交易市场车辆的来源大体有以下 6 种。

(1) 私家车。如果车主换新车后，原有的车辆没有继续使用的需要，通常会选择将车出售。这类车一般是车主自己使用，车辆维护修理相对较好，车况应该也不错，也是买旧机动车的首选。只是出售价格不会太低。

(2) 单位更新车辆。因为单位更新车辆，一般会成批换掉原来的旧车，这也是旧机动车市场的一大来源。机关单位或公司的车辆到一定年限，或 3 年或 5 年就要换车，这类车由于有比较好的定期维护和修理，车况一般不错，只要不是因为事故提前出售，价格又有商量余地，做旧机动车生意的人当然愿意收购这类车。买这类车应该注意，单位用车是一般用车还是业务用车，有可能因为不同的用途和不同的人使用而缺乏维护，使车况不佳。

(3) 抵债车辆。由于个人或单位急需资金或还债，会将车抵押出去，在这种情况下出售的车辆,价格一般较低,车况也会不错,旧机动车经销商对抵债车比较感兴趣。

(4)玩车族换下的车辆。这类车的车主只要有新车就会产生买车的欲望,一般买了新车就会把以前的车卖掉。虽然喜欢玩车而又有一定经济实力的玩车族为数不多,但他们经常换车,开的时间不长,换下来的车的品质应该没有多大问题。

(5)事故车辆。这类车的车主通常会因为车辆发生交通事故,产生将车出售的念头,因此旧机动车市场就有了事故车这一概念。虽然旧机动车经营者不愿意承认收购和出售事故车,买旧机动车的消费者也最不喜欢买到事故车,但不能否认有相当多的事故车会流入旧机动车市场。当然想买旧机动车的消费者就一定要小心了,买车时不要只看外表而忽略了车的内部状况,以免买回去给自己添不必要的麻烦。

(6)故障车辆。这类车与开车人有很大关系,许多车主买车后没有很好的使用习惯,而又不愿意定期维护修理,导致车况很差。出现这样的情况后,车主会产生出售车辆的念头。车辆本身的质量也是一个因素,也许车主买车时对车辆的性能、品质了解不多,有的车辆本身在设计和生产上存在缺陷,上市后不断有问题出现,车主在保修期内就已经频繁修理了,更不用说是过了保修期,所以一定会将车卖掉。想买旧机动车的消费者,除非对维修有相当的经验,否则最好少碰多病车。

(三)汽车型号、车辆识别代号编制规则

1. 汽车产品型号

汽车产品型号是各国政府为管理机动车辆而实施的一项强制性规定。有了汽车产品型号,就可以使用计算机对车辆进行检索管理,并对处理交通事故、开展交通事故保险赔偿、破获被盗车辆等起重要作用。各国政府都制定了这方面的专门技术法规,强制要求汽车厂在汽车上使用汽车产品型号。

汽车产品型号是指汽车上安装的一块标牌上的一组罗马字母和阿拉伯数字组,该字母组的每一位符号代表着某一方面的信息。各国对汽车型号的制订方法既有相同之处又有不同之处。

我国汽车的产品型号由企业名称代号、车辆类别代号、主参数代号、产品序号组成(必要时可附加企业自定代号)。代号排列顺序如图1-4所示。

图1-4 汽车代号排列顺序图

注:为了避免与数字混淆,不应采用汉语拼音字母中的"I"和"O"。

各种代(序)号的意义及规定如下。

1)企业名称代号

企业名称代号是识别车辆制造企业的代号,位于产品型号的第一部分,用代表企业名称的两个或三个汉语拼音字母表示。例如,CA:长春一汽;EQ:第二汽车;FV:一汽大众;SGM:上海通用;SVW:上海大众;DC:东风雪铁龙;HG:广州本田;CAF:长安福特;XMQ:厦门汽车(金龙)。

2)车辆类别代号

车辆类别代号是表明车辆附属分类的代号。各类汽车的类别代号位于产品型号的第二部分,按表1-5的规定用一位阿拉伯数字表示。

车 辆 类 别 代 号　　　　　　　　表1-5

车辆类别代号	车 辆 种 类	车辆类别代号	车 辆 种 类	车辆类别代号	车 辆 种 类
1	载货汽车	4	牵引汽车	7	轿车
2	越野汽车	5	专用汽车	8	—
3	自卸汽车	6	客车	9	半挂车及专用半挂车

3)主参数序号

主参数序号是表明车辆主要特性的代号,各类汽车的主参数序号位于产品型号的第三部分,按下列规定用两位阿拉伯数字表示。

(1)载货汽车、越野汽车、自卸汽车、牵引汽车、专用汽车与半挂车的主参数序号为车辆的总质量(t)。当总质量在100t以上时,允许用三位数字表示。

(2)客车的主参数序号为车辆长度(m)。当车辆长度小于10m时,应精确到小数点后一位,并以长度(m)值的10倍数值表示。

(3)轿车的主参数序号为发动机排量(L)。应精确到小数点后一位,并以其值的10倍数值表示。

(4)专用汽车及专用半挂车的主参数序号在采用定型汽车底盘或定型半挂车底盘改装时,若其主参数与定型底盘原车的主参数之差不大于原车的10%,则应沿用原车的主参数序号。

(5)主参数的数字按《数字修约规则》的规定修约。

(6)主参数不是规定的位数时,在参数前以"0"补位。

4)产品序号

产品序号表示一个企业的类别代号和主参数代号相同的车辆的投产顺序,产品序号位于产品型号的第四部分,用阿拉伯数字表示,数字由0,1,2,……依次使用。

5)企业自定代号

企业自定代号是企业根据需要自行规定的补充代号,一般位于产品型号的最后部分。同一种汽车结构略有变化而需要区别时(例如汽油、柴油发动机,长、短轴距,单、双排座驾驶室,平、凸头驾驶室,左、右置转向盘等),可用汉语拼音字母或者阿拉伯数字表示,位数也由企业自定。供用户选择的零部件(如暖风装置、收音机、地毯、绞盘等)不属结构特征变化,应不予企业自定代号。编制型号举例如下。

例1：CA1091是中国第一汽车制造厂生产的第二代载货汽车，总质量为9310kg。

例2：EQ2080是中国第二汽车制造厂生产的越野汽车，越野时总质量为7720kg。

例3：SH3600是中国上海重型汽车厂生产的第一代自卸汽车，总质量为59538kg。

例4：HY4300是中国汉阳特种汽车制造厂生产的第一代公路上行驶总质量为30000kg的牵引汽车。

例5：TJ6481是中国天津客车厂生产的第二代车长为4750mm的客车。

例6：SC7081C是中国长安铃木汽车制造厂生产的第二代奥拓快乐王子，发动机排量为0.8L。

了解了我国汽车产品型号的编制方法，我们还应知道产品型号在车上的位置，我国汽车的型号标识一般就印在汽车的尾部，也有在汽车侧面的。不过现在汽车型号印在汽车铭牌上，如图1-5所示。

图1-5　汽车铭牌上的型号

2. 车辆识别代号（VIN）编码

1）车辆识别代号（VIN）编码的意义和作用

现在世界各国汽车公司生产的汽车都使用了VIN（Vehicle Identification Number，车辆识别代号）编码。VIN由一组字母和阿拉伯数字组成，共17位，又称17位识别代号编码，由三部分组成：世界制造厂识别代号WMI（World Manufacturer Identifier）、车辆说明部分VDS（Vehicle Descriptor Section）、车辆指示部分VIS（Vehicle Indicator Section），如图1-6所示。

VIN的每位代码代表着汽车某一方面的信息参数，它是识别一辆汽车不可缺少的工具。按照识别代号编码顺序，从VIN中可以识别出该车的生产国家、制造公司或生产厂家、车辆类型、品牌名称、车型系列、车身形式、发动机型号、车型年款（属哪年生产的年款型车）、安全防护装置型号、检验数字、装配工厂名称和出厂顺序号码等。

17位代号编码经过排列组合，可以使车型生产在30年之内不会发生重号现象，就像我们的身份证号码一样，不会产生重号，故又被称为"汽车身份证"。因为现在生产的汽车车型采用年限在逐渐缩短，一般8～12年就淘汰，不再生产，所以17位识别代号编码已足够应用。

各国政府及各汽车公司对本国或本公司生产的汽车的17位识别代号编码都有具体规定。各国的技术法规一般只规定车辆识别代号的基本要求，如其应由17位代号编码组

图1-6 车辆识别代号(VIN)顺序图
a)年产量大于500辆的VIN码;b)年产量小于500辆的VIN码

成,字母和数字的尺寸、书写形式、排列位置和安装位置都有相应规定等,并且应保证30年内不会重号,除对个别符号的含义有硬性规定外,其他不作硬性规定,而由生产厂家自行规定其代表的含义。各国有关车辆识别代号的技术法规各有差异,也有共同之处,如美国法规规定车辆识别代号的第9位必须是工厂检查数字,而EEC(欧洲共同体)指令将17位代号编码分成三组(WMI、VDS、VIS),只对每一组的含义范围作了规定。VIN识别代号编码一般以标牌的形式,装贴在汽车的不同部位。美国规定应安装在仪表板左侧,我国车辆也是同样,如图1-7所示,在车外透过风窗玻璃可以清楚地看到而便于检查,而EEC规定识别代码编码应安装在汽车右侧的底盘车架上或标写在厂家铭牌上等(图1-8)。VIN码的位置还有副驾驶座椅前方(图1-9),发动机舱内的悬架塔上(图1-10),发动机的前梁支架上(图1-11)。汽车研究及管理部门也有相应规定的标准,各国机动车辆管理部门办理牌照时可以将其输入计算机存储,以备需要时调用,如处理交通事故、保险索赔、查获被盗车辆、报案等。有的国家规定,没有17位识别代号编码的汽车不准进口,有的国家客户在买车时发现没有17位识别代号编码就会放弃,因此没有VIN识别代号编码的汽车是卖不出去的。

图1-7 常见轿车VIN码位置

图1-8 欧共体国家轿车(发动机舱后舱板上)VIN码位置

图1-9 副驾驶座椅前方的VIN码

图1-10　发动机舱内的悬架塔上 VIN 码

图1-11　发动机的前梁支架上 VIN 码

由于汽车修理逐步实行计算机管理和故障分析诊断,在各种测试仪表和维修设备中都存储有 17 位识别代号编码 VIN 的数据,以作为修理的依据。17 位识别代号编码在汽车配件经营管理上也起着重要作用,在查找零件目录中汽车零件号之前,首先要确认 17 位识别代号编码的车型年款,否则会产生误购、错装等现象。

利用 VIN 数据规定还可以鉴别出拼装车、走私车,因为拼装的进口汽车一般是不按 VIN 规定进行组装的。

随着车型年款的不同和汽车发往国家的不同(各国政府对 VIN 有不同规定),VIN 规定会有所不同。有的按公司各车分部进行规定(如美国 GM);有的直接按系列车型或车名进行规定(如日本凌志汽车)。在实用中,一般要由两种 VIN 规定才可验证出一辆车的型号和车型参数,因此,大量积累这方面的资料具有重要的意义。随着年款的变化,今后还会陆续出现各种 VIN 规定。

相关链接

可以查找汽车 VIN 码的 App 软件有苹果的 iOS 系统和谷歌的 Android 系统。

汽车身份证,使用了国际领先的汽车 VIN 码识别算法技术,通过手机自带相机拍照即可识别汽车。想知道路边的是什么车?多少钱?这一看似不可能的功能在汽车身份证中率先实现。汽车身份证拥有庞大的车型信息数据库,使用手机对准汽车前车窗或其他位置的 VIN 码拍照即可查询。

《力洋汽车 VIN 码识别系统》是一套包含中国、日本、美规、欧款等全球汽车厂家乘用车车型 VIN 码的识别系统。目前支持 1990—2013 年度在中国国内销售车型信息的查询。使用前请先登录 http://www.vin114.net 网站进行免费账户注册,它广泛应用于旧机动车交易、汽配采购、汽车保险、汽车维修等领域。

2)旧机动车中 VIN 码的识别

第 1~17 位含义如图 1-12 所示。

第 1~3 位	第 4~8 位	第 9 位	第 10 位	第 11 位	第 12~17 位
WMI	VDS	校验码	年份	装配厂	顺序号

图 1-12　第 1~17 位含义

(1)第 1~3 位(WMI):世界制造商识别代码(World Manufacturer Identifier),表明车辆是由谁生产的。

第一位字码是标明一个地理区域的字母或数字,第二位是标明一个特定地区内的一个国家的字母或数字,第一、二位字码的组合将能保证国家识别标志的唯一性。第三位字码是标明某个特定的制造厂的字母或数字。第一、二、三位字码的组合能保证制造厂识别标志的唯一性。如进口车 TRU/WAU(Audi)、1YV/JM1(Mazda)、4US/WBA/WBS(BMW)、WDB(Mercedes Benz)、YV1(Volvo)、KMH(韩国现代),常见国产车见表 1-6。

常见国内厂商车型 VIN 码　　表 1-6

WMI(第 1~3 位)	制造厂	VDS(第 4,5 位)
LFP	一汽轿车股份有限公司	F-丰田;X-夏利;H-红旗
LFV	一汽大众	—
LSV	上海大众	A-桑塔纳;B-帕萨特
LSG	上海通用	WG-SGM7200(别克君威 2.0); WL-SGM7300GL(别克君威 3.0); DC-SGM6510GL8(别克 GL8); SJ-SGM7160SL(赛欧)
LSJ	上汽集团	D-奇瑞;W-荣威

续上表

WMI(第1~3位)	制造厂	VDS(第4、5位)
LDC	神龙汽车有限公司	11 – RT – 神龙·富康 ZX 型轿车； 12 – RL – 神龙·富康 ZX1.4i 型轿车； 13 – RL – 神龙·富康 ZX1.4i 型轿车； 21 – AL – 神龙·富康 ZX1.6i 型轿车； 22 – AT – 神龙·富康 ZX1.6i 型轿车； 31 – EL – 神龙·富康 988 型轿车
LGB	东风汽车公司	C – 风神蓝鸟
LHG	广州本田汽车有限公司	—
LNB	北京现代汽车有限公司	S – 索纳塔
LEN	北京吉普	—
LHB	北汽福田	—
LKD	哈飞汽车	—
LS5	长安汽车	—

（2）第4~8位(VDS)：车辆特征。

轿车：种类、系列、车身类型、发动机类型及约束系统类型；

MPV：种类、系列、车身类型、发动机类型及车辆额定总质量；

载货车：型号或种类、系列、底盘、驾驶室类型、发动机类型、制动系统及车辆额定总质量；

客车：型号或种类、系列、车身类型、发动机类型及制动系统。

（3）第9位：校验位，通过一定的算法防止输入错误。

（4）第10位：车型年份，即厂家规定的型年(Model Year)，不一定是实际生产的年份，但一般与实际生产的年份之差不超过1年。VIN码中的第10位，即VIS第一位字码就是车辆的出厂年份，是识别车辆的重要标识。年份字母规定使用见表1-7。

表示年份字码 表1-7

年份	字码	年份	字码	年份	字码	年份	字码
1981	B	1991	M	2001	1	2011	B
1982	C	1992	N	2002	2	2012	C
1983	D	1993	P	2003	3	2013	D
1984	E	1994	R	2004	4	2014	E
1985	F	1995	S	2005	5	2015	F
1986	G	1996	T	2006	6	2016	G
1987	H	1997	V	2007	7	2017	H
1988	J	1998	W	2008	8	2018	J
1989	K	1999	X	2009	9	2019	K
1990	L	2000	Y	2010	A	2020	L

(5)第11位:表示装配厂。

(6)第12~17位:顺序号,一般情况下,汽车召回都是针对某一顺序号范围内的车辆,即某一批次的车辆。

3)车辆识别代号(VIN)编码举例说明

(1)美国通用汽车公司(GM)Buick Century 别克世纪牌汽车2003年VIN:

VIN码　2 G 4 W B 5 2 K 0 3 Z 4 0 0 0 0 1

代码位置　1 2 3 4 5 6 7 8 9 10 11 12 13 14 15 16 17

第1位:汽车生产国家代码,2——加拿大。

第2位:生产厂家代码,G——通用汽车公司。

第3位:制造厂家代码,4——别克汽车分部。

第4~5位:汽车品牌/系列代码。W/B——Regal(君威);W/F——Regal LS(君威LS);W/S——Century Custom(世纪牌特制型);W/Y——Century Limited(世纪牌顶级型)。

第6位:车身形式代码,5——四门轿车(G69)(通用69型车身)。

第7位:安全防护系统代码,2——主动式(手动)安全带,并带有驾驶员和乘客的安全气囊(前部)。

第8位:发动机型号代码,K——RPO,L36,3.8L,V6型SFI(顺序燃油喷射);1——RPO,L67,3.8L,V6 SFI。

第9位:检验数字代码。0~9或X。

第10位:汽车生产年型年款代码,3——2003年。

第11位:总装生产工厂代码。

第12~17位:生产顺序号数字。

(2)中国第一汽车集团公司轿车VIN码内容含义及编制规则。

VIN码　L F P H 5 A B A 2 W 8 0 0 4 3 2 1

代码位置　1 2 3 4 5 6 7 8 9 10 11 12 13 14 15 16 17

第1~3位:生产国别、制造厂商和车型类型,具体如下:

   LFW——载货汽车　　　　　　　LFD——备用

   LFB——客车　　　　　　　　　LFS——特种车

   LFV——轿车(一汽大众公司生产)　LFN——非完整车辆

   LFT——挂车　　　　　　　　　LFP——轿车

   LFM——多用途乘用车

注:a.载货越野、自卸车、半挂牵引车及客货厢式车均属载货汽车。

  b.吉普车(包括越野、非越野式)属轿车类。

  c.用客车改装的客货两用车属客车类。

  d.汽车型号中车辆类别代号为5的车辆属特种车,但客货厢式及轿车车身的车辆除外,客货厢式车属载货汽车,轿车车身的车辆属轿车。

  e.L表示中国。F——First,P——Passenger,W——Works,B——Bus,N——Non-complete vehicle,M——M.P.V,S——Special,T——Trailer,V——V.W.一汽大众轿车。

第4位:车辆品牌,具体如下:

  J——解放牌　　　　H——红旗牌　　　　A——环都

  B——罗福　　　　　C——长白山　　　　D——德力

  E——凤凰　　　　　F——先锋　　　　　G——星光

  K——远达　　　　　L——吉林　　　　　M——红塔

  N——蓝箭　　　　　P——蓬翔　　　　　R——西南五十铃

  S——四环　　　　　T——太湖　　　　　U——凌河

  X——雄风　　　　　Y——远征　　　　　Z——中海

第5位:发动机排量,具体如下:

  1——小于等于1L　　　2——1.1~1.3L　　　3——1.4~1.6L

  4——1.7~2.0L　　　　5——2.1~2.5L　　　6——2.6~3.0L

  7——3.1~3.5L　　　　8——3.6~4.0L　　　A——4.1~4.5L

  B——4.6~5.0L　　　　C——大于5.0L

第6位:发动机类型及驱动形式,具体如下:

  A——汽油机,前置,前轮驱动　　　B——汽油机,前置,后轮驱动

  C——汽油机,前置,全轮驱动　　　D——汽油机,后置,前轮驱动

  E——汽油机,后置,后轮驱动　　　F——汽油机,后置,全轮驱动

  1——柴油机,前置,前轮驱动　　　2——柴油机,前置,后轮驱动

  3——柴油机,前置,全轮驱动　　　4——柴油机,后置,前轮驱动

  5——柴油机,后置,后轮驱动　　　6——柴油机,后置,全轮驱动

第7位:车身形式,具体如下:

  A——二门折背式　　　　　J——六门舱背式

  B——四门折背式　　　　　K——二门短背式

  C——六门折背式　　　　　L——四门短背式

  D——二门直背式　　　　　M——六门短背式

  E——四门直背式　　　　　N——二门敞篷车

  F——六门直背式　　　　　P——四门敞篷车

  G——二门舱背式　　　　　R——六门敞篷车

  H——四门舱背式　　　　　S——检阅车

第8位:安全保护装置,具体如下:

  A——手动安全带

  B——手动安全带,驾驶员气囊

  C——手动安全带驾驶员气囊及乘员气囊

  1——自动安全带

  2——自动安全带,驾驶员气囊

  3——自动安全带驾驶员气囊及乘员气囊

第9位:工厂检验数字,用数字0~9或X表示。

第10位:生产车款年型(生产年份),具体如下:

W——1998　　　　　　X——1999　　　　　　Y——2000
1——2001　　　　　　2——2002　　　　　　3——2003
4——2004　　　　　　5——2005　　　　　　6——2006
7——2007　　　　　　8——2008　　　　　　9——2009
A——2010　　　　　　B——2011

第11位:生产装配工厂,具体如下:

　　1——总装配厂　　　　　　　　　　2——变型车厂
　　3——专用车厂　　　　　　　　　　4——客车底盘厂
　　5——汽研中试厂　　　　　　　　　6——汽研中实改装车厂
　　7——汽研联合改装车厂　　　　　　8——第一轿车厂
　　9——第二轿车厂　　　　　　　　　0——重型车厂
　　A——青岛汽车厂　　　　　　　　　B——顺德汽车厂
　　C——长春轻型车厂　　　　　　　　D——大连客车厂
　　E——成都汽车厂　　　　　　　　　F——延边汽车厂
　　G——一汽三友汽车制造有限公司　　H——哈尔滨轻型车厂
　　J——吉林轻型车厂　　　　　　　　K——凌源汽车制造有限公司
　　L——柳州特种车厂　　　　　　　　M——芜湖一汽扬子汽车厂
　　N——一汽北京汽车制造有限责任公司　p——四平专用车厂
　　R——山东汽车改装厂　　　　　　　S——一汽四环股份公司机动车厂
　　T——红塔云南汽车制造有限公司　　W——无锡汽车厂
　　X——无锡柴油机厂　　　　　　　　Z——四川专用车厂

第12~17位:工厂生产顺序号。

(四)汽车的主要技术参数和性能指标

1．汽车的主要技术参数

1)质量参数

(1)汽车总质量:指装备齐全时的汽车自身质量与按规定装满客(包括驾驶员)、货时的载质量之和,也称满载质量。

(2)载质量:指在硬质良好路面上行驶时所允许的额定载质量。

轿车的装载量是以座位数表示,城市客车的装载量等于座位数并包括站立乘客数,长途客车和旅游客车的装载质量等于座位数。

(3)轴荷:指汽车满载时各车轴对地面的垂直载荷。

2)尺寸参数

(1)汽车长:指垂直于车辆纵向对称平面,并分别抵靠在汽车前、后最外端凸出部位的两垂面之间的距离。

我国公路车辆的极限尺寸规定的汽车总长为:货车(包括越野车)不大于12m,一般客车不大于12m,铰接式客车不大于18m,牵引车拖带半挂车不大于16.5m,汽车拖带挂车不大于20m。

(2)车辆宽:宽度不大于2.5m。

(3)车辆高:我国公路车辆的极限尺寸规定车辆总高不大于4m。

(4)轴距:通过车辆同一侧相邻两车轮的中点,并垂直于车辆纵向对称平面的两垂线之间的距离。对于三轴以上的车辆,其轴距由从最前面至最后面的相邻两车轮之间的轴距分别表示,总轴距则为各轴距之和。

(5)轮距:汽车车轴的两端为单车轮时,轮距为车轮在车辆支撑平面上留下的轨迹中心线之间的距离。汽车车轴的两端为双车轮时,轮距为车轮中心平面(双轮车车轮中心平面为外车轮轮辋内缘和内车轮轮辋外缘等距的平面)之间的距离。

(6)前悬:指通过两前轮中心的垂面与抵靠在车辆最前端(包括前拖钩、车牌及任何固定在车辆前部的刚性件),并且垂直于车辆纵向对称平面的垂面之间的距离。

(7)后悬:指通过车辆最后车轮轴线的垂面与抵靠在车辆最后端(包括后拖钩、车牌及固定在车辆后部的任何刚性部件),且垂直于车辆纵向对称平面的垂面之间的距离。

(8)最小离地间隙:最小离地间隙是指汽车除车轮以外的最低点与路面之间的距离。它表征了汽车能无碰撞地越过石块、树桩等障碍物的能力。汽车的飞轮壳、前桥、变速器壳、消声器、驱动桥的外壳、车身地板等处一般有较小的离地间隙。

(9)接近角:从汽车前端凸出点向前轮引切线,该切线与路面的夹角称为接近角。接近角越大,越过障碍物(如小丘、沟洼地等)时,越不易发生"触头失效"。

(10)离去角:从汽车后端凸出点向后轮引切线,该切线与路面的夹角称为离去角。离去角越大,越过障碍物时,越不容易发生"托尾失效"。

(11)最小转弯直径:转向盘转到极限位置,作转弯行驶,前外轮印迹中心至转向中心的距离(左、右转弯,取较大者),称为汽车的最小转弯半径。

2.汽车的主要性能与评价指标

汽车的主要性能包括动力性、燃油经济性、制动性、操纵稳定性、行驶平顺性、环保性等。

1)汽车的动力性

(1)汽车的最高车速。汽车的最高速度,是在水平良好的路面上(混凝土或沥青路面)汽车所能达到的最高行驶速度。

一般情况下,每款车都有自己的最高安全车速和超负荷运行下的非安全的最高车速,在一些大排量的进口高档车中都带有电子限速功能,像宝马760Li,排量达到5.97L,奔驰S600排量更是达到了6.12L,但是这两款车的最高速度同为250km/h。

(2)汽车的加速能力。包括汽车的原地起步加速时间和超车加速时间。加速时间越短,汽车的加速性就越好,整车的动力性也越高。汽车的加速能力可用两种指标评价:

①原地起步加速时间,又叫原地换挡加速时间。它是指汽车从静止状态下,由第一挡起步,并以最大的加速强度(包括节气门全开和选择最恰当的换挡时机)逐步换至高挡后,达到某一预定的车速或距离所需要的时间。目前,常用从0加速到96km/h所需的时间(s)来评价。

②超车加速时间。为提高汽车的平均行驶速度由某一车速开始,用最高挡或次高挡全力加速至某一高速所需要的时间,用来表示汽车超车时的加速能力。目前常用48~112km/h所需的时间(s)来评价。汽车加速时间,对提高汽车的平均行驶速度有一定影响,特别是在

行车途中常常要以最大的加速性来处理相关的紧急情况,比如在交叉路口起步的瞬间,在高速公路超越车辆的时候,都能体现出加速性的重要性。

(3)汽车的爬坡能力。汽车的最大爬坡度,是指汽车满载时在良好路面上用第一挡克服的最大坡度,它表征汽车的爬坡能力。爬坡度用坡度的角度值(以度数表示)或以坡度起止点的高度差与其水平距离的比值(正切值)的百分数来表示。

对于经常在城市和良好公路上行驶的汽车,最大爬坡度在10°左右即可。对于载货汽车,有时需要在坏路上行驶,最大爬坡度应在30%(即16.5°)左右。而越野汽车要在无路地带行驶,最大爬坡度应达30°以上。

相关链接

财政部、国家发改委、工业和信息化部正式出台《关于调整节能汽车推广补贴政策的通知》。根据通知要求,从2011年10月1日起实施新的节能汽车推广补贴政策,推广车辆要达到的产品综合燃料消耗量标准,相比早期财政部、发改委和工信部公布的节能汽车推广车型综合燃料消耗量限值标准,均有所提升。

乘用车车型燃料消耗量目标值

整车整备质量CM (kg)	具有两排及以下座椅或装有手动挡变速器的车辆(L/100km)		具有三排或三排以上座椅或装有非手动挡变速器的车辆(L/100km)	
	旧标准	新标准	旧标准	新标准
CM≤750	5.2	4.8	5.6	5.2
750<CM≤865	5.5	5.1	5.9	5.4
865<CM≤980	5.8	5.3	6.2	5.7
980<CM≤1090	6.1	5.6	6.5	6
1090<CM≤1205	6.5	6	6.8	6.3
1205<CM≤1320	6.9	6.3	7.2	6.6
1320<CM≤1430	7.3	6.7	7.6	6.9
1430<CM≤1540	7.7	6.7	8.0	6.9
1540<CM≤1660	8.1	6.7	8.4	6.9
1660<CM≤1770	8.5	6.7	8.8	6.9
1770<CM≤1880	8.9	6.7	9.2	6.9
1880<CM≤2000	9.3	6.7	9.6	6.9
2000<CM≤2110	9.7	6.7	10.1	6.9
2110<CM≤2280	10.1	6.7	10.6	6.9
2280<CM≤2510	10.8	6.7	11.2	6.9
2510<CM	11.5	6.7	11.9	6.9

2)汽车的燃油经济性

在我国及欧洲,燃油经济性指标的单位为L/100km,即行驶100km里程所消耗燃油的升数。常用完成单位货物周转量的平均燃油消耗量来衡量,其单位为L/(100t·km)。

汽车的经济性指标主要由耗油量来表示,是汽车使用性能中重要的性能。尤其我国实施了燃油税政策,汽车的耗油量参数就有特别的意义。耗油量参数是指汽车行驶百公里消耗的燃油量,以升(L)为计量单位。在我国,这些指标是汽车制造厂根据国家规定的试验标准,通过样车测试得出来的,它包括等速油耗和循环油耗。

等速油耗:是指汽车在良好路面上作等速行驶时的燃油经济性指标。由于等速行驶是汽车在公路上运行的一种基本工况,加上这种油耗容易测定,所以得到广泛采用。如法国和德国就把 90km/h 和 120km/h 的等速油耗作为燃油经济性的主要评价指标。我国也采用这一指标。国产汽车说明书上标明的百公里油耗,一般都是等速油耗。然而,由于汽车在实际行驶中经常出现加速、减速、制动和发动机怠速等多种工作情况,因此等速油耗往往偏低,与实际油耗有较大差别,特别对经常在城市中作短途行驶的汽车,差别就更大。

道路循环油耗:是指汽车在道路上按照规定的车速和时间规范,作反复循环行驶时所测定的燃油经济性指标,也叫做多工况道路循环油耗。在车速和时间规范中,规定每个循环包含各种行驶的工况,并规定了每个循环中的换挡时刻、制动与停车时间,以及行驶速度、加速度及制动减速度的数值。因此,用这种方法测定的燃油经济性,比较接近汽车实际的行驶情况。美国汽车工程师学会(SAE)制定了 SAEJ10926 道路循环试验规范,被广泛采用。这一规范包括市区、郊区、州际(55Mile/h)和州际(70Mile/h)四种不同的循环。在了解美国汽车的燃油经济性时,应分清所采用的是哪种循环,才能进行比较。

目前,汽车销售中使用的是市区工况油耗(L/100km)、市郊工况油耗(L/100km)、综合工况油耗(L/100km)等指标。这些指标比较实际地反映了汽车的实际油耗消耗情况。如图 1-13 所示。常见几款车型的发动机参数与油耗对比(太平洋汽车网),见表 1-8。

图 1-13 宝马 X5 汽车的燃料消耗量标识

发动机参数与实际油耗比较　　　　表1-8

参数 车型	迈锐宝2.4SIDI 智能直喷	凯美瑞2.5L 自然进气	雅阁2.4 自然进气
汽车型号	SGM7245ATA	GTM7251RS	HG7241BBV
发动机型号	LAF	5AR-FE	K24Z2
排量(mL)	2384	2494	2354
功率(kW)	137	135	132
扭矩(N·m)	240	235	225
特有技术	SIDI、DVVT	DVVT-i、ACIS	i-VTEC
燃料型号	93号	93号	93号
变速器	6挡手自一体	6挡手自一体	5挡手自一体
市区工况(L/100km)	11.7	10.7	12.6
市郊工况(L/100km)	6.5	6.0	6.4
综合工况(L/100km)	8.3	7.8	8.7
综合油耗(L/100km)(实测)	9.23	8.57	9.54

3)汽车的制动性

(1)制动效能:指汽车迅速降低行驶速度直至停车的能力,是制动性能最基本的评价指标。它是由制动力、制动减速度、制动距离和制动时间来评价的。《机动车制动检验规范》规定,制动距离是指从驾驶员踏着制动踏板开始到汽车停住为止所驶过的距离。

(2)制动抗热衰退性能:指汽车高速制动、短时间内重复制动或下长坡连续制动时制动效能的热稳定性。因为制动过程实质是把汽车的动能通过制动器吸收转化为热能。制动过程中制动器温度不断升高,制动器摩擦系数下降,制动器摩擦阻力矩减小,从而使制动能力降低,这种现象称热衰退现象。

(3)制动时汽车的方向稳定性:指汽车在制动时不发生跑偏、侧滑或丧失转向能力,而按驾驶员给定方向行驶的性能。

 相关链接

世界主要碰撞标准

美国 NHTSA	美国 IIHS	欧洲 E-NCAP	日本 J-NCAP	中国 C-NCAP
正面碰撞速度 56km/h	正面侧角碰撞速度 64km/h	40%正碰碰撞速度 64km/h	正面碰撞速度 55km/h 40%正面碰撞速度 64km/h	100%正面碰撞速度 50km/h 40%正面碰撞速度 56km/h

续上表

美国 NHTSA	美国 IIHS	欧洲 E-NCAP	日本 J-NCAP	中国 C-NCAP
27°侧面碰撞速度 61.8km/h	侧面碰撞速度 49.8km/h	侧面碰撞速度 50km/h	侧面碰撞速度 55km/h	侧面碰撞速度 50km/h
挥鞭测试	挥鞭测试	挥鞭测试	—	—
75°柱状测试	车顶强度测试	—	100km/h-0刹车距离测试	安全带提醒、侧气囊、气帘加分
翻滚试验	车辆对撞、高速碰撞（非必须）	行人保护，速度为40km/h	行人保护，速度为44hm/h	—
ESP、FCW、LDW 为加分项	—	儿童碰撞保护	儿童碰撞保护，速度为55Km/h	—

虽然碰撞测试不能完全模拟真实情况下的交通事故，但在一定程度上越严格、越繁琐，说明汽车的碰撞安全性较好。安全碰撞只是一个辅助的参考标准，安全驾驶永远是最重要的。例如凯美瑞在美国的 NHTSA 测试中仅为 3 星，而 CNCAP 中的测试为 5 星。

4）汽车的操纵稳定性

操纵性是指汽车能够及时而准确地执行驾驶员的转向指令的能力；稳定性是指汽车受到外界扰动（路面扰动或突然阵风扰动）后，能自行尽快地恢复正常行驶状态和方向，而不发生失控，以及抵抗倾覆、侧滑的能力。

5）汽车的行驶平顺性

汽车行驶时，对路面不平度的隔振特性，称为汽车的行驶平顺性。由于平顺性主要反映为乘坐者的舒适程度，所以它有时又称为乘坐舒适性。

汽车行驶时，路面的不平度会激起汽车的振动。当这种振动达到一定程度时，将使乘客感到不舒适和疲劳，或使运载的货物损坏。振动引起的附加动载荷将加速有关零件的磨损，缩短汽车的使用寿命。车轮载荷的波动会影响车轮与地面之间的附着性能，因而关系到汽车的操纵稳定性。

汽车的振动随行驶速度的提高而加剧。在汽车的使用过程中，常因车身的强烈振动而限制了行驶速度的发挥。

6）汽车的排放污染物

汽车排放是指从排气管中排出的 CO（一氧化碳）、$HC+NO_x$（碳氢化合物和氮氧化物）、PM（微粒、炭烟）等有害气体。它们都是发动机在燃烧作功过程中产生的有害气体。这些有害气体产生的原因各异，CO 是燃油氧化不完全的中间产物，当氧气不充足时会产生 CO，混合气浓度大及混合气不均匀都会使排气中的 CO 增加。HC 是燃料中未燃烧的物质，由于混合气不均匀、燃烧室壁冷等原因造成部分燃油未来得及燃烧就被排放出去。NO_x是燃料（汽油）在燃烧过程中产生的一种物质。PM也是燃油燃烧时缺氧产生的一种物质，其中以柴油机最明显。因为柴油机采用压燃方式，柴油在高温高压下裂解更容易产生大量肉眼看得见的炭烟。

为进一步控制汽车尾气污染，国家规定2007年7月1日实行欧Ⅲ标准，2010年7月1日开始实行欧Ⅳ标准。经国务院批准，北京从2013年2月1日起，作为国内首个具备国五标准燃油的城市，执行相当于"欧五"的"京五"机动车排放标准，2013年3月1日起停止销售注册不符合"京五"标准的轻型汽油车，而国五标准全面实施日期为2018年1月1日。因此，在选择旧机动车时，应该尽量购买符合国Ⅳ标准以上的汽车。

国Ⅴ与国Ⅳ汽油标准相比主要变化

①车用汽油牌号由90号、93号、97号修改为89号、92号、95号；
②修改车用汽油中的研究法辛烷值（RON）为"不小于89、92、95"；
③修改车用汽油中的硫含量为"不大于0.001%（国四标准燃油为0.005）"；
④修改车用汽油中的锰含量为"不大于0.002%（国四标准燃油为0.006）"；
⑤将"甲醇、铅和铁、锰虽然规定了限值，但是不得人为加入"修改为"车用汽油中，不得人为加入甲醇以及含铅、含铁和含锰的添加剂"。

燃油中的硫含量仅为此前的1/5，而且由于油品质量提高，燃烧也将更加充分。因此可以直接减少尾气中PM2.5的排放。

国Ⅳ标准车辆

我国制定的《轻型汽车污染物排放限值及测量方法（Ⅰ）》等效于"欧Ⅰ"标准；《轻型汽车污染物排放限值及测量方法（Ⅱ）》等效于"欧Ⅱ"标准。欧洲Ⅲ号标准在国内的具体标准是：汽油车一氧化碳不超过2.30g/km，碳氢化合物不超过0.2g/km，氮氧化合物不超过0.15g/km；柴油车一氧化碳不超过0.64g/km，碳氢化合物不超过0.50g/km，颗粒物不超过0.05g/km。

部分达到国Ⅳ排放标准的车型：奇瑞瑞麒R21.3L、A113、QQ613；北京奔驰E230、克莱斯勒300C、赛百灵、东风本田新CRV、一汽大众迈腾、奥迪A6L、A6、A4、开迪、东风日产颐达、骐达、骊威、轩逸、一汽丰田锐志、皇冠、花冠、卡罗拉、威驰、四川丰田普锐斯、广州丰田凯美瑞、东风悦达起亚赛拉图、上海通用君越3.0L、上海大众途安、明锐、波罗、劲情、劲取、帕萨特、长安福特蒙迪欧、致胜、东风雪铁龙凯旋、富康16V、毕加索、爱丽舍16V、东风标致新307、华晨宝马3系。

相关链接

国 IV 标准中的指标含义

PM：是英文 Particulate Matter(颗粒物)的首字母缩写，PM10 和 PM2.5 分别指的是空气动力学直径小于等于 10μm 和 2.5μm 的颗粒物(人类纤细头发的直径是 50~70μm)。PM10 又称为可吸入颗粒物，PM2.5 又称为可入肺颗粒物，或细颗粒物，是表征环境空气质量的两个主要污染物指标。

NMHC：非甲烷烃 Non-Methane Hydrocarbon，是指除甲烷以外的所有碳氢化合物(烃类)。因为它与甲烷不同，有较大的光化学活性，是形成光化学烟雾的前体物。其种类很多，其中排放量最大的是由自然界植物释放的萜烯类化合物，约占 NMHC 总量的 65%，而其中最主要的是异戊二烯和单萜烯，它们会在城市和乡村大气中因光化学反应而形成光化学氧化剂和气溶胶粒子。NHMC 的人为源主要有汽油燃烧、焚烧、溶剂蒸发、石油蒸发和运输损耗及废物提炼，这五类占碳氢化合物人为排放量的约 96%。

THC：Total Hydrocarbons 的简称，指排放的气体中含有碳氢化合物的总量。

7) 汽车的噪声

汽车噪声的大小是衡量汽车质量水平的重要指标，汽车噪声的防治也是世界汽车工业的一个重要课题。

汽车的噪声源有多种，例如发动机、变速器、驱动桥、传动轴、车厢、玻璃窗、轮胎、继电器、喇叭、音响等都会产生噪声。这些噪声有些是被动产生的，有些是主动发生的(如人为按动喇叭)。但是主要来源只有两个方面，一个是发动机，另一个是轮胎，它们都是被动发生的，只要车辆行驶就会产生噪声。

轮胎在路面滚动时产生的噪声是很大的。有关研究表明，在干燥路面上，当汽车时速达到 100km/h 时，轮胎噪声成为整车噪声的重要噪声源。而在湿路面上，即使车速低，轮胎噪声也会盖过其他噪声成为最主要的噪声源。轮胎噪声来自泵气效应和轮胎振动。所谓泵气效应是指轮胎高速滚动时引起轮胎变形，使得轮胎花纹与路面之间的空气受挤压，随着轮胎滚动，空气又在轮胎离开接触面时被释放，这样连续的"压挤、释放"，空气就迸发出噪声，而且车速越快噪声越大，车辆越重噪声越大。轮胎振动与轮胎的刚度和阻尼有关，刚度增大(例如轮胎帘布层数目增加)，阻尼减少，轮胎的振动就会增大，噪声也就大了。为了降低轮胎表面的噪声，轮胎厂家采用变节距与静音细沟槽花纹，或高阻尼橡胶材料，调整好轮胎的负载平衡以减少自激振动等。

为了防止发动机噪声和轮胎噪声窜入乘员厢，工程师除了尽量减少噪声源外，也在车厢的密封结构上下工夫，尤其是前围板和地板的密封隔音性能。

从以上所述可知，解决汽车的噪声是一项涉及整车方方面面的技术问题，包括发动机的结构、材料质量分布、工艺水平、装配密封性等。实际上，汽车噪声的大小已经反映出这辆车的品质和技术性能的高低了。因此，选购旧机动车时要特别注意汽车运行时的噪声。

二、任务实施

（一）旧机动车市场

1. 了解我国旧机动车市场现状

上网或翻阅资料了解汽车品牌与保值的旧机动车种类。

2. 了解我国旧机动车市场的多元发展

（1）品牌旧机动车全面铺开。

（2）旧机动车交易市场服务升级将成为发展趋势。

（3）旧机动车拍卖呈现活跃趋势。

（4）旧机动车鉴定评估寻求出路。

（5）旧机动车信息服务市场活力显现。

3. 归纳旧机动车市场的特点

（1）乘用车销量明显提高。

（2）新车、准新车明显增多。

（3）本地成交量明显提高。

（4）品牌旧机动车逐渐走俏。

（5）51汽车网公布的2011年汽车保值率榜见表1-9。

2011年度最佳保值率车型名单 表1-9

车型分类	厂商类别	得奖车型	厂商
微型车	自主品牌	熊猫	吉利
	自主品牌	F0	比亚迪
	自主品牌	路宝	哈飞汽车
	自主品牌	QQ	奇瑞
	自主品牌	北斗星	昌河铃木
	自主品牌	奔奔	长安汽车
	合资品牌	乐驰	上汽通用五菱
	合资品牌	奥拓	长安铃木
	进口品牌	Fortwo	Smart
小型车	合资品牌	POLO	上海大众
	合资品牌	飞度	广汽本田
	合资品牌	骊威	东风日产
	合资品牌	新赛欧	上海通用雪弗兰

续上表

车型分类	厂商类别	得奖车型	厂商
小型车	合资品牌	晶锐	上海大众斯柯达
	合资品牌	嘉年华	长安福特
	合资品牌	雨燕	长安铃木
	合资品牌	威驰	天津一汽丰田
	合资品牌	马自达2	长安马自达
	合资品牌	Rio 锐欧	东风悦达起亚
紧凑型车	合资品牌	捷达	一汽大众
	合资品牌	朗逸	上海大众
	合资品牌	卡罗拉	天津一汽丰田
	合资品牌	速腾	一汽大众
	合资品牌	骐达	东风日产
	合资品牌	凯越	上海通用别克
	合资品牌	世嘉	东风雪铁龙
	合资品牌	赛拉图	东风悦达起亚
	合资品牌	伊兰特	北京现代
	合资品牌	福克斯	长安福特
中型车	合资品牌	桑塔纳	上海大众
	合资品牌	天籁	东风日产
	合资品牌	A4L	一汽大众奥迪
	合资品牌	雅阁	广汽本田
	合资品牌	凯美瑞	广汽丰田
	合资品牌	马自达6	一汽马自达
	合资品牌	君威	上海通用别克
	合资品牌	C级	北京奔驰
	合资品牌	C5	东风雪铁龙
	合资品牌	3系	华晨宝马
中大型车	合资品牌	皇冠	天津一汽丰田
	合资品牌	君越	上海通用别克
	合资品牌	A6L	一汽大众奥迪
	合资品牌	E级	北京奔驰
	合资品牌	5系	华晨宝马
MPV	自主品牌	瑞风	江淮汽车
	自主品牌	风行	东风柳汽
	自主品牌	普力马	海马汽车
	合资品牌	帅客	郑州日产

续上表

车型分类	厂商类别	得奖车型	厂商
MPV	合资品牌	奥德赛	广汽本田
	合资品牌	GL8	上海通用别克
	合资品牌	骏逸	东风日产
	进口品牌	普瑞维亚	丰田
	进口品牌	格蓝迪	三菱
	进口品牌	R级	奔驰
SUV	合资品牌	逍客	东风日产
	合资品牌	RAV4	天津一汽丰田
	合资品牌	狮跑	东风悦达起亚
	合资品牌	CR-V	东风本田
	进口品牌	GLK级	奔驰
	进口品牌	X5	宝马
	进口品牌	X3	宝马
	进口品牌	Q7	奥迪
	进口品牌	科帕奇	雪弗兰
	进口品牌	欧蓝德EX	三菱
豪华车	进口品牌	S级	奔驰
	进口品牌	A8L	奥迪
	进口品牌	7系	宝马
跑车	进口品牌	Boxster	保时捷
	进口品牌	TT	奥迪
	进口品牌	SLK级	奔驰
	进口品牌	劳恩斯酷派	现代
	进口品牌	GT-R	日产
	进口品牌	Z4	宝马

注：排名不分先后顺序。

(二) 汽车的分类

(1) 能够根据汽车的动力装置进行分类。
(2) 能够按发动机位置和驱动方式进行分类。
(3) 能够根据汽车的用途分类。
(4) 了解乘用车(轿车)的分类。

(5)了解德国汽车分级标准。

(6)旧机动车的分类：

①按使用年限分类。目前，旧机动车价格主要根据使用年限和车况品质综合判定，一般旧机动车按使用年限分为5年以上、2~5年和2年内。

②按车辆来源及其品质分类。一般分为私家车、单位更新车辆、抵债车辆、玩车族换下的车辆、事故车辆、故障车辆等。

（三）汽车型号、车辆识别代号编制规则

(1)会识别企业名称代号。

(2)会识别车辆类别代号。

车辆识别代号(VIN)编码：

①1~3位(WMI)：世界制造商识别代码(World Manufacturer Identifier)，表明车辆是由谁生产的。

②第10位：车型年份，即厂家规定的型年(Model Year)，不一定是实际生产的年份，但一般与实际生产的年份之差不超过1年。

（四）汽车的主要技术参数和性能指标

(1)知道汽车的主要技术参数。

汽车的尺寸参数是汽车的主要技术参数，其中包括汽车长度、宽度、高度、轴距、轮距、前悬、后悬、最小离地间隙、接近角、离去角和最小转弯直径等参数。汽车外形尺寸如图1-14、图1-15所示。

图1-14　4门汽车外形尺寸(单位：mm)

图 1-15　2 门汽车外形尺寸(单位:mm)

(2)知道汽车的主要性能与评价指标。

汽车的主要性能包括外观、动力性、燃油经济性、制动性、操纵稳定性、行驶平顺性、环保性等。微型车、小型车应该时尚、实用;中级车要经济,配置要个性化;而对于中高级车则看重动力、舒适和操控性能。

列举几款车型的主要技术参数和性能指标见表 1-10。

三款车型的主要技术参数和性能指标　　表 1-10

参 数 名 称	奥迪 A6L 2012 款 TFSI 标准型	宝马 X3 2013 款改款 xDrive28i 领先型	传祺 GA3 2013 款 1.6L 手动豪华版
基 本 参 数			
厂商	一汽-大众奥迪	宝马(进口)	广汽乘用车
级别	中大型车	中型 SUV	紧凑型车
车辆型号	FV7201BACWG	—	GAC7160F2M5
车身结构	4 门 5 座三厢车	5 门 5 座 SUV	4 门 5 座三厢车
整车质保	3 年或 10 万 km	3 年或 10 万 km	3 年或 10 万 km
尺 寸 及 质 量			
长×宽×高(mm)	5015×1874×1455	4642×1881×1686	4570×1790×1490
轴距(mm)	3012	2810	2620
轮距(前/后)(mm)	1627/1618	1616/1632	—
最小离地间隙(空载)(mm)	132	—	—
最小转弯半径(m)	—	—	—
整备质量(kg)	1740	1860	—
发 动 机			
发动机排量(L)	1.984	1.997	1.598
燃料形式	汽油	汽油	汽油
燃油标号	97 号(京 95 号)	97 号(京 95 号)	93 号(京 92 号)
最大功率(kW/rpm)	132/4000~6000	180/5000	90/6300
最大转矩(N·m/rpm)	320/1500~3900	350/1250~4800	153/4500
压缩比	—	10	—
最高车速(km/h)	222	210	190

续上表

参 数 名 称	奥迪 A6L 2012 款 TFSI 标准型	宝马 X3 2013 款改款 xDrive28i 领先型	传祺 GA3 2013 款 1.6L 手动豪华版
变速箱型式	CVT 无级变速(模拟 8 挡)	8 挡手自一体	5 挡手动变速箱(MT)
油箱容积(L)	75	67	50
市区工况油耗(L/100km)	8.7	—	8.9
市郊工况油耗(L/100km)	5.9	—	5.6
工信部综合油耗(L/100km)	6.9	7.9	6.8
排放标准	国Ⅴ	欧Ⅳ	国Ⅳ(京Ⅴ)
制动、悬架、转向、驱动方式			
制动系统(前/后)	通风盘式/通风盘式	通风盘式/通风盘式	通风盘式/盘式
驻车制动类型	电子驻车	电子驻车	机械手刹
悬架系统(前/后)	五连杆式独立悬架/梯形连杆式独立悬架	双球节弹簧减振支柱/五连杆独立悬架	麦弗逊式独立悬架/五连杆独立悬架
转向系统	电动助力	电动助力	电动助力
驱动方式	前置前驱(FF)	前置四驱	前置前驱(FF)

三、评价反馈

1. 自我评价

(1) 通过本学习任务的学习,你是否已经掌握以下问题:

① 当地的旧机动车市场情况。

② 旧机动车的分类与买者关心的车辆信息。

③ 汽车性能与评价指标的关系及消费者最关心的指标。

(2) 是否能查看 VIN 码的位置并判断汽车年代和厂家。

(3) 是否能利用网络资源查看旧机动车市场情况。

(4) 在完成本学习任务的过程中,你是否主动帮助过其他同学?是否和其他同学去当地的旧机动车市场了解旧机动车的情况?具体问题是什么?结果是什么?

(5) 通过本学习任务的学习,你认为哪些方面还有待进一步改善?

签名:_____ ____年____月____日

2. 小组评价

小组评价表见表1-11。

小 组 评 价 表　　　　　　　　　　　　表1-11

序号	评价项目	评价情况
1	学习态度是否积极主动	
2	是否服从教学安排	
3	是否达到全勤	
4	着装是否符合要求	
5	是否合理规范地使用仪器和设备	
6	是否按照安全和规范的规程操作	
7	是否遵守学习、实训场地的规章制度	
8	是否积极主动地与他人合作、探讨问题	
9	是否能保持学习、实训场地整洁	
10	团结协作情况	

参与评价的同学签名：_____　　____年____月____日

3. 教师评价

_____

_____

教师签名：_____　　____年____月____日

学习任务 2　旧机动车的技术鉴定

 学习目标

1. 叙述汽车使用寿命的影响因素和变化规律；
2. 知道符合旧机动车的交易规范与条件；
3. 正确完成汽车技术状况的检测与鉴定；
4. 能够使用 1000 分法对旧车进行检查与鉴定。

 任务描述

一辆旧机动车在评估前,首先要进行合法身份的判定,并且通过静态检查、原地起动检查和路试检查,确定汽车的使用性能即进行技术鉴定,为下一步评估定价打下基础。

 学习引导

本学习任务沿着以下脉络进行学习：

手续检查 ⟶ 汽车技术状况鉴定 ⟶ 旧机动车的 1000 分检查

一、相关知识

(一)汽车的使用寿命

1. 机动车寿命的定义与分类

机动车在使用过程中,由于磨损、老化等原因,其性能随着使用年限(或行驶里程)的增加而逐渐下降,到了一定期限就应报废,这是一种自然规律。

(1)机动车使用寿命:指从技术和经济上分析,机动车使用极限的到达。

(2)使用寿命表示:可以用累计使用年数或累计行驶里程数表示。

(3)汽车报废条件:

①小、微型非营运载客汽车和大型非营运轿车行驶 60 万 km,虽然没有使用年限的规定。但是,在旧机动车计算中非营运载客汽车(包括轿车,含越野车)使用年限为 15 年。

②营运载客汽车与非营运载客汽车相互转换的,按照营运载客汽车的规定报废,但小、微型非营运载客汽车和大型非营运轿车转为营运载客汽车的,应按照下式核算累计使用年限,且不得超过 15 年;

$$累计使用年限 = 原状态已使用年 + \left(1 - \frac{原状态已使用年}{原状态使用年限}\right) \times 状态改变后年限 \quad (2\text{-}1)$$

公式(2-1)中原状态已使用年中不足一年的按一年计算,例如,已使用 2.5 年按照 3 年计算;原状态使用年限数值取定值为 17;累计使用年限计算结果向下圆整为整数,且不超过 15 年。

③不同类型的营运载客汽车相互转换,按照使用年限较严的规定报废。

机动车使用寿命可分为技术使用寿命、经济使用寿命和合理使用寿命等。

1)机动车技术使用寿命(自然使用寿命)

(1)概念:指车辆从开始使用,直至其主要机件达到技术极限状态而不能再继续修理时为止的总工作时间或总行驶里程。

(2)特点:在结构上是零部件的工作尺寸、工作间隙;在性能上常表现为车辆总体的动力状态或燃、润料的极度超耗。

(3)影响因素:主要取决于各部分总成的设计水平、制造质量及合理使用与维修。

2)机动车经济使用寿命

(1)概念:指机动车使用到相当里程和使用年限,对其进行全面经济分析之后得出机动车已达到不经济合理、使用成本较高的寿命时刻。

(2)影响因素:从机动车使用总成本出发,分析车辆制造成本、使用与维修费用、使用者管理开支、车辆当前的折旧以及市场价格可能变化等一系列因素。

3)机动车合理使用寿命

(1)概念:机动车合理使用寿命是以机动车经济使用寿命为基础,考虑整个国民经济的发展和能源节约等因素,制订出符合我国实际情况的使用期限。

(2)机动车技术、经济和合理使用寿命三者的关系可用下式表达:

技术使用寿命 > 合理使用寿命 ≥ 经济使用寿命

2. 汽车经济使用寿命

1）汽车经济使用寿命的意义

（1）概念：汽车经济使用寿命是汽车经济效益最佳时期，要合理使用，及时更新。

（2）使用者在更新车辆时要在国家政策允许的情况下，以经济使用寿命为依据。因此，研究汽车的使用寿命，主要是研究汽车的经济使用寿命。

2）汽车经济使用寿命常用的评价指标

（1）年限。以汽车从开始投入运行到报废的年数作为使用寿命的量标。这种方法除考虑运行时间外，还考虑车辆停驶期间的自然损耗。这种计量方法虽然比较简单，但是不能真实反映汽车的使用强度和使用条件，造成同年限的车辆差异很大。

（2）行驶里程。以汽车从开始投入运行到报废期间总的累计行驶里程数作为使用寿命的量标。反映了汽车的真实使用强度，但不能反映出运行条件和停驶期间的自然损耗。

虽然使用年限大致相同，但累计行驶里程相差悬殊，因而大多数汽车运输企业以行驶里程作为考核车辆各项指标的基数。但在旧机动车交易中，卖主里程表时有损坏，甚至故意毁坏。因此，行驶公里数的可信度不高，鉴定估价人员只能作为参考。

（3）使用年限。将汽车总的行驶里程与年平均行驶里程之比所得的年限作为使用年限的量标，即：

$$T_{折} = \frac{L_{总}}{L_{年均}} \tag{2-2}$$

车辆的技术状态、完好率、平均技术速度和道路条件等因素有关。营运汽车在使用过程中，由于车辆的技术状况、平均技术速度和道路条件等的不同，年平均行驶里程的差异较大，但车辆的年平均使用强度基本相同。

采用使用年限这个量标比采用行驶里程更为合理些，因为我国地域辽阔，幅员广大，地理、气候、道路条件差异较大，管理水平也有高有低。有些省市，即使是相同的使用年限，而车辆总行驶里程有长有短，车辆技术状况也大不相同。为此采用使用年限作为主要考核指标更为确切。

在旧机动车鉴定估价工作中，确定成新率最有用的量标是使用年限，而使用年限的获得又比较困难，一是车辆行驶公里数其实际数值难以取得；二是年平均行驶里程是一个统计数据。

3）影响汽车经济使用寿命的因素

（1）汽车的损耗：从汽车的有形损耗和无形损耗两个方面进行分析。无形损耗是指由于技术进步、生产的发展，出现了性能好、生产效率高的新车型，或原车型价格下降等情况，促使在用车辆提前更新。

有形损耗是指车辆在使用过程中本身的消耗。有形损耗主要与车辆使用成本有关，汽车使用成本一般包括：

$$C = C_1 + C_2 + C_3 + C_4 + C_5 + C_6 + C_7 + C_8 \tag{2-3}$$

式中：C_1——燃料费用；

C_2——维护、小修费用；

C_3——大修费用；

C_4——基本折旧费用；

C_5——轮胎费用；

C_6——驾驶员工资费用；

C_7——管理费用；

C_8——其他费用。

其中，$C_5 \sim C_8$ 是与汽车经济使用寿命无关的因素。

当使用寿命确定后，C_4 基本是一个定值。

C_1、C_2、C_3 随行驶里程（或使用年限）的增长、车况的下降而增加。因此对 C_1、C_2、C_3 与汽车经济寿命有关的因素进一步分析，从而可按最佳经济效益确定其经济使用寿命。

①汽车的燃料费用：汽车随行驶里程的增加，技术状况逐渐变坏，其主要性能不断下降，燃料和润滑材料消耗不断增加。

②汽车的维护、小修费用：维修费用是指汽车在使用过程中，各级维护费用及日常小修费用的总和，它主要由维修过程中实际消耗的工时费和材料费来确定。随车辆行驶里程的增加，各级维护作业中的附加小修项目和日常小修作业项目的费用也随之增加，其变化关系基本上是线性关系。

$$维修费用 C_2 = 维修费用初始值 a + 维修费用增长强度 b \times 累计行驶里程 L \quad (2-4)$$

③汽车的大修费用：大修费用根据国内初步统计表明，新车到第二次大修的费用一般为车辆原值的 10% 左右。以后的大修随里程（或年限）的增长，大修费用也逐渐增加，而大修间隔里程在逐渐缩短。在计算大修费用时，要把某次的大修费用均摊在此次大修至下次大修的间隔里程段内，即相当于对大修后间隔里程段的投资。

（2）车辆的来源与使用强度。

①私家车：家庭自用，用于载人及运输行李的车辆。私家车中既有卡车一类商用车，也有小轿车一类乘用车。旧机动车市场中交易主要以家庭乘用车为主，由于车主的使用强度和对车辆的维护意识的差异，车辆的性能也会千差万别。

②社会零散运输车辆：是指机关、企事业单位和个人的非营运车辆，主要是为一般零散运输和生活服务的公务、商务用车。这些车辆一般没有专门的管理机构和维修基地，使用情况差异很大。随着公务车的改革，这部分车辆进入旧机动车市场越来越多。

③城市出租车辆：这是城市和乡镇为客运和货运服务的车辆，多集中在大中城市，多以国产轿车、轻型客车从事客运出租经营，以微型、轻型货车从事货运出租经营。客运出租车辆使用强度很大，轿车一般年平均行驶里程在 10 万 km 左右；货运出租车辆，其使用强度受货运市场影响较大。目前，由于货运量不足，导致车辆闲置，其使用强度不是很大，但是，由于车主受利益驱动，车辆经常超载运行，致使车辆机件磨损迅速上升，大大影响车辆使用寿命。另外，这些车辆管理、使用、维修水平情况差异很大。

④交通专业运输车辆：是指专门从事运输生产的营运车辆。这些车辆是为整个社会服

务的,使用条件复杂,使用强度比较大。一般客车年平均行驶里程为5万km左右,货车为4.5万km左右。货车拖挂率、实载率均比较高,管理、使用和维修水平也比较高,车辆基础资料齐全。

⑤社会专业运输车辆:是指各行各业专门从事运输的车辆,主要是为本行业的运输生产服务的。如商业、粮食、冶金、林业等部门的运输车辆。

⑥城市公共交通车辆:城市公共交能车辆是指城市公共汽车,一般这些车辆从"生"到"死"常年服役,不参与旧机动车市场交易。

(3)汽车的使用条件。

①道路条件。

a. 道路条件分类。道路对汽车使用寿命影响很大,直接影响车辆技术速度,使其年平均行驶里程相差比较大。道路对车辆使用寿命的影响主要是道路等级和路面情况两种因素。道路条件可分为二类五个等级。

第一类为:汽车专用公路、高速公路、一级公路、二级汽车专用公路。

第二类为:一般二级公路、三级公路、四级公路。

高速公路具有特别的政治、经济意义,是专供汽车分道高速行驶,并全部控制出入的公路;一级公路为连接重要政治、经济中心,通往重点工矿区、港口、机场,专供汽车分道行驶并部分控制出入、部分立体交叉的公路;二级汽车专用公路为连接政治、经济中心或大工矿区、港口、机场等地的专供汽车行驶的公路;一般二级公路为连接政治、经济中心或大矿区、港口、机场等地的城郊公路;三级公路为沟通县或县以上城市的干线公路;四级公路为沟通县、乡(镇)、村等的支线公路。

b. 地区道路特点。由于我国历史的原因,道路数量、质量与车辆、人口增长的速度不相适应,从而构成了我国道路混合交通的特殊性,即快慢车同道而行,机动车、非机动车和行人同道混行;平原地区地势平坦、道路宽阔、路面质量好;北方地区,年降雨量比较小,对道路,尤其是土路影响不大,只是冬天出现冰雪路,影响车辆运行;南方地区,年降雨量大,尤其雨季,道路泥泞、湿滑,乡村土路则地面松软、凹陷、泥泞无法行车;城市或城郊,道路四通八达,但人口稠密,车辆多、行人多、交通拥挤、道路堵塞。

②特殊使用条件:特殊使用条件主要指一些特殊自然条件和地理环境,如寒冷、沿海、风沙、高原、山区等地区。在这些特殊使用条件下工作的汽车,都将缩短汽车的经济使用寿命。

3. 机动车技术状况变化的一般规律

1) 机动车的技术状况

机动车的技术状况是指定量测得的、表征某一时刻汽车的外观和性能的参数值的总和。技术状况变化是随着汽车行驶里程的增加,汽车的技术状况逐渐变坏,致使汽车的动力性下降、经济性变坏、使用方便性下降、行驶安全性和使用可靠性变差,直至最后达到使用极限。主要外观症状有汽车最高行驶速度降低,加速时间与加速距离增长,燃料与润滑油消耗量增加,制动迟缓、失灵,转向沉重,行驶中出现振抖、摇摆或异常声响,排黑烟或有异常气味,运行中因技术故障而停歇的时间增多。

2) 机动车技术状况的评价指标

机动车的技术状况可用机动车的工作能力或运用性能来评价。

机动车的运用性能包括动力性、经济性、使用方便性、行驶安全性、使用可靠性、载质量和容积等。

(1)动力性:最高行驶车速,加速时间与加速距离,最大爬坡能力,平均技术速度,低挡使用时间。

(2)使用经济性:燃料消耗量,润滑油消耗量,维修费用。

(3)使用方便性:每100km平均操纵作业次数,操作力,灯光、信号的完好程度,起动暖车时间,最大续驶里程。

(4)行驶安全性:制动距离,制动力,制动减速度,制动时的方向稳定性,侧滑量。

(5)使用可靠性:故障率和小修频率,维修工作量,因技术故障而停歇的时间。

3)机动车技术状况变化的原因

零件之间相互摩擦而产生的磨损,零件与有害物质接触而产生的腐蚀,零件在交变载荷作用下产生疲劳,零件在外载、温度和残余内应力作用下发生变形,橡胶及塑料等非金属零件和电器元件因长时间使用而老化,由于偶然事件造成零件损伤等。

(1)磨损:零件的主要损坏形式,磨损现象只发生在零件表面,其磨损速度的快慢既与零件的材料、加工方法有关,又受汽车运用中装载、润滑、车速等条件的影响。疲劳损坏是由于零件承受超过材料的疲劳极限的循环应力时,而产生的损坏。

(2)腐蚀损坏产生于与腐蚀性物质接触的零件表面。易于产生腐蚀损坏的主要部件有:燃料供给系统和冷却系统的管道、车身、车架等。

(3)老化是由于零件材料在物理、化学和温度变化的影响下,而逐渐变质或损坏的故障形式。例如橡胶、塑料等非金属零件因老化而失去弹性,强度下降等。

4)影响机动车技术状况变化的因素

(1)机动车在使用过程中,其技术状况变化的快慢不仅取决于结构设计和制造工艺水平,还受各种使用因素的影响。

(2)影响机动车技术状况变化的使用因素有:运行条件、燃料和润滑油的品质、机动车运用的合理性等。

5)机动车技术状况变化的规律

(1)机动车技术状况的变化规律是指机动车技术状况与机动车行驶里程或行驶时间的关系。

机动车在使用过程中受到外部环境和内部条件多种因素的作用,其结构强度和使用条件的变化都有平稳变化的一面,同时又有不确定的一面,其反映在汽车技术状况变化规律上,表现为渐发性和突发性两种变化规律。

(2)渐发性变化规律指机动车技术状况的变化随行驶时间或行驶里程单调变化,从而可用函数式表示变化规律;渐发性变化规律又称为机动车技术状况随行程的变化规律。

(3)突发性变化规律表示机动车或总成出现故障或达到极限状态的时间是随机的、偶发的,没有必然的变化规律,对其变化过程独立地进行观察所得结果呈现不确定性,但在大量重复观察中又具有一定的统计规律。突发性变化规律又称为机动车技术状况的随机变化规律。

(4)机动车技术状况逐渐变化的规律。在按使用说明书的要求合理运用机动车的前提下,机动车大部分总成、机构技术状况随汽车行驶里程平稳而单调地逐渐变化。

①特点:机动车技术状况随行驶里程的变化过程可以用二者之间的函数关系式描述,一般可表示为 n 次多项式或幂函数两种形式。

②实践表明:用多项式表征机动车技术状况参数与行驶里程或工作时间的关系时,使用前四项,其精度已经足够;而对制动蹄与制动鼓间的间隙、离合器踏板自由行程等参数变化规律的描述,用前两项,即用线性函数描述已足够精确。

对于主要因零件磨损所引起的机动车技术状况参数变化的规律,可用幂函数描述,如曲轴箱窜气量随行驶里程的变化过程等。

(5)机动车技术状况的随机变化。

①随机变化的影响因素。机动车使用中的偶然因素、驾驶操作技术水平、零部件材料的不均匀性、隐蔽缺陷等因素的影响,汽车或某总成技术状况变坏而进入故障状态所对应的行程是随机变量,与故障前的状况无直接关系。

②本质原因。在上述多种因素影响下,若机件所承受的载荷超过规定的许用标准,可使机件产生损伤并迅速超过极限值而进入故障状态。

③技术状况参数随机性变化的特点:是各影响因素具有随机性的反映。当给定机动车技术状况参数的极限值时,该随机性变化表现为机动车技术状况参数达到极限值所对应的行程是多种多样的,在同一行驶里程下,机动车技术状况也存在明显差异。

由于机动车技术状况的变化具有随机性,对应于不同的驾驶人员、不同的运行条件,即使车款相同、行驶里程相同、使用年限相同,所得出的评估结果也会有相当大的差异。掌握机动车技术状况随机变化的规律,对给予机动车一个正确公正的评估结果是相当重要的。

(二)旧机动车评估的手续检查

1. 旧机动车的合法手续

旧机动车交易是在可以继续使用的前提下进行的。证件包括旧机动车的来历凭证、机动车行驶证、机动车登记证、车辆号牌、车辆运输证、交易双方的身份证明、车辆购置附加费、机动车辆保险费、车船使用税的相关证明等,如图2-1所示。

图2-1 手续检查

1)旧机动车交易的基本条件

(1)使用时间、行驶里程和车辆种类符合国家或者本地规定的安全技术性能要求,经公安交通部门检测合格。

(2)旧机动车卖方应当拥有车辆的所有权或者处置权。

(3)卖方具有合法、完整的车辆法定证明、凭证。

(4)国家机关、国有企事业单位在出售、委托拍卖车辆时,应持有本单位或者上级单位出具的资产处理证明。

2）旧机动车交易过程

（1）进行旧机动车交易应当签订合同。合同示范文本由国务院工商行政管理部门制定。卖方应当向买方提供车辆的使用、修理、事故、检验以及是否办理抵押登记、缴纳税费、报废期等真实情况和信息。买方购买的车辆如因卖方隐瞒和欺诈不能办理转移登记，卖方应当无条件接受退车，并退还购车款等费用。

（2）委托旧机动车经纪机构购买旧机动车时，委托人应向旧机动车经纪机构提供合法身份证明；经纪机构依据委托人要求选择车辆，并及时向其通报市场信息；旧机动车经纪机构接受委托购买时，双方签订合同；旧机动车经纪机构根据委托人要求代为办理车辆鉴定评估，鉴定评估所发生的费用由委托人承担。

（3）旧机动车交易完成后，卖方应当及时向买方交付车辆、号牌及车辆法定证明、凭证。

2. 禁止交易的车辆

2005年10月1日由商务部颁布的《二手车流通管理办法》第二十三条中规定下列9种机动车禁止经销、买卖、拍卖和经纪：

（1）已报废或者达到国家强制报废标准的车辆。

（2）在抵押期间或者未经海关批准交易的海关监管车辆。

（3）在人民法院、人民检察院、行政执法部门依法查封、扣押期间的车辆。

（4）通过盗窃、抢劫、诈骗等违法犯罪手段获得的车辆。

（5）发动机号码、车辆识别代号或者车架号码与登记号码不相符，或者有凿改迹象的车辆。

（6）走私、非法拼（组）装的车辆。

（7）手续不全的车辆。凭证、手续主要包括《机动车登记证书》、《机动车行驶证》、有效的机动车安全技术检验合格标志、车辆购置税完税证明、车船使用税缴付凭证、车辆保险单等。

（8）在本行政辖区以外的公安机关交通管理部门注册登记的车辆。

（9）国家法律、行政法规禁止经营的车辆。

3. 旧机动车交易需要的有关证件

1）车来历凭证

旧机动车来历凭证分新车来历凭证和旧车来历凭证。

（1）机动车销售发票：第一次进行旧车交易的车辆，其来历凭证与新车交易的来历凭证一样，是指经国家工商行政管理机关验证盖章的机动车销售发票。

（2）旧机动车交易发票：已经交易过的旧车再次交易，其来历凭证是指经国家工商行政管理机关验证盖章的旧机动车交易发票。

（3）法律效力的证明：因经济赔偿、财产分割等所有权发生转移，由人民法院出具的发生法律效力的判决书、裁定书、调解书等。

2）机动车行驶证

机动车行驶证是必须随车携带的证件，也是旧机动车过户、转籍必不可少的证件。一般载有该车车型、车主信息和车辆号牌、发动机号、车架号、车辆技术性能信息、检验记录等内容。

3）机动车登记证

机动车登记证是机动车所有权凭证,具有证明产权的性质,它记载的信息有：车主信息、车辆信息、过户信息等,用于变更行驶证上的登记项目,或者要转出、抵押及办理行驶登记、复驶登记、注销登记等,是车辆的一项重要凭证。

4）机动车号牌

车辆牌照,是指由公安车辆管理机关依法对车辆进行注册登记核发的金属号牌,在办理车辆注册登记时和机动车行驶证一同核发,其号牌字码与行驶证号牌一致。

5）道路运输证

道路运输证是县级以上人民政府交通主管部门设置的道路运输管理机构对从事客货运输(包括城市出租客运)的单位和个人核发的随车携带的证件,用于证明该车能用于相应的客货运输。营运车辆转籍过户时,应到运营机构及相关部门办理营运过户有关手续。

6）车辆购置附加费

所有购置车辆的单位和个人,包括国家机关和单位一律征收车辆购置附加费,车辆购置附加费由交通部门负责征收,征收标准一般是车辆价格的10%。

7）机动车辆保险费

(1)交强险：全称为机动车交通事故责任强制保险,是我国第一个法定强制保险。《机动车交通事故责任强制保险条例》规定,2006年7月1日起,所有上路行驶的机动车都必须投保交强险。由于交强险在我国是一项全新的保险制度,实施第一年先分42种车型执行全国统一价格,在实践中积累经营数据。今后会尽快实行保费与交通违法行为、交通事故挂钩的浮动费率机制。一辆车如果多次出险,下一年的保费就会上涨；而常年不出险,保费也会逐年降低,以此实现"奖优罚劣"。

(2)商业险。包括以下险种：

①车辆损失险。车辆损失险是指保险车辆遭受保险责任范围内的自然灾害(不包括地震)或意外事故,造成保险车辆本身损失,保险人依据保险合同的规定给予赔偿。

②第三者责任险。被保险人或其允许的合格驾驶员在使用保险车辆中,发生意外事故,致使第三者遭受人身伤亡和(或)财产的直接损毁,依法应当由被保险人支付的赔偿金额,保险人依照法律法规和保险合同的规定给予赔偿。

③附加险：包括全车盗抢险、车上责任险、无过失责任险、车载货物掉落责任险、风窗玻璃单独破碎险、车辆停驶损失险、自燃损失险、新增加设备损失险、不计免赔特约险。

8）车船使用税

国务院1986年发布的《中华人民共和国车船使用税暂行条例》规定,凡在中华人民共和国境内拥有车船的单位和个人,都应该按照规定按年缴纳车船使用税。许多地方的车船使用税已由保险机构(含代办点)在销售"交强险"时,对应纳车船税的机动车辆,同时代收代缴车船税。

9）客、货运附加费

向从事客、货运输的单位或个人征收的专项基金。客运附加费的征收是用于公路汽车客运站、点设施建设的专项基金；货运附加费的征收用于港航、站场、公路和车船技术改造的专项基金。从2009年起,已经取消公路养路费、公路客货运附加费,启动油运价格联动机制。

相关链接

费 改 税

国务院决定自2009年1月1日起实施成品油税费改革,取消原在成品油价外征收的公路养路费、航道养护费、公路运输管理费、公路客货运附加费、水路运输管理费、水运客货运附加费六项收费,逐步有序取消政府还贷二级公路收费。国务院同时决定,将价内征收的汽油消费税单位税额每升提高0.8元,即由每升0.2元提高到1元;柴油消费税单位税额每升提高0.7元,即由每升0.1元提高到0.8元;其他成品油消费税单位税额相应提高。

燃油税就是将现有的养路费转换成燃油税,这种燃油税制实质上是通过将养路费"捆绑"到油价上,将每辆汽车要缴的养路费转换成税费,在道路等公共设施日益成为一种稀缺资源的大背景下,更多地体现了"多用多缴,少用少缴"的公平原则,而燃油税开征时机选择实际上是理念的差异。

10)交易双方的身份证明

买卖双方证明或居民身份证。这些证件主要用于向注册登记机关证明机动车所有权转移的车主身份和住址。

车辆的常见标志要贴在汽车风窗玻璃上,如图2-2所示。图2-3为机动车交通强制保险标志。

图2-2 环保、年检、交强险标志

图2-3 机动车交通强制保险标志

11)车辆环保要求

目前,许多城市都将对汽车实行黄、蓝、绿三色环保分类标志管理。南京市对机动车国Ⅰ(相当于欧Ⅰ)排放标准以下的发放黄色标志,达到国Ⅰ、国Ⅱ(相当于欧Ⅰ、欧Ⅱ)标准的发放蓝色标志,达到国Ⅲ、国Ⅳ(相当于欧Ⅲ、欧Ⅳ)标准的发放绿色标志。机动车环保标志如图2-4所示。图2-5为机动车检验合格标志。

4. 旧机动车的识伪与辨别检查

旧机动车的识伪检查是指通过对交易车辆的有关手续文件和实际车况进行检查以判断

其是否具有合法的交易资格，主要是杜绝各种被盗车辆、走私车、拼装车混入旧机动车交易市场，损害消费者利益。

图 2-4　机动车环保标志

图 2-5　机动车检验合格标志

1）相关凭证的识伪

（1）识伪检查应首先检查车辆的来历凭证及其行驶手续，新车要有销售发票，二次交易的旧车要有旧车交易发票。

（2）对于因经济赔偿、财产分割等引起的所有权转移，则需要有由法院出具的发生法律效力的判决书、裁决书或调解书。

（3）车辆行驶证所记录的车辆发动机号、车架号、厂牌型号和车辆外观要与实际相符。

（4）正规进口的车辆，均应贴有中国商检特有的 CCIB 标志，通常还附有中文使用手册和维护手册。常见的伪造证件和凭证有：机动车号牌、机动车行驶证、车辆购置附加费证等。

①机动车号牌的识伪。违法者常以非法加工偷牌拼装等手段，伪造机动车号牌。由于机动车号牌生产实行准产管理制度，并在号牌上加有防伪合格标记，因此，机动车号牌的识伪方法：一是看号牌的识伪标记；二是看号牌底漆颜色深浅；三是看白底色或白字体是否涂以反光材料；四是查看号牌是否按规格冲压边框，字迹是否模糊等。

其实，只要细加观察，分辨真假也不是难事。一般伪造的"套牌"在正常阳光下存在颜色偏红或者偏黄、字体较瘦等现象，细加端详就能发现。假牌照由于并非一次性成型，套牌上的字体边缘会有棱角，即使打磨过也难以掩盖痕迹，拆下车牌，其背面会有敲打过的痕迹。再不放心，直接到车辆管理部门上网查询车辆登记档案，真假即见分晓。

②VIN 码的识别。车辆识别码又叫 VIN 码，相当于车辆的身份证号码，共有 17 个数字和字母，由厂家在车辆出厂前用专用的工业打标机打刻在车身不易损伤处，一般在车辆的发动机舱后舱板上（例如东风日产蓝鸟、阳光系列车型，上海通用系列车型等），也有部分车型打刻在车辆翼子板上（例如东风雪铁龙富康系列车型），另有部分车型由于发动机的安装位置影响检查 VIN 码的视线等原因，将 VIN 码打刻于其他地方（例如东风日产天籁车型将 VIN 码打刻于前座副驾驶席的地板上）。

VIN 码由交管部门严格掌控，不允许擅自改动；如果擅自改动，则会作为嫌疑车辆予以查扣。因此，买家在察看 VIN 码时，一定要加以小心。工业打标机打出的字母、数字都是横平竖直、字迹清晰的，组成字母或数字的微型圆坑，个个直径相等、深度一致，间距均匀。若是人工篡改的话,由于手法、力度很难保持绝对一致,多多少少会造成圆坑或大或小,或深或浅,买家只要稍加观察,就不难发现破绽;同时,在察看发动机号时,也可参考上述方法。

③机动车行驶证的识伪。为了防止伪造行驶证,规定制作行驶证时塑封套上有用紫光灯可识别的不规则的与行驶证卡片上图形相同的暗记,并粘贴车辆彩色照片。因此,行驶证最好的识伪方法,就是察看识伪标记;再则查看车辆彩照与实物是否相符;再次,将其行驶证上的印刷字体、字号、纸质、印刷质量与车辆管理机关核发的行驶证式样进行比较核定。一般来说,伪造行驶证纸质差,印刷质量模糊。

④车辆购置附加费证的识伪。违法者伪造、倒卖车辆购置附加费凭证,往往对那些漏征或来历不明的车辆,在交易过程中伪造凭证蒙骗用户,从中获取暴利。因此,对于车辆购置附加费真伪的识别,一是采用对比法进行鉴定;二是前往征收机关查验。

⑤准运证的识伪。购买持有准运证的车辆时,应当注意证件的真伪和有效性。一是请当地市以上的道路运输管理机关或公安车辆管理部门帮助认定;二是寻找现行的"准运证"式样进行对比认定,要注意"准运证"的时效性,即有效准运时间。

2) 车辆外观和内饰识伪

一般来说,走私或拼装的旧车辆都会留下改装的痕迹,因此在识伪检查时,可通过观察车辆外观和内饰进行初步判断。在外观上,主要察看是否有重新做过油漆的痕迹,尤其是顶部下沿,曲线部分的接合部线条是否流畅,大面是否凸凹不平。尤其是小曲线接合部在目前手工技术条件下不可能处理得天衣无缝,留下的再加工痕迹亦特别明显。

另外,还可以用手从顶部开始向下触摸,如经过再加工处理,手感一定不那么平整光滑。车门和发动机罩同车身的接合部口缝是否一致、整齐,间隙是否过大等。在车辆内装饰方面,察看装饰材料是否平整,表面是否干净,尤其是压条边沿部分要特别仔细检查。经过再装配的车辆,内装饰压条边沿部分往往有手指印或其他工具碾压后留下的痕迹印。

3) 事故车的识别

现在许多人换车的原因不外乎两条,座驾升级换代或是出了大事故不想继续使用。因此,对于事故车检查应该更加仔细,可从下面6方面进行。

(1) 首先查看全车线条是否流畅,因为汽车一旦发生刮擦或碰撞,车身线条最不易修复匀称。

(2) 检测车辆车身外观各个部件的间隙是否一致。

(3) 检查漆面的光洁度是否均匀。

(4) 检查车身各部位密封胶是否完整。察看车时应当仔细观察车门边框和车窗的密封条是否有喷漆的痕迹。如果在车门边框的喷漆痕迹上还有裂口,就可以更加确定车门是经过修复。需要注意的是,有的车密封条很容易扒下来,有的则比较紧,安装时有点困难,故不要一下子把密封条全扯下来。正确的方法是扒下一截后,进行查看,看完安上,再扒下一截查看。这一步很重要,许多事故痕迹就隐藏在密封条下。

(5) 检查原车焊接点是否完整。检查机盖下的车架焊接点,原来的焊接点平滑细小,修复过的焊接点一般比原来的粗糙,比较左右两边,如果存在这种现象,就说明该车曾经发生过比较严重的事故。

(6)用举升机把汽车抬高,检查底盘部件的老化或损伤程度。

 小知识

如何辨别修复过的车辆

侧撞修复时,钣金师傅只能用手电钻将这些焊点钻穿,再分别修复内外两块钣金件,再用普通的电焊机将焊点补上(厂家的4S店是不会配备价值上百万元的碰焊机的),最后再用手砂轮将凸出的焊渣打磨掉。这种做法,一般情况下都会留下明显的焊接痕迹,而且普通电焊与厂家的碰焊机相比因为工作电流低,工作时间长,会造成焊点附近金属退火,硬度降低,留下安全隐患。

(三)汽车技术状况鉴定

机动车在使用过程中,随着行驶里程增加,其运动部件正常磨损、自身的疲劳、变形、腐蚀等都会使机动车机械零件产生损坏,致使机动车技术状况逐渐变坏。具体表现为动力性下降、经济性变坏、安全性变差、可靠性下降等,而且还将伴随出现种种故障的外观症象,例如车体不正、车身开裂、油漆剥落、连接松动、配合松旷、泄漏严重和润滑不良等。尽管随着诊断技术的发展,检测仪器、设备的准确性、定量性和适用性有了很大进步,但影响机动车性能的很多外部症状尚难以用仪器、设备检测出来,仍需用人工进行检查、观察并辅以简单的检测器具进行直观定性的检视,结合检测结果对机动车的真实技术状况作出准确判断,如图2-6所示。

图2-6 旧机动车的技术鉴定

1. 外观检查

1)车漆部分

(1)漆色。新补的油漆,往往色彩不同于原车漆色,如果车辆开得年头比较长,补漆往往比较多,因而整个车身各个部位颜色都有差异,甚至找不出原车的漆色。

(2)车身平整度。特别是有大面积撞伤的部位,补腻子的面积比较大,在工人打磨腻子时往往磨不平,因而补过漆后,车身表面看上去如同微微的波浪一样凹凸不平。

(3)油漆质量。补过的漆往往有如下质量问题:丰满度不如原车的油漆,油漆表面有流痕,表面有不规则的小麻坑,表面有小麻点。车辆成色越好,上述质量问题越少。

通过上述质量问题,我们可以判断一辆车以前被撞面积有多大,车身可能受过多大的损伤。购车者假如发现油漆表面有龟裂现象,如果车未撞过,那么该车至少已使用了10年。

小知识

旧机动车漆面检查方法

局部做漆：一般是由于小的磕碰剐蹭造成车身漆面损坏，采用局部做漆。还有就是车身局部受损后需要钣金处理，之后也要做漆。

全车做漆：由于漆面老化、磕碰剐蹭、事故等原因，需要对全车进行做漆。

看光线反射和色差：通过车身反射光的明暗对比来判断是否做漆。一般做漆的地方反射光很暗，但一些高档车都是在厂家指定的特约维修站烤漆，电脑配色、配漆、配亮油，做漆的质量非常好，不容易观察。对于金属漆，可以检查漆面金属含量的多少。当然，做漆质量好的汽车用户自不必很在意；做漆质量不好的车会产生色差，也比较明显，用户可以看出来。

用手感觉顺滑性：做漆的地方感觉会不顺滑，同时车身的不平整也可以感觉出来。

观察有无砂纸打磨的痕迹：只要刮完腻子用砂纸打磨后，都会留有痕迹，有很多或粗或细的条纹，和做漆周边完好的原车漆部分是不同的。

敲打车身来判断：由于刮腻子的薄厚程度和原车漆是不一样的，所以敲打车身时钣金的刮腻子部位声音要低沉一些。

注意边沿、装饰条及橡胶密封件，看是否有残留油漆痕迹和"流漆"痕迹。

打开发动机或行李舱盖：检查有无残留油漆以及和车身油漆的色差。

2）车身车门部分

（1）与车身呈45°角看车顶与车门交合线。方法是，站在车前照灯旁，半蹲身子，像木工用眼睛吊线一样，观看车顶与车门交合处两条线和雨槽是不是平直，如图2-7所示。如果有扭曲，这辆车一定是被侧撞过的。要注意的是，不要只看一边，对车的两边都要观看。

图2-7　车顶与车门交合处两条线和雨槽是不是平直

（2）看那条横贯车辆首尾的"腰线"。如果腰线是凹凸不平或扭曲的，则车辆很可能发生过擦碰。因为在汽车的钣金维修中，"面"的找平及修复相对来说比"线"的修复要简单一些（"线"相当于是两个"面"的交会）。

（3）看车门。大家知道，车门基本上是一块方形。如果车门被撞后，钣金师傅是很难将旧门复原的:他将车门竖线对正了,上部与车顶的门框横线就会倾斜;反之,将上面的横线对正了,车门与车 B 柱和另一扇门的竖线又会有一定的偏差。这主要是碰撞造成的车门铰链变形的结果,如图 2-8 所示。

图 2-8　车门与车 B 柱和另一扇门的竖线

(4) 看门框。看车时,应扯下或扒下镶嵌在门框四周的橡胶密封条,查看门框。原装门框的边沿都有分布均匀的凹陷点,形状、大小及各个凹陷点之间的距离都是相同的。这些点是原厂的碰焊机器人的杰作,它用两个横截面和 HB 铅笔大小差不多的焊头,分别紧紧夹住两块车身钣金件的外表面,并在瞬间通过几万伏的高压电,强大的电流将接触点处的金属烧得通红后马上断电,两块钣金件在夹具的夹持力和电流的作用下已紧紧地结合在一起。

(5) 看三柱。车辆都有 A、B、C 三柱,就像房屋四周的几个柱子一样。没有它,车身就支撑不起来。有些旧机动车是从国外走私或拼装的车辆,一般是把车顶拦腰切下来,去掉顶部,然后到另一地方后又将顶部焊接起来。通过这种方法,可以将整车变成零部件而逃避整车税。但是,事后焊接的车辆,在 A、B、C 三柱的根部,一定会留下焊接及刮灰的痕迹,只要仔细观察,就会发现。

3) 行李舱部分

查看行李舱开口处左右两边的钣金件或与后保险杠的接合处时,可先翻开行李舱下的地毯,检视该处有无烧焊的痕迹,虽然现在的钣金技术已经非常先进,但只要细心观察还是能够分辨出是否进行过钣金维修。如果车辆维修得比较粗糙,可能存在下雨天行李舱漏水问题。

打开行李舱,观察里面的清洁程度,看是不是有水印和油迹;同时,用鼻子嗅气味,看是否有霉味。如果以上情况无一幸免地都存在,说明车主平时是不爱惜车的人,车辆疏于维护,损坏的程度较严重。

4) 底盘部分

仔细检查水箱罩和横梁等是否有拉直或烧焊的痕迹,底盘有否锈蚀或漏洞,车身橡胶密封条有否裂损或漏雨,底盘大梁有否曲折或烧焊等。检查轮胎磨损程度,可能的话,实际试车,转动换方向,从而判断该车车轮定位及转向系统和悬架部分中各球头的好坏。另外,通过简单的驾驶还能判断该车离合器及变速器或自动变速器的性能。通过目视检查减振器是否漏油;用手由上向下按压车身,判断减振器的好坏;检查驻车制动是否有效。

5) 内饰检查

(1) 座椅及地毯。座椅松动和严重磨损、凹陷,此时应该进行维修。从地毯磨痕可推断出汽车使用频繁程度,新地毯更要注意检查真实车况。

(2) 打开空调,观察冷气和暖气是否良好,同时注意体会在压缩机运转时是否伴随异常噪声和车身的严重抖动。

（3）一般来说，车辆每年平均行驶 2 万 ~ 3 万 km。里程表显示数字过低不一定是好现象，里程表可能更改过。

（4）检查仪表板和车辆外部所有灯光及控制系统是否完好。

（5）现代轿车配备多种电子设备，注意观察发动机故障灯、气囊灯、ABS 灯及其他报警灯是否在车辆着车后长时间内不熄灭，或在打开点火开关后根本不点亮，这些都表明故障存在。

（6）检查驻车（手）制动是否好用。

汽车内饰检查如图 2-9 所示。

图 2-9　汽车内饰检查

2. 发动机检查

1）发动机罩

（1）外观。仔细查看发动机罩与翼子板的密合度或缝隙是否一致，不要有大小不一的情形，如图 2-10 所示；发动机罩与风窗玻璃之间的间隙是否一致或留有原车的胶漆，这些都是检查的重点。

图 2-10　仔细查看发动机罩与翼子板的密合度或缝隙是否一致

(2)内部。发动机舱内的检查更是重点中的重点,打开发动机罩时,先检查一下其内侧,如果有烤过漆的痕迹,表示这片盖板碰撞过,因为一般人不会在这个地方乱烤漆,原因是它不具有美观的价值。然后检查发动机前部的端框,该部件往往是固定水箱和冷凝器的,同时它还是前照灯定位和调整的基准,所以非常重要,如图2-11所示。

图2-11 发动机舱内部检查

2)发动机及附件

(1)检查水箱(冷却时)。打开发动机罩,首先检查水箱部分。但检查的前提是冷车状态,否则很容易被溅出的水烫伤。打开水箱盖后,注意观察冷却水面上是否有其他的异物漂浮,例如锈蚀的粉屑、不明的油污等。如果发现有油污浮起,表示可能有机油渗入到冷却水内;如果发现浮起的异物是锈蚀的粉屑,表示水箱内的锈蚀情况已经很严重。一旦发现有上述情况,都表示该车的发动机状况不是很好,需特别注意。

(2)检查变速器是否有渗油现象。如果变速器渗油比较严重,此时也应该特别注意,应该检查油是从何处渗漏的,从而判断是否是箱体损坏。

(3)检查蓄电池。一般蓄电池的寿命大约是两年,因此消费者在检查蓄电池时,可先注意蓄电池上的制造日期。如果已经超过两年,则表示该蓄电池已经快要报废了。如果消费者决定要购买这部车,可以要求卖车者更换新的蓄电池;也可以要求降价,回去后自己更换;否则用不了几天就会因为蓄电池没电而无法行驶。

(4)检查空气滤清器。打开空气滤清器的盒盖,察看里面的清洁程度。如果灰尘很多,滤芯很脏,则表示这部车的使用程度较高,而且该车的前一位车主对车的维护也较差,没有定期更换滤芯。由此可设想,一部车的维护差,车况也不会太好。

(5)检视机油质量。检视前,先准备好白色的布或餐巾纸。在找到机油尺的位置后,先将机油尺拉起,用准备好的白布或餐巾纸将机油尺擦干净,然后检查布或纸上留下的机油颜色,如果呈暗褐色,则表示早该换机油了,而且前位车主的维护习惯很差;如果呈黏稠状,也表示维护较差;如果含有水汽,那问题可能就严重了。这种发动机"吃水"的情形,会让水、机油混合而呈现乳白色的色泽,对发动机的伤害非常大。

另外,一般机油尺上都有高、低油位的标记,如果机油在这两个油位之间,则表示正常。

因此,消费者可再将擦干净的机油尺从油箱中拉出来,检查机油尺上的油位。如果油位过低,则表示这部车可能有漏机油的情况,车况不佳。

总体来说,如果在挑选旧机动车时注意了以上几个方面,从车辆整体性能方面,就可以放心了。

3. 机动车技术状况的动态检查

机动车的动态检查包括发动机运转状况检查和机动车路试检查。

1) 发动机运转状况检查

在进行发动机运转状况检查前,首先检查发动机润滑油量及冷却液量。

(1) 发动机起动性能检查。发动机应能正常起动。一般起动不应超过3次,每次起动时间不超过10s。起动时,应无异常响声。

(2) 发动机怠速运转检查。发动机起动后,使其怠速运转。对于电子燃油喷射式发动机,当水温较低时,发动机应以快怠速转速运转。发动机怠速运转应平稳,转速波动应小于50r/min。发动机怠速运转时,检查各仪表工作状况,检查电源系统充电情况。

(3) 加速踏板控制检查。待水温、油温正常后,通过改变节气门开度,检查发动机在各种转速下运转是否平稳,改变转速时过渡应圆滑。迅速踏下加速踏板,发动机由怠速状态猛加油,观察发动机转速是否能迅速由低速到高速灵活反应。当加速踏板踩到底时,迅速释放加速踏板,发动机转速是否能迅速由高速到低速灵活反应,发动机不能熄火。发动机加速运转过程中,检查发动机有无"敲缸"和气门运动噪声。在规定转速下,发动机机油压力应符合有关规定。

(4) 排气颜色检查。汽油机正常工作时排出的气体应无色,柴油机带负荷工作时,排出的气体一般为淡灰色。当负荷较大时,可为深灰色。当排出的气体为蓝色时,表明润滑油窜入燃烧室燃烧,可能是活塞、活塞环与汽缸之间配合间隙过大,汽缸磨损严重造成。当排出的气体为黑色时,表明混合气过浓或点火时间过迟。

(5) 发动机熄火检查。对于汽油机,关闭点火开关后,发动机应能正常熄火。对于柴油机,停机装置应灵活有效。

2) 机动车路试检查

机动车路试检查一般进行15~30min。机动车路试检查应在平坦、硬实、干燥、清洁的道路上进行。

(1) 传动系统性能检查。从起步连续换挡加速至最高挡,再由最高挡逐步减到低速挡,离合器应接合平稳、分离彻底、操作轻便、无异常响声。变速器应换挡轻便、准确可靠、无异常响声。传动轴应工作正常,无松旷、异响。差速器、主减速器应工作正常、无异响。

对于自动变速器的车辆检查如下:

① 检查自动变速器油液面。行驶几分钟,使自动变速器达到正常的50~80℃的温度,将车辆停放在平坦路面,保持怠速运转,将换挡杆依次挂入各个挡位(要踩住制动踏板),最后挂入P挡,然后观察自动变速器的油尺标志,在正常工作温度下油面应该在HOT范围内,如果比较低,说明需要添加同型号变速器油。如果在冷车状态下,油面应该在COOL范围内,过高说明应该放出一些油。

② 查自动变速器油的质量。油液应该清洁无异味。如果油液为深暗或褐色,说明需要

更换了;或者是长期重负荷运转;如果油液中有烧焦味道,可能是离合器或制动器片烧焦造成的。

③在试车时,自动变速器也应该在没有冲击、黏合、延迟的情况下平稳换挡。如果在完全踏下加速踏板时,节气门不能全开,说明节气门开度不符合要求,应检查节气门拉索,或对整个供油系统(油路)进行检查。

④车辆的急速也会影响自动变速器。如果急速过低,从 N 到 P,或到 D、R、2、3 时,会导致车辆发生振动。如果从 N 到 P,出现发动机熄火或在行驶过程中踩制动踏板停车发动机熄火时,也是急速转速过低的缘故;或者是变速器阀体、挡位开关、转速传感器故障等;如果急速过高,从 N 到 P 会产生换挡冲击,明显的表现就是自动换挡时感觉到向前闯动。

⑤在行驶中,如果出现升挡的车速明显高于规定值,可能是节气门拉索或位置传感器的调整不当或损坏等故障。如果踩加速踏板较深但车提速缓慢,说明自动变速器打滑,很可能是变速器油面过低造成的。如果出现不能升挡、无倒挡、无超速挡等现象,都说明该自动变速器有严重故障。

(2)转向系统性能检查。在宽敞路段,机动车行驶过程中,向左、向右转动转向盘,转向应灵活、轻便。当将转向盘撒手时,转向轮应能自动回正。机动车直线行驶时,不得有跑偏、转向轮摆振现象。

动力转向泵:转向时液压泵出现噪声,首先应检查液压泵皮带是否过松打滑,否则应检查储油罐油面高度并查看油液中有无泡沫。若均无问题,说明油路有堵塞处或油液严重污染,使液流通道受阻。此时应对转向系统进行彻底清洗,并按规定及时更换油液。还应检查液压泵流量、压力,必要时更换液压泵。

(3)制动性能检查。

①点制动检查。当汽车以 20km/h 初速直线行驶时,急踏制动踏板后迅速放松,机动车应无明显跑偏现象,制动协调时间和制动释放时间应无异常。当汽车以 50km/h 初速直线行驶,迅速将制动踏板踩到底,机动车应能立即减速、停车,不允许有制动跑偏、甩尾现象。

②制动系统辅助装置检查。对于气压制动系统的机动车(主要是大客车、大货车),当制动系统的气压低于 400kPa 时,气压报警装置应发出报警信号。对于装备有弹簧储能制动器的机动车,当制动系统的气压低于 400kPa 时,弹簧储能制动器自锁装置应正常有效。

(4)悬架系统的检查。悬架系统使用性能的变坏可以通过车身的振动感受来反映,在车中乘坐感觉汽车偏斜振动大、不舒适,就应维修悬架系统。具体可以进行紧急制动、急加速来检查前后悬架;通过车辆的转弯检查左右悬架的性能。

(5)汽车动力性检查。汽车动力性可以通过最高车速和加速能力来评价,利用原车的最高车速和原地起步加速时间作为参照指标进行检查。

(6)机动车滑行性能检查。汽车行驶系统中轮毂轴承松紧度是否合适、前轮定位是否正确、轮胎气压是否正常、制动器的性能都会严重影响汽车的滑行性能。通过机动车滑行性能试验,检查机动车底盘装配与调整状况。机动车空载以初速度 30km/h,摘挡滑行应满足的要求是整备质量≤4t,滑行距离≥160m;整备质量 4~5t,滑行距离≥180m。

3)机动车动态试验后的检查

(1)检查各部件温度。检查润滑油、冷却液温度:冷却液温度不应超过 90℃,发动机润滑油温度不应高于95℃,齿轮油温不应高于85℃。检查运动机件过热情况:查看车轮轮毂、制动鼓、变速器壳、传动轴、中间轴承、驱动桥壳等的温度,不应有过热现象。

(2)检查渗漏现象。在发动机运转及停车时,水箱、水泵、缸体、缸盖、暖风装置及所有连接部位不得有明显渗、漏水现象。机动车连续行驶距离不小于10km,停车5min后观察,不得有明显渗、漏油现象。

机动车不得有漏气、漏油现象。气压制动机动车,在气压升至600kPa且不使用制动的情况下,停止空气压缩机3min后,气压的降低值不应大于10kPa。在气压为600kPa的情况下,将制动踏板踩到底,待气压稳定后观察3min,气压的降低值不应大于20kPa。液压制动机动车,在保持踏板力700N达到1min时踏板不允许有缓慢向前移动的现象。

(四)旧机动车的1000分法检查

为了较详细地全面检查机动车,特别是价格较高的旧机动车,可以进行1000分的详细检测。即在以下的检查项目中,若出现问题,则从总分1000分中扣去相应的分值,若车辆的同一问题在不同的检查项目中出现,则只扣取最高分,数值表明相对重要度,分数越高,表明车辆状况越好。旧机动车1000分的检测包括三个部分:静态检查(555分)、原地起动检查(264分)、路试检查(181分)。

1. 静态检查(最高分:555)

汽车静态检查项目见表2-1。

静态检查项目表 表2-1

项目	动作内容	检查	可能的问题	分值	评分
转向盘	上下摇动	松动	主轴上部磨损	2	
	转动转向盘、调整高度	游隙是否正常	转向盘使用频繁,整个转向系统包括横拉杆等连接部分	3	
喇叭	按喇叭	响声	喇叭簧片、继电器	1	
风窗玻璃洗涤器	喷洗风窗	喷嘴流畅	电动机坏、堵塞、缺水	2	
刮水片	启动风窗玻璃刮水器	无松旷、角度正常	机构松动	1	
各种按钮	操作一遍	指示灯正常、复位	失效	1	
座位	调整位置、角度	滑槽、定位、锁止	固定不稳	1	
	观察滑槽磨损情况	调整的频度	多人用车	1	
遮阳板	翻动遮阳板	外观、支架	卡住	1	
加速踏板	踩下、松开踏板	顺畅	连杆机构拉索	1	
制动踏板	踩下、松开踏板	游隙小、有力	油路、执行机构	2	

续上表

项目	动作内容	检查	可能的问题	分值	评分
离合器踏板	踩下、松开踏板	间隙不合适	离合器片磨损	10	
		踩踏沉重	分离机构	4	
驻车制动拉杆	拉起、放松	弹簧作用灵敏、有一定多余空间		3	
变速器换挡杆	依此挂挡	啮合明确		1	
油压灯	转动点火开关	油压灯没动静	不亮,灯泡坏	1	
充电指示灯	转动点火开关	充电指示灯没动静	不亮,灯泡坏	1	
燃油表	转动点火开关	没动静	线路或仪表坏	2	
水温表	转动点火开关	没有指示	线路或仪表坏	2	
阻风门	拉出、压紧	不顺畅	机构磨损卡住	1	
发动机机油	打开发动机盖检查机油尺;观察汽缸盖、挺杆罩等	检查机油容量及泄漏否;检查洁净程度	漏油	10	
		色泽混浊呈乱白色否	发动机缸体进水	20	
		机油标尺有金属屑	曲轴、连杆严重磨损	50	
冷却水	观察水箱补液罐液面,给水管各部分夹子处、水泵、散热器等的结合处	是否泄漏	—	10	
制动液	观察制动液面是否正常;底盘下的制动液油管上的污泥;手摸总泵外表面	是否渗漏		5	
各电线接头	拨动蓄电池桩头、蓄电池至起动装置的电线两端、搭铁线、点火线圈、分电盘线圈	是否松动、有无自行搭线	线束短路	10	
插头与夹子	拨动插接件、固定夹子、卡子等	是否松动	—	2	
蓄电池	查看制造日期,前照灯打开时起动发动机	检查寿命,发动机是否顺利起动,电压	寿命一般为两年,不能起动则电力不足	10	
皮带	按压、摇动皮带	松紧度	松弛、老化	2	
空气滤清器	打开空滤器盖	是否有污物		1	
水箱散热器片	观察折损弯曲状况	平整情况	事故车修复	10	
风窗玻璃	观察四周胶封	胶条是新的	玻璃曾破损	20	

续上表

项 目	动作内容	检 查	可能的问题	分值	评分
车窗玻璃	升降	感觉顺畅否、观察密封性	—	10	
保险丝	打开各处熔断丝盒	检查是否熔断,有无备份	—	2	
座椅	按压	感觉回弹	过度使用	1	
烟灰盒、点烟器等	检查	状态	车辆使用、维护不当	2	
发动机舱	检查	周边及下方有无油污	汽缸垫漏油	20	
排气管	手套摸排气管内壁	灰渍呈黑灰色、黑色且有黏稠液体	发动机燃烧不完全、漏机油,发动机可能部分损坏	20	
水箱	检查水面	有漂浮物	有锈蚀粉屑为水箱内锈蚀严重,有油污则机油渗漏	10	
变速器	检查变速器油	观察颜色,为红色还是棕色;闻味道;是否漏油	红色正常,棕色表示发生故障;焦味为磨损严重	23	
轮胎	检查磨损情况、轮胎型号	磨损是否不均匀,是否补过	车轮定位、悬架有问题	20	
车辆水平度	车辆水平放置自后向前看	不平	轮胎磨损、减振器弹簧坏、悬架有问题	20	
车身、发动机号	检查	清晰度	积压车	10	
车身外表	使自己的视线与被检钣金件表面保持水平观察车身表面、车身密封胶条	观察是否有重新修补的起伏痕迹、车身颜色差;胶条粘漆	事故车	20	
车身内部	观察钣金件是否安装过支架等	—	出租车、赛车	20	
水箱护罩、横梁、发动机下纵梁、发动机室侧副梁	观察水箱、发动机周围结构件	应有原厂圆形点焊痕迹,是否有失圆或大小不一的点焊形状或修理过的痕迹	事故车	20	
行李舱盖板	观察行李舱周边	检查密合度好坏、大小一致否	后车尾碰撞	20	

续上表

项　目	动作内容	检　查	可能的问题	分值	评分
行李舱地板	翻开行李舱地毯	判断是否有烧焊的痕迹	事故车	20	
地板	翻开地毯,观察底部	检查有无锈蚀、漏洞,大梁有无曲折及修复的情况	泡水、事故车	40	
发动机罩	观察发动机罩与翼子板的缝隙、发动机罩与车灯间的结合、发动机罩与风窗玻璃间的间隙	检查是否均匀,有无原车胶漆	事故车	10	
发动机罩内板	打开发动机罩,观察内护板	检查是否有烤过漆的痕迹	事故车	5	
车身B柱	观察车门框与B柱	检查是否为一直线,接缝处是否自然平整	事故车	10	
车门	来回打开车门;揭开防水胶条检查	检视车门开闭顺畅度,检查A、B、C柱与车门是否呈一直线,防水胶条是否平整,车门附近是否留有原车结合时的铆钉痕迹	事故车	10	
悬架	按压车身后松开	感觉回弹次数2~3次	减振器	5	
减振器	观察减振器活塞杆	减振器活塞杆潮湿或减振器桶油污严重	过度磨损、密封不良	5	
车身底部	拨动球头和弹性铰接头	观察是否松旷、损坏	过度使用、事故车	10	
轮鼓轴承	在举升机上上下移动车轮	感觉是否松动	过度使用、事故车	10	
后轴轴承	用手移动	感觉是否发响	过度使用、事故车	10	
排气管	观察排气管	是否生锈	使用年限	10	
		合计		555	

2. 原地起动检查(最高分:264)

原地起动检查,一定要注意安全,驻车制动要可靠。原地起动检查项目见表2-2。

原地起动检查项目表　　　　　　　　　　　表2-2

项　目	动作内容	检　查	可能的问题	分值	评分
油压灯	转动点火开关	油压灯亮	机油不足	1	
充电指示灯	转动点火开关	充电指示灯亮	充电不足	2	
前照灯(远近光)、小灯、雾灯、倒车灯	观察外观,逐一开关	是否正常工作,有无破损或变色	换成次品	3	
发动机	起动发动机	急速抖动、各缸压力、急速转速、逐缸断火	急速过低、发动机支架不稳固、有未点火的汽缸等	5	
	听发动机声响	异响,如气门声等	哒哒声为气门间隙过大;隆隆声为轴承坏	10	
	踩下加速踏板提高转速或测汽缸压力	异响,如咯咯声或缸压底	活塞问题	50	
发动机	用鞋底或废布堵住排气管	发动机在几秒内没有熄火	车底有嚓嚓声,密封性不好	25	
	打开机油添加口盖	是否有汽油味	活塞环损坏	50	
	观察排气颜色	白烟不断或颜色偏蓝	烧机油	25	
空调系统	打开空调开关	感觉制冷效果	制冷剂缺乏	5	
		感觉抖动情况	动力不足、离合器故障	18	
	听空调压缩机响声	有吱吱声	压缩机、皮带	5	
发电机	测发电机电压	是否正常	充电电压过高	5	
发动机电喷系	起动发动机	故障灯是否亮	电喷系统故障	30	
动力转向系统	一只手转动转向盘	车轮是否转动,用力大小	动力转向系统失效	30	
合计				264	

3. 路试检查(最高分:181)

道路试验检查项目见表2-3。

路试检查项目表　　　　　　　　　　　表2-3

项　目	动作内容	检　查	可能的问题	分值	评分
直线行驶	转向盘正位	是否跑偏、车轮摆动、发飘;转向盘振动	胎压不均、事故车车轮定位不准、转向系统有问题、车架变形;轮辋变形、动平衡有问题	30	

65

续上表

项目	动作内容	检查	可能的问题	分值	评分
转向灯自动回正装置	左右拨动转向灯开关	自动消灯器在转向盘回正时自动跳回	—	5	
车身发响	关闭车窗在坏路上行驶	听车内响声	车身钣金件、座椅、附件安装问题	10	
悬架弹簧	过坑洞	感觉回弹、听异响	悬架弹簧、减振器等	10	
转向	过弯道	转向盘回正、转向系统间隙	系统松旷、拉杆及球铰等	10	
离合器	挂二挡,拉驻车制动器,松开离合器	发动机不熄火	离合器打滑或过度磨损	15	
制动	直线行驶时点制动、持续制动	有无跑偏、甩尾、制动距离长等	制动系统有问题	16	
运动部件	空挡滑行(初速度20km/h)	看距离(50~80m)	润滑不当、轴承过紧、制动刷蹭、润滑油凝固	10	
发动机	空挡滑行	发动机有无霹雳声	排气门密封不严、点火角错、点火装置故障	5	
	观察排气管尾气	大量蓝烟或黑烟	气门或活塞磨损严重	50	
	—	冒白烟	缸垫渗水	20	
合计				181	

(五)正常车辆技术状况鉴定有关要求

1. 车身

(1)如图2-12标示,按照表2-4、表2-5要求检查26个项目,程度为1的扣0.5分,每增加1个程度加扣0.5分。共计20分,扣完为止。轮胎部分须高于程度4的标准,不符合标准扣1分。

(2)使用车辆外观缺陷测量工具与漆面厚度检测仪器结合目测法对车身外观进行检测。

(3)根据表2-4、表2-5描述缺陷,车身外观项目的转义描述为:车身部位+状态+程度。例:21XS2对应描述为:左后车门有锈蚀,面积为大于100mm×100mm,小于或等于200mm×300mm。

图2-12 车身外观展开示意图

车身外观部位代码与评分表　　　　　　　　　　　　　　　　　　　表2-4

序号	部位	代码	扣分			序号	部位	代码	扣分		
			0.5	1	1.5				0.5	1	1.5
1	发动机舱盖表面	14				14	后保险杠	27			
2	左前翼子板	15				15	左前轮	28			
3	左后翼子板	16				16	左后轮	29			
4	右前翼子板	17				17	右前轮	30			
5	右后翼子板	18				18	右后轮	31			
6	左前车门	19				19	前照灯	32			
7	右前车门	20				20	后尾灯	33			
8	左后车门	21				21	前风窗玻璃	34			
9	右后车门	22				22	后风窗玻璃	35			
10	行李舱盖	23				23	四门风窗玻璃	36			
11	行李箱内侧	24				24	左后视镜	37			
12	车顶	25				25	右后视镜	38			
13	前保险杠	26				26	轮胎*	39			

共计20分,扣完为止

程度:1.面积小于或等于100mm×100mm,扣0.5。

2.面积大于100mm×100mm并小于或等于200mm×300mm,扣1分。

3.面积大于200mm×300mm,扣1.5分。

4.轮胎花纹深度小于1.6mm,扣1分。

车身外观状态描述对应表　　　　　　　　　　　　　　　　　　　表2-5

代码	HH	BX	XS	LW	AX	XF
描述	划痕	变形	锈蚀	裂纹	凹陷	修复痕迹

2. 发动机舱

按表 2-6 要求检查 10 个项目。选择 A 不扣分，第 40 项选择 B 或 C 扣 15 分；第 41 项选择 B 或 C 扣 5 分；第 44 项选择 B 扣 2 分，选择 C 扣 4 分；其余各项选择 B 扣 1.5 分，选择 C 扣 3 分。共计 20 分，扣完为止。

发动机舱检查项目作业表　　　　　　　　　　　　　　　　　表 2-6

序号	项目	检查项目	A	B	扣分	C	扣分
1	40	机油有无冷却液混入	无	轻微	15	严重	15
2	41	缸盖外是否有机油渗漏	无	轻微	5	严重	5
3	42	前翼子板内缘、水箱框架、横拉梁有无凹凸或修复痕迹	无	轻微	1.5	严重	3
4	43	散热器格栅有无破损	无	轻微	1.5	严重	3
5	44	蓄电池电极桩柱有无腐蚀	无	轻微	2	严重	4
6	45	蓄电池电解液有无渗漏、缺少	无	轻微	1.5	严重	3
7	46	发动机皮带有无老化	无	轻微	1.5	严重	3
8	47	油管、水管有无老化、裂痕	无	轻微	1.5	严重	3
9	48	线束有无老化、破损	无	轻微	1.5	严重	3
10	49	其他	只描述缺陷，不扣分				

共计 20 分，扣完为止

如检查第 40 项时发现机油有冷却液混入、检查第 41 项时发现缸盖外有机油渗漏，则应在《旧机动车鉴定评估报告》或《旧机动车技术状况表》的技术状况缺陷描述中分别予以注明，并提示修复前不宜使用。

3. 驾驶舱

按表 2-7 要求检查 15 个项目。选择 A 不扣分，第 50 项选择 C 扣 1.5 分；第 51、52 项选择 C 扣 0.5 分；其余项目选择 C 扣 1 分。共计 10 分，扣完为止。

驾驶舱检查项目作业表　　　　　　　　　　　　　　　　　表 2-7

序号	项目号	检查项目	A	C	扣分
1	50	车内是否无水泡痕迹	是	否	1.5
2	51	车内后视镜、座椅是否完整、无破损、功能正常	是	否	0.5
3	52	车内是否整洁、无异味	是	否	0.5
4	53	转向盘自由行程转角是否小于 15°	是	否	1
5	54	车顶及周边内饰是否无破损、松动及裂缝和污迹	是	否	1
6	55	仪表台是否无划痕、配件是否无缺失	是	否	1
7	56	排挡把手柄及护罩是否完好、无破损	是	否	1
8	57	储物盒是否无裂痕、配件是否无缺失	是	否	1
9	58	天窗是否移动灵活、关闭正常	是	否	1
10	59	门窗密封条是否良好、无老化	是	否	1
11	60	安全带结构是否完整、功能是否正常	是	否	1

续上表

序号	项目号	检查项目	A	C	扣分
12	61	驻车制动系统是否灵活有效	是	否	1
13	62	玻璃窗升降器、门窗工作是否正常	是	否	1
14	63	左、右后视镜折叠装置工作是否正常	是	否	1
15	64	其他		只描述缺陷,不扣分	
				共计 10 分,扣完为止	

如检查第 60 项时发现安全带结构不完整或者功能不正常,则应在《旧机动车鉴定评估报告》或《旧机动车技术状况鉴定书》的技术状况缺陷描述中予以注明,并提示修复或更换前不宜使用。

4. 起动

按表 2-8 要求检查 10 个项目。选择 A 不扣分,第 65、66 项选择 C 扣 2 分;第 67 项选择 C 扣 1 分;第 68 至 71 项,选择 C 扣 0.5 分;第 72、73 项选择 C 扣 10 分。共计 20 分,扣完为止。

起动检查项目作业表   表 2-8

序号	项目号	检查项目	A	C	扣分
1	65	车辆起动是否顺畅(时间少于 5s,或一次起动)	是	否	2
2	66	仪表板指示灯显示是否正常,无故障报警	是	否	2
3	67	各类灯光和调节功能是否正常	是	否	1
4	68	泊车辅助系统工作是否正常	是	否	0.5
5	69	制动防抱死系统(ABS)工作是否正常	是	否	0.5
6	70	空调系统风量、方向调节、分区控制、自动控制、制冷工作是否正常	是	否	0.5
7	71	发动机在冷、热车条件下怠速运转是否稳定	是	否	0.5
8	72	怠速运转时发动机是否无异响,空挡状态下逐渐增加发动机转速,发动机声音过渡是否无异响	是	否	10
9	73	车辆排气是否无异常	是	否	10
10	74	其他		只描述缺陷,不扣分	
				共计 20 分,扣完为止	

如检查第 66 项时发现仪表板指示灯显示异常或出现故障报警,则应查明原因,并在《旧机动车鉴定评估报告》或《旧机动车技术状况鉴定书》的技术状况缺陷描述中予以注明。

优先选用车辆故障信息读取设备对车辆技术状况进行检测。

5. 路试

按表 2-9 要求检查 10 个项目。选择 A 不扣分,选择 C 扣 2 分。共计 15 分,扣完为止。

如果检查第 80 项时发现制动系统出现制动距离长、跑偏等不正常现象,则应在《旧机动车鉴定评估报告》或《旧机动车技术状况表》的技术缺陷描述中予以注明,并提示修复前不宜使用。

路试检查项目作业表 表2-9

序号	项目号	检查项目	A	C	扣分
1	75	发动机运转、加速是否正常	是	否	2
2	76	车辆起动前踩下制动踏板,保持5~10s,踏板无向下移动的现象	是	否	2
3	77	踩住制动踏板起动发动机,踏板是否向下移动	是	否	2
4	78	行车制动系最大制动效能在踏板全行程的4/5以内达到	是	否	2
5	79	行驶是否无跑偏	是	否	2
6	80	制动系统工作是否正常有效、制动不跑偏	是	否	2
7	81	变速器工作是否正常、无异响	是	否	2
8	82	行驶过程中车辆底盘部位是否无异响	是	否	2
9	83	行驶过程中车辆转向部位是否无异响	是	否	2
10	84	其他	只描述缺陷,不扣分		

共计15分,扣完为止

如果检查第80项时发现制动系统出现制动距离长、跑偏等不正常现象,则应在《旧机动车鉴定评估报告》或《旧机动车技术状况表》的技术缺陷描述中予以注明,并提示修复前不宜使用。

6. 底盘

按表2-10要求检查8个项目。选择A不扣分,第85、86项,选择C扣4分;第87、88项,选择C扣3分;第89、90、91项,选择C扣2分。共计15分,扣完为止。

底盘检查项目作业表 表2-10

序号	项目号	检查项目	A	C	扣分
1	85	发动机油底壳是否无渗漏	是	否	4
2	86	变速器体是否无渗漏	是	否	4
3	87	转向节臂球销是否无松动	是	否	3
4	88	三角臂球销是否无松动	是	否	3
5	89	传动轴十字轴是否无松框	是	否	2
6	90	减振器是否无渗漏	是	否	2
7	91	减振弹簧是否无损坏	是	否	2
8	92	其他	只描述缺陷,不扣分		

共计15分,扣完为止

7. 功能性零部件

对表2-11所示部件功能进行检查。结构、功能坏损的,直接进行缺陷描述,不计分。

车辆功能性零部件项目表 表2-11

序号	类别	零部件名称	序号	类别	零部件名称
93	车身外部件	发动机舱盖锁止	105	随车附件	备胎
94		发动机舱盖液压撑杆	106		千斤顶
95		后门/后备箱液压支撑杆	107		轮胎扳手及随车工具
96		各车门锁止	108		三角警示牌
97		前后刮水器	109		灭火器
98		立柱密封胶条	110	其他	全套钥匙
99		排气管及消音器	111		遥控器及功能
100		车轮轮毂	112		喇叭高低音色
101	驾驶舱内部件	车内后视镜	113		玻璃加热功能
102		座椅调节及加热			
103		仪表板出风管道			
104		中央集控			

二、任务实施

(一)手续检查

参照本学习任务"一、相关知识"中的"(二)旧机动车评估的手续检查"进行。

(二)汽车技术状况鉴定

1. 按照车辆的方位进行检查

车辆整体:总体目视判断→驾驶席及室内:驾驶席周围、内饰、配置、变速器→车辆前端:车头周围、前风窗→发动机舱:装备机器、车头下方→车辆左前方:整个左侧面→车辆右前方:整个右侧面→右前车门:立柱、顶盖、室内、底盘→右后车门:立柱、顶盖、室内→车辆右后方及车辆后部底盘:整个右侧面及后部→车辆后方:后部→行李舱内:后围板、后侧板备胎舱、行李舱底板、后部车架→车辆左后方及车辆后部底盘:整个左侧面及底盘→左后车门:立柱、顶盖、室内→左前车门:立柱、顶盖、室内→底盘:前后纵梁、整个底盘。

2. 外观检查

车漆部分:漆色、车身平整度、油漆质量→车身车门部分:与车身呈45°角看车顶与车门交合线、看那条横贯车辆首尾的"腰线"、看车门、看门框、看三柱→行李舱部分→底盘部分→内饰检查→发动机罩:外观、内部→发动机及附件:检查水箱(冷却时)、检查变速器是否有渗油现象、检查蓄电池、检查空气滤清器、检视机油质量。

3. 机动车技术状况的动态检查

发动机运转状况检查:发动机起动性能检查→发动机怠速运转检查→加速踏板控制检查→排气颜色检查→发动机熄火检查。

机动车路试检查:传动系统性能检查→转向系统性能检查→制动性能检查→悬架系统检查→汽车动力性检查→机动车滑行性能检查。

机动车动态试验后的检查:检查各部件温度→检查渗漏现象。

(三)旧机动车的1000分检查

为了较详细地全面检查机动车,特别是价格较高的旧机动车,可以进行1000分的详细检测。即在各检查项目中,若出现问题,则从总分1000分中扣去相应的分值,若车辆的同一问题在不同的检查项目中出现,则只扣取最高分,数值表明相对重要度,分数越高,表明车辆状况越好。旧机动车1000分的检测分值及项目见表2-1至表2-3。

(四)车辆技术状况鉴定表

依据《二手车鉴定评估技术规范》,将汽车的技术鉴定分为车身外观(表2-4)、发动机舱(表2-6)、驾驶舱(表2-7)、起动检查(表2-8)、路试检查(表2-9)、底盘检查(表2-10)、功能零部件检查(表2-11)七项。根据评分情况最终确定车辆的技术状况。

三、评价反馈

1. 自我评价

(1) 通过本学习任务的学习,你是否已经掌握以下问题:

① 汽车使用寿命的影响因素和变化规律。

② 旧机动车的交易规范与条件。

③ 9 种不能交易的车辆。

④ 车辆的技术状况检测与鉴定方法。

⑤ 合法车判断注意事项。

(2) 车辆的检测用到了哪些检测设备?你是否已经掌握了这些简单设备的正确操作技能?

(3) 归纳车辆检测与鉴定的步骤。

(4) 实训过程完成情况。

(5)工作着装是否规范?
_____
_____

(6)是否积极主动参与工作现场的清洁和整理工作?
_____
_____

(7)在完成本学习任务的过程中,你是否主动帮助过其他同学?是否和其他同学探讨静态检查、原地起动检查、路试检查等问题?具体问题是什么?结果是什么?
_____
_____
_____

(8)通过本学习任务的学习,你认为哪些方面还有待进一步改善?
_____
_____

签名:_____　　____年____月____日

2. 小组评价

小组评价表见表2-12。

小组评价表　　　　　　　　　　　　　　　表2-12

序号	评价项目	评价情况
1	学习态度是否积极主动	
2	是否服从教学安排	
3	是否达到全勤	
4	着装是否符合要求	
5	是否合理规范地使用仪器和设备	
6	是否按照安全和规范的规程操作	
7	是否遵守学习、实训场地的规章制度	
8	是否积极主动地与他人合作、探讨问题	
9	是否能保持学习、实训场地整洁	
10	团结协作情况	

参与评价的同学签名:_____　　____年____月____日

3. 教师评价
_____
_____

教师签名:_____　　____年____月____日

学习任务3　旧机动车评估方法的选择

1. 知道旧机动车评估基本知识；
2. 知道旧机动车有形损耗、无形损耗及其贬值(折旧)；
3. 知道成新率的各种计算方法；
4. 根据旧机动车的评估方法规范完成相关计算；
5. 分析各种价格评估方法的局限性,知道其应用范围；
6. 正确撰写旧车评估报告书。

旧机动车评估的方法通常有四种,评估人员使用哪种方法至关重要,因为它关系到最后的评估价格。因此,评估人员要掌握不同评估方法的适用条件和范围与考虑的因素,计算评估价格,写出评估报告。

本学习任务沿着以下脉络进行学习：

一、相关知识

（一）旧机动车评估的理论依据

旧机动车的价格评估方法是确定旧机动车评估值的具体手段与途径。从评估对象的角度来看，旧机动车属于固定资产机器设备的一类产品，故同其他资产评估一样，也应遵循资产评估的一般理论，总体而言分为重置成本法、收益现值法、现行市价法和清算价格法这四种基本方法。

作为国有资产的旧机动车，还应遵守《国有资产评估管理办法》的规定。然而，旧机动车作为一类资产，又有别于其他类资产，有其自身的特点。如它的单位价值大，使用时间长；使用强度、使用条件、维护水平差异很大；政策性强，使用管理严格，税费附加值高。由于旧机动车自身的这些特点，决定了我们在对旧机动车进行评估时，不能完全照搬资产评估的方法，必须结合旧机动车的实际情况，以技术鉴定为基础，以资产评估理论为指导灵活处理，从而使旧机动车评估能够更客观、准确地反映旧机动车的价值，并且具有一定的可操作性。

1. 旧机动车评估的前提条件

资产评估是在资产交易发生之前，通过模拟市场对准备交易的资产在某一时点的价格所进行的估算，必须借助于若干种假设，以对资产的未来用途和经营环境作出合理的判断。旧机动车评估中所采用的理论和方法，同样也是建立在一定的假设条件上的。如果假设前提不同，所适用的评估标准也不同，评估结果也会大相径庭。旧机动车评估的假设有继续使用假设、公开市场假设和清算（清偿）假设三种。

1）继续使用假设

继续使用假设是指汽车应该能够按现行用途继续使用，或将转换用途继续使用。这一假设的核心是强调汽车对未来的有效性。在这一假设条件下对旧机动车进行价格评估，不能按车辆拆零出售零配件所得收入之和进行估价。对于可继续使用的汽车评估与不能继续使用的汽车评估，所采用的价格计量标准是不同的。例如，对一辆可继续使用的、处于在用状态的汽车进行评估时，一般采用重置成本法评估并处于在用状态的价值。但如果汽车无法继续使用，只能将其报废或拆零出售，以现行市价法评估其零件的变现值，并且还需扣除拆零费用。两者的评估值显然不同。

值得注意的是，在继续使用前提下，车辆必须具有显著的剩余使用寿命；而且能以其提供的功能和服务，在未来能够满足所有者的期望受益或用途；车辆所有权明确，并保持完好；车辆从经济上和法律上能够根据所有者的意愿按照当前用途继续使用或转做他用。

2）公开市场假设

公开市场假设是指被评估的车辆可以在完全竞争的交易市场上，按市场原则进行交易，市场上买者和卖者地位平等，交易双方都有获取足够市场信息的机会和时间，买卖双方的交易行为都是自愿的、理智的，买卖双方都能对资产的功能、用途及其交易价格等作出理智的判断。

旧机动车交易价格的高低取决于该汽车在公开市场上的行情。公开市场假设还假设车辆在法律许可的范围内,被用于最有利的用途,可取得最佳经济效果,从而为其持有人带来最大收益。不同类型的车辆,其性能、用途不同,市场程度也不一样。一般情况下,品牌和性能好,且用途广泛的车辆比普通车辆的市场活跃,因此也越容易通过市场交易实现其最佳效用。对于具备在公开市场上进行交易条件的车辆,应做公开市场假设,并根据车辆所在的地区、环境条件及市场的供求关系等因素确定其最佳用途。

3)清偿(清算)假设

清偿假设是指车辆所有者迫于某种压力,以协商或拍卖的方式在公开市场上出售车辆。这种情况下的汽车交易,与公开市场下的交易具有两点显著区别:一是交易双方的地位不平等,卖方是非自愿地被迫出售;二是交易被限制在较短的时间内完成。因此,汽车的价格往往明显低于继续使用或公开市场假设下的价格。例如,一辆正在营运的汽车,以收益现值法评估其价值为10万元,但如果该汽车所属的企业因破产被强制清算拍卖,就只能以清算价格法评估其价值,其价格肯定会大大低于10万元。

综上所述,在旧机动车评估中,在不同的假设条件下,评估结果可能会存在较大的差异。在继续使用假设的前提下,车辆未来的使用价值是评估的基础;在公开市场假设的前提下,则以竞争活跃的旧机动车市场中的交易价格作为评估基础;而在清算假设的前提下,则要求车辆能够迅速出售变现。因此,旧机动车鉴定估价人员在工作中必须根据具体情况,判定被评估车辆最可能的效用,以便得出旧机动车辆的公平价格。

2. 旧机动车评估的计价标准

旧机动车价格评估的计价标准是关于旧机动车价格评估所适用的价格标准的准则,旧机动车交易过程中,根据交易目的、交易条件的不同,旧机动车在价值形态上的计量可以有多种形式。不同形式的价值在评估价格上也存在着差异,而旧机动车评估业务实践要求具体计价标准是唯一的;否则,就失去了正确反映和提供价值尺度的功能。因此,必须根据评估的目的,弄清楚所要求的价值尺度的内涵,从而确定旧机动车评估业务所适用的价格类别。根据我国资产评估管理要求,旧机动车估价亦遵守这四种类型的标准:重置成本标准、现行市价标准、收益现值标准和清算价格标准。

1)重置成本标准

重置成本是指在现时条件下,按功能重置机动车并使其处于在用状态所耗费的成本。重置成本的构成与历史成本不一样,也是反映车辆的购建、运输、注册登记等建设过程中全部费用的价格,只不过它是按现有技术条件和价格水平计算的。重置成本标准适用的前提是车辆处于在用状态,一方面反映车辆已经投入使用;另一方面反映车辆能够继续使用,对所有者具有使用价值。决定重置成本的两个因素是重置完全成本及其损耗(或称贬值)。

2)现行市价标准

现行市价是车辆在公平市场上的售卖价格。现行市价标准源产生于公平市场,市场上买者和卖者地位平等,交易双方都有获取足够市场信息的机会和时间,买卖双方的交易行为都是自愿的、理智的,买卖双方都能对资产的功能、用途及其交易价格等作出理智的判断。决定现行市面上价格的基本因素有:

(1)基础价格,即车辆的生产成本价格。一般情况下,一辆车的生产成本高低决定其价格的高低。

(2) 供求关系,车辆价格与需求量成正比关系,与供应量成反比关系。当一辆车有多个买方竞买时,车的价格就会上升;反之,则会下降。

(3) 质量因素,是指车辆本身功能、指标等技术参数及损耗状况。优质优价是市场经济法则,在旧机动车评估中,质量因素对车辆价格的影响必须予以充分考虑。

3) 收益现值标准

收益现值是指根据机动车辆未来预期获利能力的大小,按照"将本求利"的逆向思维——"以利索本",以适当的折现率或资本化率将未来收益折成现值。可见,收益现值是指为获得旧机动车辆以取得预期收益的权利所支付的货币总额。收益现值标准适用的前提条件是车辆投入使用,同时,投资者投资的直接目的是为了获得预期的收益。

4) 清算价格标准

清算价格是指在非正常市场上限制拍卖的价格。清算价格标准适用的前提条件,与现行市价标准的区别在于市场条件。现行市价是公平市场价格,而清算价格则是一种拍售价格,它由于受到期限限制和买主限制,其价格一般低于现行市面上价格。在旧机动车交易的实践中,旧机动车的拍卖,均以这种性质的价格出售。

对于旧机动车评估计价标准的选择,必须与机动车经济行为的发生密切结合起来,不同的经济行为,所要求车辆评估价值的内涵是不一样的。如果不区别车辆经济行为确定评估价值类型——计价标准,或者统统地确定机动车辆的评估值,就会失去评估价值的科学性。实际工作中,旧机动车评估的经济行为是多种多样的,要求鉴定估价人员充分理解机动车评估计价标准的含义和适用前提,分析选择科学合理的计价标准。

(二) 现行市价法评估旧机动车

现行市价法又称市场法、市场价格比较法和销售对比法,是指根据替代原则,通过比较被评估车辆与最近售出类似车辆的异同,并针对这些异同经过必要的价格调整,从而确定被评估车辆价值的一种评估方法。这种方法的基本思路是通过市场调查,选择与评估车辆相同或类似的车辆作为参照物,分析参照物的结构、配置、性能、新旧程度、交易条件及成交价格,并与待评估车辆比较、对照,按照两者的差别及现实市场行情对评估价格进行适当调整,计算出旧机动车辆的评估价格。因为任何一个正常的购买者在购置旧机动车时,他所愿意支付的价格不会高于市场上具有相同用途的替代品的现行市价。运用现行市价法要求充分利用类似旧机动车成交价格信息,并以此为基础,判断和估测被评估资产的价值。运用已被市场检验了的结论来评估被评估对象,显然是容易被资产业务当事人接受的。因此,现行市价法是资产评估中最为直接,最具说服力的评估方法之一。

1. 现行市价法应用的前提条件

运用现行市价法对旧机动车进行价格评估必须具备以下两个前提条件。

1) 要有一个充分发育、活跃的旧机动车交易市场,即旧机动车交易公开市场

公开市场是指在这个市场上有众多的卖者和买者,他们之间进行平等交易,有充分的参照物可取,这样可以排除交易的偶然性。市场成交的旧机动车价格可以准确反映市场行情,这样,评估结果更加公平公正,易于为双方接受。

2）市场上要有可比的旧机动车及其交易活动

这里所说的可比性是指选择的作为参照物的旧机动车及其交易活动在近期公开市场上已经发生过，且与被评估旧机动车业务相同或相似。评估中参照的旧机动车与被评估的旧机动车有可比较指标，并且这些可比较的指标、技术参数的资料是可收集到的，并且价值影响因素明确，可以量化。这些已经完成交易的旧机动车就可以作为被评估资产的参照物，其交易数据是进行比较分析的主要依据。资产及其交易的可比性具体体现在以下几个方面。

（1）参照物与评估车辆在功能上具有可比性，包括车辆的规格、型号、功能、性能、配置、新旧程度、市场条件、交易条件上相同或相似。

（2）参照物与被评估对象面临的市场条件具有可比性，包括市场供求关系、竞争状况和交易条件等。

（3）参照物成交时间与评估基准日间隔时间不能过长，应在一个适度时间范围内。同时，这个时间因素对旧机动车价值的影响是可以调整的。

2. 参照物的选择

在运用现行市价法对旧机动车进行价格评估时选择参照物十分关键，参照物的交易时间与车辆评估基准日必须相近，此外，参照车辆与评估车辆还应具有可比性，包括车辆的规格、型号、功能、性能、配置、新旧程度、市场条件、交易条件等。按照通常做法，参照物一般要在3个以上。因为运用现行市价法进行旧机动车价格评估，旧机动车的价位高低在很大程度上取决于参照物成交价格水平。而参照物的成交价不仅仅是自身市场价值的体现，还受买卖双方交易地位、交易动机、交易时限等一系列外界干扰因素的影响。因此，在评估中除了要求参照物与评估对象在功能、交易条件和成交时间方面有可比性外，还要选择足够数量的参照物以排除偶然因素的影响。

3. 现行市价法评估的步骤

运用现行市价法进行旧机动车价格评估，一般要经历收集资料、选定参照对象、分析可比性因素和调整差异作出评估结论4个步骤。

1）收集资料

收集评估对象的有关资料，包括车辆型号、装备性能、生产厂家、购买日期、行驶里程，了解车辆技术状况以及尚可使用的年限。

2）选定类比的参照对象

选择参照物的关键是可比性和数量问题，数量上一般来说应不少于3个，而影响可比性的因素包括：

(1) 车辆型号和制造厂商。

(2) 车辆来源，即指车辆是私家车、公务用车、商务用车，还是出租车或其他营运车辆。

(3) 车辆使用年限。

(4) 行驶里程数。

(5) 车辆实际技术状况。

(6) 市场状况，主要指供求关系和影响旧机动车交易价格的其他有关经济环境因素。

(7) 交易条件，交易条件主要包括交易批量、交易动机、交易时间等。交易批量、交易动机不同，交易对象的价格就可能不同。在不同时间交易，交易完成的时限不同，旧机动车交易的价格也会有差别。

（8）交易地域，一般来说，不同地区的交易市场，交易价格会存在较大差别。

某些情况找不到多台可类比的对象时，应按上述可比性因素，仔细分析选定的类比对象是否具有一定的代表性，要认定其成交价的合理性，才能作为参照物。

3）综合上述可比性因素，对待评估的车辆与选定的类比对象进行认真的分析类比

根据前面所选定的对比指标，在参照物及评估对象之间进行比较，并将两者的差异进行量化。例如，旧机动车技术状况中涉及功能的指标，尽管参照物与评估对象功能相同或相似，但在生产能力、产品质量，以及在资产运营过程中的能耗、料耗和工耗等方面都可能有不同程度的差异。评估过程中应将参照物与评估对象对比指标之间的上述差异数量化和货币化。

4）分析调整差异，作出评估结论

以参照物的成交价格作为评定估算评估对象价值的基础，在这个基础上，将已经量化的参照物与评估对象对比指标差异进行调增或调减，就可以得到以每个参照物为基础的评估对象

的初步评估结果。按照一般要求，运用现行市价法进行评估通常应选择3个以上参照物。所以，在一般情况下初步结果也在3个以上。根据资产评估一般惯例的要求，正式的评估结果只能是一个，这就需要评估人员对若干评估初步结果进行综合分析，以确定最终的评估值。在这个环节上没有什么硬性规定，主要是取决于评估人员对参照物的把握和对评估对象的认识。

当然，如果参照物与评估对象可比性都很好，评估过程中没有明显的遗漏或疏忽，采用加权平均的办法或算术平均的办法将初步结果转换成最终评估结果也是可以的。

4. 现行市价法的具体计算方法

运用现行市价法确定单台车辆价值通常采用直接法和类比法。

1) 直接法

直接法是指在市场上能找到与被评估车辆完全相同的车辆的现行市价，并依其价格直接作为被评估车辆评估价格的一种方法。所谓完全相同是指车辆型号、使用条件和大体技术状况相同，生产和交易时间相近，寻找这样的参照物一般来讲是比较困难的。通常如果参照车辆与被评估车辆类别相同、主参数相同、结构性能相同，只是生产序号不同并只有局部改动，交易时间相近的车辆，可作为直接评估过程中的参照物。

直接比较法的公式为：

$$P = P_0 \tag{3-1}$$

式中：P——被评估车辆的评估值；

P_0——参照物的市场交易价值。

2) 类比法

类比法是指评估车辆时，在公开市场上找不到与之完全相同但能找到与之相类似的车辆时，以此为参照物，通过对比分析车辆技术状况和交易条件的差异，在参照物成交价格的基础上对价格作出相应调整，进而确定被评估车辆价格的评估方法。所选参照物与评估基准日越接近越好，无法找到近期参照物时，也可考虑相对远期的参照物，再作日期修正。类比法具有适用性强、应用广泛的特点。但由于类比法可能要对参照物与评估对象的若干可比因素进行对比分析和差异调整，因此，该方法对资料信息的数量和质量要求较高，而且要求评估人员要有较丰富的评估经验、市场阅历和评估技巧。没有足够的数据资料，以及对旧机动车的技术状况、市场行情的充分了解和把握，难以准确地评定估算对象的价值。在资产评估中类比法的基本数学公式为：

资产评估价值 = 参照物售价 + 功能差异价 + 时间差异价 + … + 交易情况差异价

$$P = P_0 \times (1 \pm k) \tag{3-2}$$

式中：P——被评估车辆的评估值；

P_0——参照物的市场交易价值；

k——调整系数。

用现行市价法进行评估，了解市场情况是很重要的。了解的情况越多，掌握的数据与案例越多，评估的准确性越高，这是运用现行市价法进行旧机动车价格评估的关键。

5. 现行市价法的特点

运用现行市价法进行旧机动车价格评估，能够比较客观地反映旧机动车目前的市场情况，其评估的参数、指标,直接从市场获得,评估值能反映市场现实价格,评估结果易于被各方面理解和接受。其不足是必须要有成熟、公开和活跃的市场作为基础;另外,由于旧机动车的可比因素多而且复杂,即使是同一个生产厂家生产的同一型号的产品,同一天登记,也可能由于使用强度、使用条件、维护水平的不同而带来车辆技术状况的不同和评估价值的差异。

(三)重置成本法评估旧机动车

重置成本法是指以评估基准日的当前条件下重新购置一辆全新状态的被评估车辆所需的全部成本(即完全重置成本,简称重置全价),减去该被评估车辆的各种陈旧性贬值后的差额作为被评估车辆评估价格的一种评估方法。

1. 重置成本法的理论依据与计算公式

重置成本法的理论依据在于:在条件允许的情况下,任何一个潜在的投资者在决定投资某项资产时,他所愿意支付的价格不会超过购建该项资产的现行购建成本。如果投资对象并非全新,投资者所愿支付的价格会在投资对象全新的购建成本的基础上,扣除资产的实体有形损耗;如果被评估资产的功能性贬值,如果被评估资产及其产品面临市场困难和外力影响,投资者所愿支付的价格会在投资对象全新的构建成本的基础上,扣除资产的经济性贬损因素。上述评估思路用数学公式可概括为:

$$\text{被评估车辆的评估值} = \text{重置成本} - \text{实体性贬值} - \text{功能性贬值} - \text{经济性贬值} \quad (3\text{-}3)$$

或:
$$\text{被评估车辆的评估值} = \text{重置成本} \times \text{成新率} \quad (3\text{-}4)$$

从式(3-3)和(3-4)中可看出,应用重置成本法进行旧机动车价格评估时,涉及重置成本、实体性贬值、功能性贬值、经济性贬值、成新率等几个有关概念。

资产的重置成本就是资产的现行再取得成本。旧机动车的重置成本是指购买一辆全新的与被评估车辆相同的车辆所支付的最低金额。重置成本法假定任何一个理性的投资者在购买某项资产时所愿意支付的价格,不会超过具有同等效用的全新资产的最低成本。如果该项资产的价格比重新建造,或购置一辆全新状态的同等效用的全新资产的最低成本高,投资者肯定会去新建或购置全新的资产。这也就是说,旧机动车的重置成本是其价格的最大可能值。按重新购置车辆所用的材料、技术的不同,可把重置成本区分为复原重置成本(简称复原成本)和更新重置成本(简称更新成本)。复原成本指用与被评估车辆相同的材料、制造标准、设计、规格及技术等,以现时价格重新构建相同的车辆所需的全部成本。更新重置成本则是指利用新型材料、新技术标准、新型设计、规格和技术等,以现行价格水平购建与评估对象相同或相似功能的车辆所需支付的全部成本。一般情况下,在进行重置成本计算时,如果同时可以取复原成本和更新成本,应选用更新成本;如果不存在更新成本,则再考虑用复原成本。

旧机动车成新率是表示旧机动车的当前功能或使用价值与全新机动车的功能或使用价值相比所占的比率,也可以理解为旧机动车的现时状态与机动车全新状态的比率。

实体性贬值也叫有形损耗,是指旧机动车由于使用及自然力的作用导致其技术经济性能的损耗或下降而引起的资产的价值损失,具体而言指机动车在存放和使用过程中,因机件磨损和损耗等原因而导致的车辆实体发生的价值损耗以及由于自然力的作用而发生的损耗。投入交易的旧机动车一般都不是全新状态的,因此都存在实体性贬值。

功能性贬值是指由于科学技术和生产力的发展导致的车辆贬值,即无形损耗。这类贬值可能是由于技术进步引起劳动生产率的提高,生产成本降低而造成重新购置一辆全新状态的被评估车辆所需的成本降低而引起的车辆价值的贬值。对于营运车辆,也可能由于技术进步,出现了新的、性能更优的车辆,致使原有车辆的功能、生产率、收益能力相对新车型已经落后而引起其贬值,具体表现为待评估车辆在完成相同任务的条件下,耗费更多的燃料、人力、配件材料等,造成运营成本的增加。

经济性贬值是指由于宏观经济政策、市场需求、通货膨胀、环境保护等外部环境因素的变化所造成车辆达不到原设计获利能力而造成的贬值。这些外界因素对车辆价值的影响不仅是客观存在的,而且对车辆价值影响还相当大,在旧机动车的评估中不可忽视。

2. 重置成本法中有关参数的估算

通过对重置成本法计算公式的分析不难发现,要合理运用重置成本法评估旧机动车的交易价格,必须正确确定车辆的重置成本、实体性贬值、功能性贬值、经济性贬值和成新率。

1)重置成本及其估算

重置成本的计算在资产评估学中有加合分析法、功能系数法、物价指数法和统计分析法等几种方法。对于旧机动车评估定价,计算重置成本一般采用加合分析法和物价指数法。

(1)加合分析法。加合分析法也称为直接法和重置核算法,它是利用成本核算的原理,按待评车辆的成本构成,以现行市价为标准,将车辆按成本构成分成若干组成部分,先确定各组成部分的现时价格,逐项计算,然后累加得到待评估车辆的重置全价的一种评估方法。旧机动车的重置成本的构成包括直接成本和间接成本两部分。直接成本是指直接可以构成车辆成本的支出部分。具体来说是按现行市价的买价,加上运输费、购置附加费、消费税、人工费等。间接成本是指购置车辆发生的管理费、专项贷款发生的利息、注册登记手续费等。以往根据不同评估目的,旧机动车重置成本全价的评估还要区别对待。属于所有权转让的经济行为或为司法、执法部门提供证据的鉴定行为,可将被评估车辆的现行市场成交价格作为被评估车辆的重置全价,其他费用略去不计;属于企业产权变动的经济行为,如企业合资、合作经营和合并兼并,其重置成本构成除了考虑被评估车辆现行市场购置价格外,还应考虑国家和地方政府对车辆加收的合理税费。现在,随着市场经济的发展和国内产权交易制度日益与国际接轨,越来越多的情况下趋于按照第二种情况对重置成本进行估算。

(2)物价指数法。也叫价格指数法,是利用与资产有关的价格变动指数,将被估资产的历史成本(账面价值)调整为重置成本的一种方法,具体而言,指根据已掌握的历年来的价格指数,在旧机动车原始成本(账面原值)的基础上,通过现时物价指数确定其重置成本。其计算公式为:

车辆重置成本 = 车辆原始成本 × 车辆评估时物价指数/车辆购买时物价指数   (3-5)

或: 车辆重置成本 = 车辆原始成本 × (1 + 物价变动指数)   (3-6)

当被评估车辆已停产,或是进口车辆无法找到现时市场价格时,物价指数法是一种很有用的方法,但应用时必须注意,一定要先检查被评估车辆的账面购买原价。如果购买原价不准确,则不能用物价指数法。物价指数要尽可能选用有法律依据的国家统计部门或物价管理部门以及政府机关发布和提供的数据,不能选用无依据、不明来源的数据。如果现在选用的指数与评估对象规定的评估基准日之间有一段时间差,这一时间差内的价格指数可由评估人员依据近期内的指数变化趋势结合市场情况确定。

价格指数法与重置核算法是重置成本估算较常用的方法,但二者具有明显的区别。价格指数法估算的重置成本,仅考虑了价格变动因素,因而确定的是复原重置成本;而加合分析法既考虑了价格因素,又考虑了生产技术进步和劳动生产率的变化因素,因而既可以估算复原重置成本,也可以估算更新重置成本。另外,价格指数法建立在不同时期的某一种或某类甚至全部资产的物价变动水平上;而加合分析法建立在现行价格水平与构建成本费用核算的基础上。

明确二者的区别,有助于重置成本估算中方法的判断和选择。当汽车制造技术进步较快,成本、价格变化迅速的时候,采用价格指数法估算的重置成本往往会偏高。

2)实体性贬值及其估算

机动车的实体性贬值是由于使用和自然力损耗形成的贬值,也称为有形损耗或有形贬值,一般可以采取以下三种方法进行估算。

(1)观察法。观察法也称成新率法。指旧车价格评估人员根据自己的专业知识和工作经验,通过对旧机动车实体各主要部件进行观察以及使用仪器测量等方式进行技术鉴定,并综合分析车辆的设计、制造、使用、磨损、维护、修理、大修理、改装情况和经济寿命等因素,将评估对象与其全新状态相比较,考察由于使用磨损和自然损耗对资产的功能、使用效率带来的影响,从而判断被评估旧机动车的实体性贬值的一种方法,其数学公式表达为:

$$车辆实体性贬值 = 重置成本 \times 有形损耗率 \qquad (3-7)$$

(2)使用年限法。使用年限法是指通过确定被评估旧机动车已使用年限与该车辆预期可使用年限的比率来判断其实体贬值率(程度),进而估测资产的实体性贬值的方法。其计算公式表达为:

$$车辆实体性贬值 = (重置成本 - 残值) \times 已使用年限/规定使用年限 \qquad (3-8)$$

公式中的残值是指旧机动车在报费时净回收的金额,根据我国现有的旧机动车报废管理规定和车辆报废回收的实际,在旧机动车假定股价的实际工作中往往略去不计。

(3)修复费用法。修复费用法也叫功能补偿法。通过确定被评估旧机动车恢复原有的技术状态和功能所需要的费用补偿,来直接确定旧机动车的有形损耗。此方法主要适用于具有特殊结构的可补偿性资产有形损耗率的估测。可补偿性有形损耗是指技术上可修复且经济上合理的有形损耗。

3)功能性贬值及其估算

功能性贬值是由于技术相对落后造成的贬值。估算功能性贬值时,主要根据资产的效用、生产加工能力、工耗、物耗、能耗水平等功能方面的差异造成的成本增加或效益降低,相应确定功能性贬值额。同时,还要重视技术进步因素,注意替代设备、替代技术、替代产品的影响,以及行业技术装备水平现状和资产更新换代速度。功能性贬值包含一次性功能贬值和营运性功能贬值。

(1)一次性功能贬值的测定。从理论上讲,同样的车辆其复原重置成本与更新重置成本之差即是该车辆的一次性功能贬值。但在实际工作中,具体计算某辆车的复原重置成本是比较困难的,因此,对目前在市场上能购买到的且有制造厂家继续生产的全新车辆,一般就用更新重置成本(市场价)考虑其一次性功能贬值。如果待评估车辆的型号是现已停产或已淘汰的车型,这样就没有实际的市场价,只能采用参照物的价格用类比的方法来估算。参照物一般采用替代型号的车辆。这些替代型号的车辆其功能通常比原车型有所改进和增加,故其价值通常会比原车型的价格要高(功能性贬值大时,价格也可能降低)。故在与参照物比较,用类比法对原车型进行价值评估时,一定要了解参照物在功能方面改进或提高的情况,再按其功能变化情况测定原车辆的价值。

(2)营运性功能贬值的估算。测定营运性功能贬值时,首先选定参照物,并与参照物进行比较,找出营运成本有差别的内容和量值,然后确定原车辆尚可继续使用的年限和应上缴的所得税率及折现率,通过计算超额收益或成本降低额算出营运性陈旧贬值。

4)经济性贬值的估算

经济性贬值是由机动车辆外部因素引起的,外部因素不论多少,对车辆的估值影响有两种,一是车辆闲置,在这种情况下,可通过估计车辆未来闲置的时间及其资金成本来估算其经济性贬值;二是造成营运成本上升。由于造成车辆经济性贬值的外部因素很多,并且造成贬值的程度也不尽相同,所以在评估时应在统筹考虑这些因素的基础上,适当地确定经济性贬值的数额。

5)旧机动车成新率的确定

(1)旧机动车成新率的概念。旧机动车成新率是表示旧机动车的当前功能或使用价值与全新机动车的功能或使用价值相比所占的比率,也可以理解为旧机动车的现时状态与机动车全新状态的比率,是反映旧机动车新旧程度的指标。它与旧机动车的有形损耗率存在如下关系:

$$成新率 = 1 - 有形损耗率 \tag{3-9}$$

或:

$$有形损耗率 = 1 - 成新率 \tag{3-10}$$

(2)旧机动车成新率的确定。成新率作为重置成本法的一项重要指标,如何科学、准确地确定该项指标,是旧机动车评估中的重点和难点。通常采用使用年限法、技术鉴定法、综合分析法三种方法来确定旧机动车的成新率。

① 使用年限法。使用年限法是建立在以下两个假设之上:首先,旧机动车在整个使用寿命期间,实体性损耗是随时间的递增呈线性递增的;其次,旧机动车价值的降低与其损耗的大小成正比。由此不难得出使用年限法确定旧机动车成新率的数学表达式为:

$$成新率 = \left(1 - \frac{已使用年限}{规定使用年限}\right) \times 100\% \tag{3-11}$$

从式(3-11)可知,使用年限法确定旧机动车成新率涉及到两个基本参数,即机动车已使用年限和机动车规定使用年限。机动车的规定使用年限,按照国家有关规定,小、微型出租客运汽车使用8年,中型出租客运汽车使用10年,大型出租客运汽车使用12年;租赁载客汽车使用15年;小型教练载客汽车使用10年,中型教练载客汽车使用12年,大型教练载客汽车使用15年;公交客运汽车使用13年;其他小、微型营运载客汽车使用10年,大、中型营运载客汽车使用15年;专用校车使用15年;大、中型非营运载客汽车(大型轿车除外)使用20年;小、微型非营运载客汽车,大型非营运载客轿车(家庭自用乘用车)、轮式专用机械车无使用年限限制。机动车使用年限起始日期按照注册登记日期计算,但自出厂之日起超过2年未办理注册登记手续的,按照出厂日期计算。营运载客汽车与非营运载客汽车相互转换的,按照营运载客汽车的规定报废,但小、微型非营运载客汽车和大型非营运轿车转为营运载客汽车的,应按照《机动车强制报废标准规定》中的附件1所列公式核算累计使用年限,且不得超过15年;不同类型的营运载客汽车相互转换,按照使用年限较严的规定报废。具体见表3-1(注:乘用车使用年限15年,超过15年的按实际年限计算;有年限规定的车辆、营运车辆按实际要求计算)。对于其他机动车辆,国内尚无可供评估使用的规定使用年限,其规定使用年限的确定需要评估人员自行解决。解决的办法是参照《汽车报废标准》和该类产品的会计折旧年限。已使用年限是指旧机动车开始使用到评估基准日所经历的时间,需要注意的是,这里的使用年限是反映机动车累计工作量的重要指标,它是建立在车辆按照正常使用强度使用的前提之上的。考虑到车辆来源不同,使用强度可能存在较大差异,因此,在运用使用年限指标时应充分注意车辆的实际使用时间,而不是简单的日历天数。有时,为了提高该参数的可操作性和准确性,也可综合考虑已使用年限和行驶里程数,即以折算年限作为使用年限数,具体公式如下:

$$T_{折} = \frac{L_{总}}{L_{年均}} \quad (年) \tag{3-12}$$

式中:$T_{折}$——折算年限,年;

$L_{总}$——累计行驶里程,km;

$L_{年均}$——年平均行驶里程,km/年。

机动车使用年限及行驶里程参考值　　　　　表3-1

车辆类型与用途			使用年限(年)	行驶里程(万km)
载客	非营运	小、微型客车、大型轿车	无	60
		中型客车	20	50
		大型客车	20	60
	营运	出租客运 小、微型	8	60
		出租客运 中型	10	50
		出租客运 大型	12	60
		租赁	15	60
		教练 小型	10	50
		教练 中型	12	50
		教练 大型	15	60
		公交客运	13	40
		其他 小、微型	10	60
		其他 中型	15	50
		其他 大型	15	80
载货		微型	12	50
		中、轻型	15	60
		重型	15	70

注:乘用车使用年限15年,超过15年的按实际年限计算;有年限规定的车辆、营运车辆按实际要求计算。

根据有关统计数据,我国城乡运输车辆的年平均行驶里程一般在4万km左右,长途货运为5万km,个体运输业者为3万km左右,小轿车、私家车和其他生活用车为2.5万km以下,商务公务用车为3.5万km左右,而城市出租车年均行驶里程则可达10万km。我国汽车平均行驶里程见表3-2。需要指出的是,这些数据源于对既往数据的分析,今后随着社会经济环境和人民生活习惯的改变,这些数据还将发生变化,未来评估者必须根据当时的实际情况作出灵活调整。

我国汽车平均行驶里程   表3-2

汽车类别	年平均行驶里程(万km)	汽车类别	年平均行驶里程(万km)
微型、轻型货车	3～5	中型、重型货车	6～10
私家车	1～3	公务、商务车	3～6
出租车	10～15	租赁车	5～8
旅游车	6～10	中、低档长途客车	8～12
高档长途客车	15～25		

相关链接

买旧机动车,里程表不可轻信

受经济利益驱使,在里程表上动手脚的旧机动车商并非个别。汽车行驶的里程少,各方面的损耗就小,汽车的整体性能和技术状况相对较好。为了让旧机动车更"年轻",便于出售,最简单直接的方法就是调低里程表的读数。

汽车里程表主要分为电子式和机械式两种。目前市场上的大部分新车型都采用电子式里程表,而配备机械式里程表的大都属于较老车型,如老款捷达、普通桑塔纳和富康,这些热销车型都是机械式里程表。机械式里程表回调很简单,几分钟就能搞定。而电子式里程表的回调成本较高,但现在市面上已有一种专门针对电子式里程表的调表仪器。所以,买旧机动车时,一定要"关注"一下里程表。

运用使用年限法确定旧机动车成新率,方法简单,容易操作,一般用于旧机动车的价格粗估或价值不高的旧机动车价格的评估。使用时,要注意使用年限是代表工作累计强度的一种计量,这种计量是以车辆的正常使用为前提。在实际评估过程中,应充分注意车辆的实际已使用的时间,而不是简单的日历天数,同时也要适当考虑实际使用强度。

②技术鉴定法。技术鉴定法是指评估人员在对旧机动车辆进行技术观察和技术检测的基础上,判定旧机动车的技术状况,再以评分的方法或分等级的方法来确定成新率的方法。在实际操作中,技术鉴定法又有部件鉴定法和整车观测分析法两种。

部件鉴定法是在确定旧机动车各组成部分的技术状况的基础上,对旧机动车按其组成部分对整车的重要性和价值量的大小来加权评分,最后确定成新率的一种方法。其做法是:

将车辆按总成分成若干个主要部分,根据各部分的建造费用占车辆建造成本的比重,按一定百分比例确定权重,在技术检测的基础上确定各部分的功能与技术状况,给出各部分成新率(各部分技术状况与全新车辆相同,则该部分成新率100%,其功能完全丧失,则成新率为0),再分别与权重相乘即得各部分的加权成新率,最后对各部分的加权成新率求和即得旧机动车的成新率。参考国内有关资料,机动车的总成权值分配见表3-3。

旧机动车的总成权值分配表　　　　　　　　　　　　　　　　　　　　表3-3

车辆各主要总成、部件名称	价值权重(分数)			车辆各主要总成、部件名称	价值权重(分数)		
	乘用车	商用车			乘用车	商用车	
		客车	货车			客车	货车
发动机及离合器总成	26	27	25	车架	0	6	6
变速器及传动系总成	11	10	15	车身	28	20	9
前桥、前悬架及转向系	10	10	15	电器仪表	7	6	5
后桥及后悬架总成	8	11	15	轮胎	4	4	5
制动系统	6	6	5				

这种方法既考虑了旧机动车实体性损耗,也考虑了旧机动车维修换件可能会增大车辆的价值,更接近实际,可信度高,但操作过程费时费力,各组成部分权重之间关系复杂。一定程度上限制了它的使用,多用于价值较高的机动车辆评估。

整车观测法是指评估人员采用人工观察的方法,辅之以简单的仪器检测,判定旧机动车技术状况等级以确定成新率的方法。旧机动车的技术状况分级见表3-4。

旧机动车的技术状况分级表　　　　　　　　　　　　　　　　　　　　表3-4

车辆等级	车况	成新率(%)	技术状况描述
1	很新	95 90	登记年限≤1年,行驶里程≤20000km,没有缺陷,没有修理和买卖的经历
2	很好	85 80 75	登记年限≤3年,行驶里程≤60000km,轻微不明显的损伤,漆面、车身和内部仅有小的瑕疵,没有机械故障,无须更换部件或进行任何修理,无不良记录
3	良好	70 65 60 55	登记年限≤5年,行驶里程≤100000km,重新油漆的部分痕迹良好,机械部分易损件已经更换,在用状态良好,故障率低,可随时出车使用
4	一般	50 45 40 35	行驶里程≤160000km,有一些机械方面的明显缺陷,需要进行某些修理或更换一些易损部件,可随时出车,但动力性下降,油耗增加

续上表

车辆等级	车况	成新率(%)	技术状况描述
5	尚可使用	30 25 20 15	处于运行状态的旧车,油漆晦暗,锈蚀严重,有多处机械的明显缺陷,可能存在不容易修复的故障,需要较多的维修换件,可靠性很差,使用成本增加
6	待报废处理	10 6 4	基本达到或已达到使用年限,通过《机动车安全技术条件》检测,虽能使用,但存在着故障,动力性、经济性、可靠性下降;燃料费和维修费增加迅速,排放污染和噪声污染达到极限
7	报废	2 0	使用年限已达到报废期,只有基本材料的回收价值

旧机动车的技术状况分级表是就一般车辆成新率判定的经验数据,仅供参考。运用整车观察法确定旧机动车成新率简单易行,但评估多建立在评估人员的主观判断上,受评估人员的经验和技术水平的影响较大,没有部件鉴定法客观、准确,一般用于中、低等价值的旧机动车的估算,或作为综合分析法鉴定估价要考虑的主要因素之一。

③综合分析法。为了使评估结果更加准确、客观,综合分析法以使用年限法为基础,再综合考虑对旧机动车价值影响的多种因素,以系数调整来确定成新率,其计算公式为:

$$成新率 = \left(1 - \frac{已使用年限}{规定使用年限}\right) \times 调整系数 \times 100\% \tag{3-13}$$

式(3-13)中,已使用年限和规定使用年限的确定方法与使用年限法相同。综合调整系数可通过以下途径确定:当待评估车辆无须进行项目修理或更换零部件时,可参考表3-4,通过对各类调整系数评分并进行加权平均来确定调整系数;而当车辆需要进行项目修理或更换零部件或需要进行大修时,则可在表3-5的基础上,适当调整已确定调整系数。

旧机动车成新率调整系数表 表3-5

影响因素	因素分级	调整系数	权重(%)	影响因素	因素分级	调整系数	权重(%)
车辆技术状况	好	1.0	30	车辆制造质量	进口	1.0	20
	较好	0.9			国产名牌	0.9	
	一般	0.8			国产非名牌	0.8	
	较差	0.7		车辆用途	私用	1.0	15
	差	0.6			公务、商务	0.9	
车辆维护状况	好	1.0	25		营运	0.7	
	一般	0.9		车辆工作条件	较好	1.0	10
	较差	0.8			一般	0.9	
	差	0.7			较差	0.8	

表中各影响因素及其评定说明如下：

车辆技术状况。车辆技术状况系数是在对车辆进行技术状况鉴定的基础上对车辆进行的分级和取值，其取值范围为0.6~1.0，技术状况好时取上限，反之取下限。

车辆维护状况。维护状况反映车辆的使用、维护水平，不同的维护水平对车辆使用寿命影响较大，车辆维护状况的取值为0.7~1.0。

车辆制造质量。按照旧车市场上消费者的一般认识，正常进口的车辆质量优于国产车辆，名牌产品优于一般产品，对罚没的走私车辆，车辆质量制造系数视同国产名牌产品考虑，该系数总的取值范围为0.9~1.1。但是，随着国内汽车制造技术的发展，进口车辆与国产车辆之间的质量差距日益缩小，评估者在确定该系数时必须慎重把握。

车辆用途。即车辆的工作性质不同，使用强度不同，一般来说营运车辆的使用强度最大，公务、商务车其次，私家车使用强度最低。车辆工作性质系数取值为0.7~1.0。

车辆工作条件。车辆工作条件主要指车辆行驶地域的道路和气候等自然条件状况。我国幅员辽阔，自然条件差异较大。车辆长期在国家等级三级以上公路行驶时，该系数取值为1；在四级公路，车辆在30%~50%的道路上行驶时，该系数取值为0.9；在国家登记外道路，好路率在30%以上道路上行驶时，该系数取值0.8。

需要注意的是，一般调整系数取值不要超过1.0。

④综合成新率。综合成新率由技术鉴定成新率与年限成新率组成，即：

$$\text{综合成新率} = \text{年限成新率} \times \alpha + \text{技术鉴定成新率} \times \beta \tag{3-14}$$

式(3-14)中，α、β分别为技术鉴定成新率与年限成新率系数，由评估人员根据市场行情等因素确定，且$\alpha + \beta = 1$。

技术鉴定成新率$\times \beta$，相当于实体性陈旧贬值与功能性陈旧贬值后，车辆剩余的价值率；年限成新率$\times \alpha$，相当于经济性陈旧贬值后，车辆剩余的价值率。

技术成新率由车身外观部位、发动机舱检查、驾驶舱检查、起动检查、路试检查、底盘检查、车辆功能性零部件等7个项目组成。具体见表3-6。

$$\text{技术鉴定成新率} = \text{车辆技术状况分值}/100 \tag{3-15}$$

技术成新率构成项目　　　　　　　　表3-6

序　号	项　　目	总分数	鉴定评价方法
1	车身外观部位	20	表格2-4
2	发动机舱检查项目	20	表格2-6
3	驾驶舱检查项目	10	表格2-7
4	起动检查项目	20	表格2-8
5	路试检查项目	15	表格2-9
6	底盘检查项目	15	表格2-10
7	车辆功能性零部件项目	进行描述不计分	表格2-11
	合计		

3. 重置成本法的特点

通过对重置成本、实体性贬值、功能性贬值、经济性贬值和成新率的分析，我们已经能够运用重置成本法确定旧机动车的评估价格,在使用中尽管工作量大,难以计算经济性贬值,但它比较充分地考虑了车辆的损耗,评估结果公平合理,在不易计算车辆未来收益或难以取得市场(旧机动车交易市场)参照物条件下可广泛应用。

(四)收益现值法评估旧机动车

收益现值法是将被评估的车辆在剩余寿命期内的预期收益用适当的折现率折现为评估基准日的现值,并以此确定评估价格的一种方法。收益现值法是根据"将利求本"的思路,采用本金化和折现的思路及其方法来判断和估算旧机动车交易价值的评估技术过程。理论上讲,收益现值法基于如下假设,即任何一个理智的投资者在购置或投资于某一资产时,他所愿意支付或投资的货币数额不会高于他所购置或投资的资产在未来能给他带来的回报,即收益额。收益现值法正是利用投资回报和收益折现等技术手段,把评估对象的预期产出能力和获利能力作为评估标准来估测评估对象的价值。一般情况下,旧机动车的价格评估一般很少采用收益现值法,但对一些特定目的的有特许经营权的旧机动车,人们购买的目的往往不是在于车辆本身,而是车辆获利的能力。因此,对于营运车辆的评估采用收益现值法比较合适。

1. 收益现值法的基本原理

收益现值法是基于这样的假设,即人们之所以购买某辆车,主要是考虑这辆车能为自己带来一定的收益。采用收益现值法对旧机动车辆进行评估所确定的价值是指为获得该机动车辆以取得预期收益的权利所支付的货币总额,它是以车辆投入使用后连续获利为基础的。如果某车辆的预期收益小,车辆的价格就不可能高,反之车辆的价格肯定就高。

2. 收益现值法的应用前提

收益现值法是依据旧机动车未来预期收益经折现或本金化处理来估测旧机动车价值的,它涉及三个基本要素:一是被评估旧机动车的预期收益;二是折现率或资本化率;三是被评估资产取得预期收益的持续时间。因此,能否清晰地把握上述三要素就成为能否恰当运用收益途径及其方法的基本前提。从这个意义上讲,应用收益途径必须具备如下前提条件:

(1)被评估资产的未来预期收益可以预测并可以用货币衡量,即被评估的旧机动车必须是经营性车辆,且具有继续经营和获利的能力,非营利的旧机动车不能用收益法评估,继续经营的收益能够而且必须能够用货币金额来表示。

(2)资产拥有者获得预期收益所承担的风险也可以预测并可以用货币衡量,这要求交易后车辆经营过程中的风险因素能够转化为数据加以计算并体现在折现率和资本化率中。

(3)被评估资产预期获利年限可以预测。上述前提条件表明,首先,评估对象的预期收益必须能被较为合理地估测,这就要求被评估的旧机动车未来的盈利模式较为明确。同时,影响其预期收益的主要因素,包括主观因素和客观因素也应是比较明确的,评估人员可以据此分析和测算出被评估旧机动车的预期收益。其次,被评估对象所具有的行业风险、地区风险及企业风险是可以比较和测算的,这是测算折现率或资本化率的基本参数之一。评估对象所处的行业不同、地区不同和企业差别都会不同程度地体现在资产拥有者的获利风险上。对于投资者来说,风险大的投资,要求的回报率就高;投资风险小,其回报率也可以相应降低。再次,评估对象获利期限的长短,即评估旧机动车的剩余使用寿命,也是影响其价值和评估值的重要因素之一。

3. 收益现值法评估值的计算

收益现值法评估值的计算，实际上就是对被评估车辆未来预期收益进行折现的过程。被评估旧机动车的评估值等于剩余寿命期内各收益期的收益折现值之后。其计算公式：

$$P = \sum_{t=1}^{n} \frac{A_t}{(1+i)^t} = \frac{A_1}{(1+i)^1} + \frac{A_2}{(1+i)^2} + \cdots + \frac{A_n}{(1+i)^n} \tag{3-16}$$

式中：P——旧机动车的评估值，元；

A_t——未来第 t 个收益值的预期收益额，元；

n——收益年期（即旧机动车剩余使用寿命的年限）；

i——折现率，在经济分析中如果不作其他说明，一般指年利率或收益率；

t——收益期，一般以年计。

当 $A_1 = A_2 = \cdots = A_n = A$ 时，即 t 从 $1 \sim n$ 年未来收益都相同为 A 时，则有：

$$P = A \times \left[\frac{1}{1+i} + \frac{1}{(1+i)^2} + \frac{1}{(1+i)^3} + \cdots + \frac{1}{(1+i)^n} \right] = A \frac{(1+i)^n - 1}{i(1+i)^n} \tag{3-17}$$

当未来预期收益不等时，应用式(3-16)；当未来预期收益等值时，应用式(3-17)。其中 $\frac{1}{(1+i)^t}$ 称为现值系数；$\frac{(1+i)^n - 1}{i(1+i)^n}$ 称为年金现值系数。

4. 收益现值法中各评估参数的确定

1) 剩余经济寿命期的确定

剩余经济寿命期指从评估基准日到车辆到达报废年限所剩余的使用寿命。各类汽车剩余经济寿命期的确定，可参考《汽车报废标准》；对于经营资格需要由有关部门按一定时限核定的营运车辆，还应考虑营运资格年限等问题。

2) 预期收益额的确定

收益现值法在运用中，收益额的确定是关键。收益额是指根据投资回报的原理，旧机动车在正常情况下所能得到的归其产权主体的所得额。对于收益额的确定应把握两点：第一，收益额指的是车辆使用带来的未来收益期望值，而不是历史收益额或现实收益额，是通过预测分析获得的。对其收益的判断，不仅仅是看现在的收益能力，更重要的是预测未来的收益能力。第二，收益额的构成，以企业为例，目前有几种观点，有观点认为应取企业所得税后利润；另有观点认为应取企业所得税后利润与提取折旧额之和扣除投资额；还有人认为应取利润总额。关于选择哪一种作为收益额，应针对旧机动车的评估特点与评估目的具体分析，一般为估算方便，推荐选择第一种观点，目的是准确反映预期收益额。

3) 折现率的确定

确定折现率，首先应该明确折现的内涵。从本质上讲，折现率是一种期望投资报酬率，是投资者在投资风险一定的情况下，对投资所期望的回报率。就其构成而言，它是由无风险利率、风险报酬率和通货膨胀率组成的。无风险利率是指资产在一般无风险经营条件下的获利水平，一般是指同期国库券利率。风险报酬率则指承担投资风险的投资所获得的超过无风险报酬率以上的部分的投资回报率，一般随投资风险递增而加大。风险收益能够计算，而为承担风险所付出的代价为多少却不好确定，因此，风险收益率不容易计算出来，只要求选择的收益率中包含这一因素即可。每个行业、每个企业都有具体的资金收益率。因此,在利用收益法对机动车评估选择折现率时,应该进行本企业、本行业历年收益率指标的对比分析,但是,最后选择的折现率应该不低于国家债券或银行存款的利率。作为一个时间优先的概念,认为将来的收益或利益低于现在的同样收益或利益,并且,随着收益时间向将来推迟的程度而有系统地降低价值,即投资具有机会成本。同时,折现作为一个算术过程,是把一个特定比率应用于一个预期的将来收益流,从而得出当前的价值。从折现率本身来说,是将未来有限期的预期收益折算成现值的比率,用于有限期收益还原。它是一种特定条件下的收益率,说明车辆取得该项收益的收益率水平。收益率越高,车辆评估值越低。因为在收益一定的情况下,收益率越高,意味着单位资产增值率高,所有者拥有资产价值越低。折现率的确定是运用收益现值法评估车辆时比较棘手的问题。折现率必须谨慎确定,折现率的微小差异,会带来评估值很大的差异。此外还应注意,在使用资金收益率这一指标时,要充分考虑年收益率的计算口径与资金收益率的口径是否一致。若不一致,将会影响评估值的正确性。

5. 收益现值法评估的程序

采用收益现值法进行评估,其基本程序如下:

(1) 收集并验证与评估对象未来预期收益有关的数据资料,包括营运车辆的经营行情、经营前景、营运车辆的消费结构以及经营风险等。

(2) 充分了解被评估车辆的技术状况。

(3) 确定预测预期收益、折现率等评估参数。

(4) 将预期收益折现处理,确定旧机动车评估值。

(5) 分析确定评估结果。

6. 收益现值法的特点

收益现值法与投资决策相结合,能真实和较准确地反映车辆投资的未来收益的本金化价格,易于被交易双方接受;但预期收益额的预测难度大。

(五) 清算价格法评估旧机动车

清算价格法是以清算价格为标准,对旧机动车辆进行的价格评估。所谓清算价格,是指企业由于破产或其他原因,要求在一定的期限内将车辆变现,在企业清算之日预期出卖车辆可收回的快速变现价格,具体来说,主要根据旧机动车技术状况,运用现行市价法估算其正常价值,再根据处置情况和变现要求,乘以一个折扣率或以竞拍的方式,最后确定评估价格。

1. 清算价格法的适用范围

清算价格法适用于企业破产、抵押、停业清理时要售出的车辆。

1) 破产

企业破产是指当企业或个人因经营不善造成严重亏损,不能清偿到期债务时,企业应依法宣告破产,法院以其全部财产依法清偿其所欠的债务,不足部分不再清偿,在这种条件下,企业通常全部或部分地丧失对其资产的处置权。

2) 抵押

抵押是指企业或个人为了进行融资,用自己特定的财产为担保向对方保证履行合同义务的担保形式。提供财产的一方为抵押人,接受抵押财产的一方为抵押权人。抵押人不履行合同时,抵押权人有权利将抵押财产在法律允许的范围内变卖,从变卖抵押物价款中优先获得赔偿。与破产情况不同的是,在这种条件下,并不是真正要将资产短期变现,而是为了保证将来一旦抵押人无力偿还相应债务时,资产能够迅速出售套现以补偿抵押权人的合法权益。

3)清理

清理是指企业由于经营不善导致严重亏损,已临近破产的边缘或因其他原因将无法继续经营下去,为弄清企业财物现状,对全部财产进行清点、整理和查核,为经营决策(破产清算或继续经营)提供依据,以及因资产损毁、报废而进行清理、拆除等的经济行为。

在上述三种经济行为中若有机动车辆进行评估,则可用清算价格作为标准,但在评估时要注意评估车辆必须具有法律效力的破产处理文件或抵押合同及其他有效文件为依据;车辆在市场上可以快速出售变现,车辆出售的收入足以补偿因出售车辆的附加支出总额。

2. 影响清算价格的主要因素

在旧机动车评估中,决定清算价格的有以下五项主要因素。

1)破产形式

如果车辆原所有者完全丧失对车辆的处置权,则价格主要由买方出价决定。若车辆原所有者未完全丧失对车辆的处置权,尽管处于相对弱势的市场地位,但仍有一定的议价空间,一般而言,价格相对来说会高于前一种情况。

2)债权人处置车辆的方式

如果债权人以拍卖的方式处理车辆,价格取决于拍卖市场中的价格,若债权人在抵押合同中规定车辆收归己有,则车辆的实现价值等于抵押合同签订时的评估价格。

3)拍卖时限

一般来说,时限长,卖方能有相对充裕的时间寻找买主,售价通常会高一些;时限短,售价则会低一些。

4)公平市价

指车辆交易双方都满意的价格,在破产清算的条件下,由于双方市场地位不平等,卖方满意的价格一般难以实现。

5)参照物价格

市场上出售的相同或类似车辆的价格,是待评估车辆变现的最直接参考。市场参照物价格高,车辆出售的价格就会高;参照物价格低,车辆出售的价格就会低。

3. 清算价格的评估方法

旧机动车清算价格的评估方法主要有以下三种。

1)现行市价折扣法

指对清理车辆,首先应用现行市价法确定评估车辆的评估价格,然后根据快速变现原则估定一个折扣率并据以确定其清算价格,折扣率一般取 $80\% \sim 85\%$ 。例如,一辆 2006 年的伊兰特 1.6GL-AT 轿车,按照现行市价法评估,价格约为 9 万元,考虑到快速变现的需要,折价 20%,则该车的清算价格为 $9 \times (1 - 20\%) = 7.2$ 万元。

2)模拟拍卖法(也称意向询价法)

这种方法是根据向被评估车辆的潜在购买者询价的办法取得市场信息,最后经评估人员分析确定其清算价格的一种方法。用这种方法确定的清算价格受供求关系影响很大,要充分考虑其影响的程度。例如:一辆帕萨特轿车拟评估其清算价格,评估人员分别向2个旧机动车销售公司经理、2个旧机动车销售业务员和3个普通消费者询价,他们分别出价为:10.3万元、9.8万元、10.8万元、10.4万元、8万元、7.8万元、9.5万元。综合考虑他们不同的经验,以及市场交易条件等因素,确定评估价格为9万元。

3)竞价法

是由法院按照法定程序(破产清算)或由卖方根据评估结果提出一个拍卖的底价,在公开市场上由买方竞争出价,谁出的价格高就卖给谁。我国现在许多地方对国有资产中汽车的处理常用此法进行。

二、任务实施

（一）旧机动车鉴定估价方法的比较

1. 旧机动车鉴定估价方法的选择

旧机动车鉴定估价的四种基本方法有现行市价法、收益现值法、清算价格法和重置成本法。

1）鉴定估价方法的选择应考虑的因素

（1）旧机动车评估方法的选择必须严格与机动车评估的计价标准相适应。

（2）旧机动车评估方法的选择还要受数据收集和信息资料的制约。

（3）在选择旧机动车评估方法时，要充分考虑旧机动车鉴定估价工作的效率，选择简单易行的方法。

2）评估方法比较

现行市价法：由于我国旧机动车交易市场发育尚不健全，较难寻找与被评估车辆相同的车辆类型、相同的使用时间、相同的使用强度和相同的使用条件的参照物。

收益现值法：投资者对预期收益额预测难度较大，且受较强的主观判断和未来不可预见因素的影响等。

清算价格法：因受其适用条件的局限，主要适用于破产、抵押、停业清理的车辆。

重置成本法：具有收集资料信息便捷、操作简单易行、评估理论贴近旧机动车的实际等特点，而被最常采用。

具体的比较内容见表3-7所示。

评估方法的比较　　　　　　　　　表3-7

估价方法	收益现值	清算价格法	现行市价法	重置成本法
适用范围	有收益或潜在收益的评估	因受其适用条件的局限，主要适用于破产、抵押、停业清理的车辆	如果有条件，是使用最简单、快捷、方便的评估方法	评估理论贴近旧机动车的实际等特点，是最常用的旧机动车评估方法
优点	结果较准确	简单、工作量小	结果较准确，反映资产的现实价值；计算简单	实用性强、应用广泛；考虑因素比较全面
缺点	范围有限；收益率、贴现率和资本化率难确定；且受较强的主观判断和未来不可预见因素的影响等	准确性难以把握	参照物难寻找；取决于旧机动车市场的发展	工作量大；成新率不是很准确
评估公式	式(3-16) 式(3-17)	评估价=现行市价-清算费用 评估价=拍卖价格-清算费用	式(3-1) 式(3-2)	式(3-3) 式(3-4)

2. 重置成本法计算公式的选用

重置成本法就是指以评估基准日的当前条件下重新购置一辆全新状态的被评估车辆所需的全部成本(即完全重置成本,简称重置全价),减去该被评估车辆的各种陈旧性贬值后的差额作为被评估车辆评估价格的一种评估方法。

1) 重置成本法的理论依据与计算公式

被评估车辆的评估值 P = 重置成本 R_c − 实体性贬值 Z_s − 功能性贬值 Z_g − 经济性贬值 Z_j

或: 被评估车辆评估值 P = 重置成本 R_c × 成新率 C

2) 重置成本法计算

(1) 市场上有与待评估车品牌、型号和配置完全相同的新车出售,利用下列公式进行计算:

$$重置成本\ R_c = 新车售价\ S + 车辆购置税\ T$$

$$车辆购置税\ T = 计税价\ P_J \times 10\% = [新车售价\ S \div (1 + 17\%)] \times 10\%$$

 小知识

车辆计价税的计算

车辆购置税应纳税额 = 计税价格 × 10%。

计税价格根据不同情况,按照下列情况确定:

①纳税人购买自用应税车辆的计税价格,为纳税人购买应税车辆而支付给销售者的全部价款和价外费用,不包括增值税税款。也就是说,按您取得的《机动车销售统一发票》上开具的价费合计金额除以(1 + 17%)作为计税依据,乘以10%即为应缴纳的车购税。

②纳税人进口自用车辆的应税车辆的计税价格计算公式为:

$$计税价格 = 关税完税价格 + 关税 + 消费税$$

(2) 待评估车已经停产,市场上有类似车辆出售,利用下列公式进行计算:

$$重置成本\ R_c = 新车售价\ S - 单车成本变动值\ K + 车辆购置税\ T$$

(3) 市面上完全找不到与待评估车辆类似的车辆,利用下列公式进行计算:

$$重置成本\ R_c = 待评估车辆历史成本 \times (1 + 物价变动指数)$$

3) 旧机动车成新率的确定

旧机动车成新率是表示旧机动车的当前功能或使用价值与全新机动车的功能或使用价值相比所占的比率,也可以理解为旧机动车的现时状态与机动车全新状态的比率,是反映旧机动车新旧程度的指标。

(1) 使用年限法。使用年限法是建立在以下两个假设之上:首先,旧机动车在整个使用寿命期间,实体性损耗是随时间的递增呈线性递增的;其次,旧机动车价值的降低与其损耗的大小成正比。由此不难得出使用年限法确定旧机动车成新率的数学表达式为:

$$成新率 = 1 - 各年折旧率之和 = 1 - 总折旧率$$

$$成新率 = \left(1 - \frac{已使用年限}{规定使用年限}\right) \times 100\%$$

$$T_{折} = \frac{L_{总}}{L_{年均}}$$

(2)技术鉴定法。技术鉴定法是指评估人员在对旧机动车辆进行技术观察和技术检测的基础上,判定旧机动车的技术状况,再以评分的方法或分等级的方法来确定成新率的方法。

①部件鉴定法,查表3-3确定权重 K。

$$C = \sum_{i=1}^{n} C_p i$$

$C_p i = $ 部件成新率 $C_i \times$ 部件权重 K_i

部件鉴定法特点:费时费力,但可信度高。

②整车观测分析法表3-4。

(3)综合分析法。为了使评估结果更加准确、客观,综合分析法以使用年限法为基础,再综合考虑对旧机动车价值影响的多种因素,以系数调整来确定成新率。

$$成新率 = \left(1 - \frac{已使用年限}{规定使用年限}\right) \times 调整系数 \times 100\%$$

调整系数见表3-5。

总结:重置成本不高的老旧车辆,可采用使用年限法估算其成新率;对于重置成本价值中等的车辆,可采用综合分析法;对于重置成本价值较高的车辆,可采用部件鉴定法。

相关链接

两种常用的旧机动车评估方法

方法一:

可将新车使用10年报废视为100分,把15%作为不折旧的固定部分为残值,其余85%为浮动折旧值。可分三个阶段:3年—4年—3年来折旧,折旧率分别为11%、10%和9%。前三年每年折11%,总折27%。然后加残值,构成了折旧值,计算为:

评估价 = 市场现行新车售价 × [15%(不动残值) + 85%(浮动值) × (分阶段折旧率)] + 评估值

在实际评估中要掌握两个数据:

①当地市场新车售价;

②使用年限,如一辆目前市场售价为20万元2000年上牌的车,在2005年销售时的旧机动车价格计算方法为:该车已使用5年还剩5年,其浮动值的总折旧率为11% × 3 + 10% × 2 = 53%;加上现场评估出类别,如为Ⅰ类车,则需加新车价的5%(等于1万元)。最终该旧机动车的价格应为:20 × [15% + 85%(1 - 53%)] + 1.0 = 11.99万元,约12万元。

方法二:"54321法"

具体为:一部车有效寿命30万km,将其分为5段,每段6万km,每段价值依序为新车价的5/15、4/15、3/15、2/15、1/15。假设新车价20万元,已行驶12万km,那么,该车现价值为20万元 × (3 + 2 + 1) ÷ 15 = 8万元。

(二)旧机动车鉴定评估报告书的撰写

1. 报告书撰写的基本要求和内容

旧机动车鉴定估价报告书是在旧机动车交易市场完成某一鉴定估价工作后,向委托方提供说明鉴定估价的依据、范围、目的、基准时间、评估方法、评估前提和评估结论等基本情况的公正性的工作报告,旧机动车交易市场履行评估委托协议的总结。报告不仅反映出旧机动车交易市场对被评估车辆作价的意见,而且也确认了旧机动车交易市场对所鉴定估价的结果应负的法律责任。

1)撰写鉴定估价报告的基本要求

(1)鉴定估价报告必须依照客观、公正、实事求是的原则,由旧机动车交易市场独立撰写,如实反映鉴定估价的工作情况。

(2)鉴定估价报告应有委托单位(或个人)的名称、旧机动车交易市场的名称和印章,旧机动车交易市场法人代表或其委托人和旧机动车鉴定估价师的签字,以及提供报告的日期。

(3)鉴定估价报告要写明评估基准日,并且不得随意更改。所有在估价中采用的税率、费率、利率和其他价格标准,均应采用基准日的标准。

(4)鉴定估价报告中应写明估价的目的、范围、旧机动车的状态和产权归属。

(5)鉴定估价报告应说明估价工作遵循的原则和依据的法律法规,简述鉴定估价过程,写明评估的方法。

(6)鉴定估价报告应有明确的鉴定估算价值的结果,鉴定结果应有旧机动车的成新率。估价结果应有旧机动车原值、重置价值、评估价值等。

(7)鉴定估价报告还应有齐全的附件。

2)旧机动车鉴定估价报告正文的基本内容和编写步骤

(1)估价的依据:

①国务院1991年91号令发布的《国有资产评估管理办法》。

②国家国有资产管理局国资办发[1992]36号文发布的《国有资产评估管理办法施行细则》。

③评估立项批文。

④《机动车强制报废标准规定》、《机动车运行安全技术条件》、《中华人民共和国道路交通安全法》、《中华人民共和国大气污染防治法》、《大气污染防治行动计划》等国家相关标准。

⑤客户提供的原始购车发票,有关合同、协议,人民法院出具的发生法律效力的判决书、裁定书、调解书。

⑥产权证明材料。

⑦当地政府的有关规定。

(2)鉴定估价的目的。对鉴定估价目的的相关内容有一定叙述。

(3)评估范围和评估基准时间。对评估范围的描述主要是明确评估了哪些类型的旧机动车辆,是汽车,或是拖拉机,还是叉车,而评估基准时间是表明评估结论相对于哪一天发表的价值意见。由于车辆是在不断运动的,其价值随自身的运动和外部环境而发生变化,因而鉴定估价的结论也只是反映某天的静态价值意见。

(4)评估前提。主要说明前提性条件,如采用的评估标准、评估方法等。

(5)鉴定估价结论。一般应说明在完成了哪些鉴定估价程序后发表鉴定估价的结论意见。

2.旧机动车鉴定报告书示范文本

旧机动车鉴定评估报告

(示范文本)

_____鉴定评估机构评报字(20____年)第____号

一、绪言

　　_____(鉴定评估机构)接受_____的委托,根据国家有关评估及《二手车流通管理办法》和《二手车鉴定评估技术规范》的规定,本着客观、独立、公正、科学的原则,按照公认的评估方法,对牌号为_____车辆进行了鉴定。本机构鉴定评估人员按照必要的程序,对委托鉴定评估的车辆进行了实地查勘与市场调查,并对其在____年____月____日所表现的市场价值作出了公允反映。现将该车辆鉴定评估结果报告如下:

二、委托方信息

委托方:_____　　委托方联系人:_____

联系电话:_____车主姓名/名称:(填写机动车登记证书所示的名称)

三、鉴定评估基准日_____年____月____日

四、鉴定评估车辆信息

厂牌型号:_____　　牌照号码:_____

发动机号:_____　　车辆VIN码:_____

车身颜色:_____　表征里程:_____　初次登记日期:_____

年审检验合格至:____年____月　交强险截止日期:____年____月

车船税截止日期:____年____月

是否查封、抵押车辆:　□是　□否　　车辆购置税(费)证:□有□无

机动车登记证书:　□有　□无　　机动车行驶证:　□有　□无

未接受处理的交通违法记录:□有　□无

使用性质:□公务用车　□家庭用车　□营运用车　□出租车　□其他:_____

五、技术鉴定结果

技术状况缺陷描述:_____

重要配置及参数信息:_____

技术状况鉴定等级:_____　等级描述:_____

六、价值评估

价值估算方法：□现行市价法　　□重置成本法　　□其他＿＿＿＿＿＿＿＿＿＿＿

价值估算结果：车辆鉴定评估价值为人民币＿＿＿＿＿＿＿＿元，金额大写：＿＿＿＿＿＿

七、特别事项说明[1]

八、鉴定评估报告法律效力

本鉴定评估结果可以作为作价参考依据。本项鉴定评估结论有效期为90天，自鉴定评估基准日至＿＿＿＿年＿＿＿月＿＿＿日止。

九、声明：

（1）本鉴定评估机构对该鉴定评估报告承担法律责任。

（2）本报告所提供的车辆评估价值为评估基准日的价值。

（3）该鉴定评估报告的使用权归委托方所有，其鉴定评估结论仅供委托方为本项目鉴定评估目的使用和送交旧机动车鉴定评估主管机关审查使用，不适用于其他目的，否则本鉴定评估机构不承担相应法律责任；因使用本报告不当而产生的任何后果与签署本报告书的鉴定评估人员无关。

（4）本鉴定评估机构承诺，未经委托方许可，不将本报告的内容向他人提供或公开，否则本鉴定评估机构将承担相应法律责任。

附件：

一、旧机动车鉴定评估委托书（附件一）

二、旧机动车技术状况表（附件二）

三、车辆行驶证、机动车登记证书证复印件

四、被鉴定评估旧机动车照片（要求外观清晰，车辆牌照能够辨认）

旧机动车鉴定评估师（签字、盖章）　　　　　　　　　　　复核人[2]（签字、盖章）

　　年　　月　　日

（旧机动车鉴定评估机构盖章）

　　年　　月　　日

注：[1]特别事项是指在已确定鉴定评估结果的前提下，鉴定评估人员认为需要说明在鉴定过程中已发现可能影响鉴定评估结论，但非鉴定评估人员执业水平和能力所能鉴定评估估算的有关事项以及其他问题。

[2]复核人是指具有高级旧机动车鉴定评估师资格的人员。

备注：1. 本报告书和作业表一式三份，委托方二份，受托方一份；

2. 鉴定评估基准日即为《旧机动车鉴定评估委托书》签订的日期。

附件一

旧机动车鉴定评估委托书(示范文本)

委托书编号：_____

委托方名称(姓名)：　　　　　　　法人代码证(身份证)号：

鉴定评估机构名称：　　　　　　　法人代码证：

委托方地址：　　　　　　　　　　鉴定评估机构地址：

联系人：　　　　　　　　　　　　电话：

因 □交易　□典当　□拍卖　□置换　□抵押　□担保　□咨询　□司法裁决需要,委托人与受托人达成委托关系,号牌号码为_____,车辆类型为_____,车架号(VIN码)为_____的车辆进行技术状况鉴定并出具评估报告书,____年____月____日前完成。

委托评估车辆基本信息

车辆情况	厂牌型号		使用用途		营运 □ 非营运 □
	总质量/座位/排量			燃料种类	
	初次登记日期	年　月　日		车身颜色	
	已使用年限	年　个月	累计行驶里程(万km)		
	大修次数	发动机(次)		整车(次)	
	维修情况				
	事故情况				
价值反映	购置日期	年　月　日		原始价格(元)	
备注：					

委托方：(签字、盖章)　　　　　　受托方：(签字、盖章)

(旧机动车鉴定评估机构盖章)

　年　月　日　　　　　　　　　　　　　　　　　　　年　月　日

备注：1.委托方保证所提供的资料客观真实,并负法律责任。
2.仅对车辆进行鉴定评估。
3.评估依据：《机动车运行安全技术条件》、《二手车鉴定评估技术规范》等。
4.评估结论仅对本次委托有效,不做它用。
5.鉴定评估人员与有关当事人没有利害关系。
6.委托方如对评估结论有异议,可于收到《二手车鉴定评估报告》之日起10日内向受托方提出,受托方应给予解释。

附件二

旧机动车技术状况表(示范文本)

<table>
<tr><td rowspan="9">车辆基本信息</td><td>厂牌型号</td><td colspan="2"></td><td>牌照号码</td><td colspan="3"></td></tr>
<tr><td>发动机号</td><td colspan="2"></td><td>VIN 码</td><td colspan="3"></td></tr>
<tr><td>初次登记日期</td><td colspan="2">年　　月　　日</td><td>表征里程</td><td colspan="3">万 km</td></tr>
<tr><td>品牌名称</td><td>□国产</td><td>□进口</td><td>车身颜色</td><td colspan="3"></td></tr>
<tr><td>年检证明</td><td colspan="2">□有(至___年___月)　□无</td><td>购置税证书</td><td colspan="3">□有　□无</td></tr>
<tr><td>车船税证明</td><td colspan="2">□有(至___年___月)　□无</td><td>交强险</td><td colspan="3">□有(至___年___月)　□无</td></tr>
<tr><td>使用性质</td><td colspan="6">□营运用车　□出租车　□公务用车　□家庭用车　□其他</td></tr>
<tr><td>其他法定凭证、证明</td><td colspan="6">□机动车号牌　□机动车行驶证　□机动车登记证书　□第三者强制保险单　□其他</td></tr>
<tr><td>车主名称/姓名</td><td colspan="2"></td><td>企业法人证书代码/身份证号码</td><td colspan="3"></td></tr>
<tr><td rowspan="4">重要配置</td><td>燃料标号</td><td colspan="2"></td><td>排量</td><td>缸数</td><td colspan="2"></td></tr>
<tr><td>发动机功率</td><td colspan="2"></td><td>排放标准</td><td>变速器形式</td><td colspan="2"></td></tr>
<tr><td>气囊</td><td colspan="2"></td><td>驱动方式</td><td>ABS</td><td colspan="2">□有　□无</td></tr>
<tr><td>其他重要配置</td><td colspan="6"></td></tr>
<tr><td>是否为事故车</td><td colspan="2">□是　□否</td><td>损伤位置及损伤状况</td><td colspan="4"></td></tr>
<tr><td>鉴定结果</td><td>分值</td><td colspan="3"></td><td>技术状况等级</td><td colspan="2"></td></tr>
<tr><td rowspan="7">车辆技术状况鉴定缺陷描述</td><td>鉴定科目</td><td colspan="3">鉴定结果(得分)</td><td colspan="3">缺陷描述</td></tr>
<tr><td>车身检查</td><td colspan="3"></td><td colspan="3"></td></tr>
<tr><td>发动机检查</td><td colspan="3"></td><td colspan="3"></td></tr>
<tr><td>车内检查</td><td colspan="3"></td><td colspan="3"></td></tr>
<tr><td>起动检查</td><td colspan="3"></td><td colspan="3"></td></tr>
<tr><td>路试检查</td><td colspan="3"></td><td colspan="3"></td></tr>
<tr><td>底盘检查</td><td colspan="3"></td><td colspan="3"></td></tr>
</table>

旧机动车鉴定评估师：_____　　鉴定单位：(盖章)_____

鉴定日期：____年____月____日

声明：

本旧机动车技术状况表所体现的鉴定结果仅为鉴定日期当日被鉴定车辆的技术状况表现与描述,若在当日内被鉴定车辆的市场价值或因交通事故等原因导致车辆的价值发生变化,对车辆鉴定结果产生明显影响时,本技术状况鉴定说明书不作为参考依据。

说明：

本旧机动车技术状况表由旧机动车经销企业、拍卖企业、经纪企业使用,作为旧机动车交易合同的附件。车辆展卖期间,放置在驾驶室前风窗玻璃左下方,供消费者参阅。

三、评价反馈

1. 自我评价

(1) 通过本学习任务的学习,你是否已经掌握以下问题:

①知道旧机动车有形损耗,无形损耗及其贬值(折旧)。

②会计算各种旧机动车成新率。

③知道旧机动车的4种评估方法和计算公式。

④鉴定估价方法的选择主要应考虑的因素。

(2) 利用使用年限法、综合分析法、技术鉴定法(整车观测法、部件鉴定法、千分法)综合成新率确定成新率。

(3) 评估报告撰写的要求和内容。

(4) 工作着装是否规范?

(5) 能否积极主动参与工作现场的清洁和整理工作?

(6) 在完成本学习任务的过程中,你是否主动帮助过其他同学?是否和其他同学探讨旧机动车的评估方法?适用条件?如何评估?

_____
_____
_____

(7) 通过本学习任务的学习,你认为哪些方面还有待进一步改善?

_____
_____
_____

签名:_____　　　_____年_____月_____日

2. 小组评价

小组评价表见表3-8。

小组评价表　　　　　　　　　　　　　　表3-8

序　号	评价项目	评价情况
1	学习态度是否积极主动	
2	是否服从教学安排	
3	是否达到全勤	
4	着装是否符合要求	
5	是否合理规范地使用仪器和设备	
6	是否按照安全和规范的规程操作	
7	是否遵守学习、实训场地的规章制度	
8	是否积极主动地与他人合作、探讨问题	
9	是否能保持学习、实训场地整洁	
10	团结协作情况	

参与评价的同学签名:_____　　_____年_____月_____日

3. 教师评价

_____
_____

教师签名:_____　　　_____年_____月_____日

学习任务 4　旧机动车的评估

 学习目标

1. 知道现行市价和重置成本法的具体运用；
2. 正确完成国产旧机动车的评估；
3. 正确完成进口旧机动车(价格较高)的评估。

 任务描述

目前，旧机动车最常用的评估方法就是重置成本法、现行市价法。旧机动车评估人员需利用这些评估方法和步骤，从而完成国产或进口旧机动车的评估。

学习引导

本学习任务沿着以下脉络进行学习：

利用资料的现行市价法的运用 → 重置成本法的具体运用 → 旧机动车鉴定评估案例

一、相 关 知 识

(一)现行市价法的运用

1. 行业发展基本情况

随着人民生活水平的不断提高,国家相关政策的不断深入,在《商务部关于促进汽车流通业"十二五"发展的指导意见》引导下,近年来,我国旧机动车流通行业得到较快发展,新型流通方式不断涌现,营销服务能力日益增强。2012 年,旧机动车交易量规模快速增长,行业发展呈良好态势。

1)2012 年旧机动车流通行业发展情况

(1)行业规模不断扩大,促进了汽车消费。

据对全国 975 家经营面积 3000m^2 以上的旧机动车交易市场调查统计,截至 2012 年底,其场内旧机动车流通企业已达到 32051 个,经营面积 2381 万 m^2,同比增长 16.9%。其中交易大厅面积为 132 万 m^2,同比增长 7.3%,从业人员 175390 人,同比增长 11%,其中市场管理和服务人数为 19965 人,同比增长 0.2%,见表 4-1。

旧机动车交易市场基本情况表　　　　　　表 4-1

年份	经营面积（万 m^2）	交易大厅面积（万 m^2）	驻场企业数（个）	交易量（万辆）	交易额（亿元）	从业人员（人）	市场人员（人）
2012	2381	132	32051	794	3593	175390	19965
2011	2037	123	32549	682	2933	157960	19918

2012 年,旧机动车交易额为 3593 亿元,同比增长 22.5%,交易量达到 794 万辆,同比增长 16.4%,增速高出同年新车销售 12.1 个百分点,相当于新车销售的 41%。其中,北京地区旧机动车交易量首次超过新车。旧机动车流通规模的快速增长,促进了循环消费,推动了汽车市场发展,并为社会提供了更多的就业岗位,社会效益不断显现。

(2)行业结构逐步优化,增强了发展实力。

从集中度来看,交易量排名前 100 家旧机动车市场交易量为 395 万辆,同比增长 19%,占总交易量的 49.8%;交易量排名前 10 家的交易量为 141 万辆,同比增长 36.8%,高出全国平均水平 20.4 个百分点,占总交易量 17.8%,比 2011 年增加 2.7 个百分点;交易量排名第一的市场交易 45 万辆,同比增长 24%,占总交易量的 5.6%,比 2011 年提高了 0.5 个百分点,市场集中度有所提高,行业引领作用明显增强。

从前 100 家旧机动车市场地区分布来看(表 4-2),经济较发达、汽车产业发展较成熟地区的大型旧机动车市场更多,其中江苏省占据了其中的 16 家,河北省 9 家,上海市 8 家,广东、四川、浙江均是 7 家。

2012年交易量前100家旧机动车交易市场地区分布表　　　　表4-2

省市	市场数量（家）	交易量（万辆）	交易额（亿元）
江苏	16	41	225
河北	9	23	78
上海	8	34	189
广东	7	18	83
四川	7	35	47
浙江	7	25	188
北京	6	62	415
山东	6	43	51
深圳	4	13	124
其他省份	30	102	484

从交易规模看，交易规模在10万辆以上的市场由2011年的3家增至6家，其交易额为436亿元，占总交易额的12.1%，交易量超过100万辆，占交易总量的14%；1万～10万辆之间的市场208家，同比增长16.2%，交易额2104亿元，占比58.6%，交易量430万辆，同比增长16.2%，占总交易量的54.2%；1万辆以下的市场761家，占比78.1%，交易额1052亿元，占比29.3%，交易量253万辆，同比增长0.8%，占比31.9%，见表4-3。

按交易规模划分旧机动车交易市场交易情况　　　　表4-3

规模	市场数（家）	市场数占比（%）	交易量（万辆）	交易量占比（%）	交易额（亿元）	交易额占比（%）
10万辆以上	6	0.6	111	14	436	12.1
5万～10万辆	8	0.8	53	6.7	293	8.2
1万～5万辆	200	20.5	378	47.6	1811	50.4
1万辆以下	761	78.1	253	31.9	1052	29.3

从区域发展看，东部地区引领着行业发展，其旧机动车交易量为475万辆，同比增长18.5%，占总交易量的59.9%；西部地区交易量为148万辆，同比增长17.8%，高于行业平均水平，占总交易量的18.6%；中部地区和东北地区发展势头与东部和西部相比存在一定差距，有待进一步释放发展潜力，见表4-4。

按地区划分旧机动车交易市场交易情况　　　　表4-4

规模	市场数（家）	市场数占比（%）	交易量（万辆）	交易量占比（%）	交易额（亿元）	交易额占比（%）
东部	401	41.1	475	59.9	2361	65.7
中部	218	22.4	101	12.7	401	11.2
西部	250	25.6	148	18.6	494	13.8
东北	106	10.9	69	8.7	335	9.3

此外，从交易车型看，乘用车、私家车成为旧机动车交易主流。据中国汽车流通协会对500余家旧机动车交易市场统计，二手乘用车、私家车分别占总交易量的6成和8成以上。

从交易车辆车龄看,使用年限在3年以内的旧机动车占交易量的21.3%,比2011年高出3个百分点,使用3~10年的旧机动车占71.8%,比2011年下降3.5个百分点,使用超过10年的与2011年基本持平,旧机动车交易向低龄化发展。

(3)市场服务功能日益提升,发挥了主渠道作用。

旧机动车交易市场已成为我国旧机动车交易的集散中心、流通主渠道、价格发现和形成作用日益明显,同时,在升级改造等政策引导和市场发展推动下,旧机动车交易市场积极转变发展方式、创新经营理念,服务意识明显增强。一是服务功能逐步改善,相关设施设备不断完备,鉴定评估、转移登记、金融、保险等服务功能得到拓展,为消费者提供通畅便捷的一站式服务;二是车辆交易透明度明显增强,通过设立电子显示屏、触摸式查询机、展示车上张贴表格等形式,方便消费者查询车辆信息,促进放心消费;三是逐步向综合服务平台升级,从出租场地收取进场费、摊位费、过户费的传统模式向集中展示、销售、置换、拍卖、信息、结算、交易集散、综合服务中心为一体的综合服务平台转化。

(4)新型经营模式不断涌现,激发了市场活力。

近年来,品牌旧机动车经销、置换、拍卖、旧机动车认证服务等先进的交易模式不断涌现并逐渐走向成熟。一是品牌旧机动车经营稳步推进。目前,已有20多家乘用车供应商推出了旧机动车置换业务,经营规模呈增长态势,一些企业旧机动车置换量已接近其新车销售量的10%;一批"旧机动车连锁经营"、"品牌旧机动车卖场"、"旧机动车专营精品店"开始在市场显露活力,积极发展连锁经营网点,并出现了集买卖、置换、延保、金融等一体的旧机动车超市,为消费者提供了多种品牌选择。二是认证旧机动车成为经营新理念。知名品牌乘用车品牌陆续推出旧机动车认证业务,有的汽车交易市场专门开辟了展销区,率先引入经过第三方评估的认证旧机动车业务。三是拍卖业务快速发展。由于旧机动车拍卖具有集散资源、消费者能获取最大利益等特点,无论是基于互联网技术的网上竞价拍卖,还是从事专业旧机动车线下实物拍卖,都开始受到市场关注,尤其是网上竞价拍卖及时、便捷,并不受地域限制,业务量增长迅速。

用现行市价法评估旧机动车时,首要的是要有一个发育完善的旧机动车市场。只有这样的市场才能提供参照物以及交易价格的可靠资料,从目前的旧机动车市场发展情况来看,应用现行市价法是最为快捷和合理的评估方法。但是,当被评估车辆是唯一的市场交易车辆时,现行市价法就不可行,这就是说有市无价,现行市价法就不能用。另外,采用现行市价法评估旧机动车的原地继续使用价值时,根据市场确定的评估车辆的市场价值,就是公平市场价值。

2)2011年最佳保值率车型

旧机动车的保值率,就是指某款车型在使用一段时期后,将其卖出的价格与先前购买价格的比值。它取决于汽车的性能、价格变动幅度、可靠性、配件价格及维修便捷程度等多项因素,是汽车综合水平的体现。保值率高的车型的优势在于它的价格受降价风潮的影响不大,使消费者承受较小的因产品贬值而造成的经济损失。

SUV凭借内部空间大、底盘高、视野开阔的特性,受到越来越多的消费者喜爱,尤其是换购人群青睐。在SUV市场上,品牌种类越来越丰富,都市型SUV销量增速明显。整体来看,SUV市场份额在不断提高,仍然有很大发展空间。SUV车型保值率也呈现新的特点。在SUV保值率较高的名单中,中高端的SUV保值情况更加优秀,主要以合资品牌为主。日系车因较高的性价比，入围品牌较多，如：东风日产逍客、CR-V思威、丰田RAV4和普拉多拥有领先的销量和市场保有量。上海大众途观和奥迪Q5作为大众SUV车型的代表，体现了德系车的优秀保值情况，在新车市场上销售紧俏，在旧机动车市场上价格也比较高，保值率排名靠前，见表4-5。

国产车型保值率排行榜　　　　　　　　表4-5

	1年保值率					
	A00级		A0级		A级	
1	乐驰	63.15%	POLO两厢	75.20%	速腾	77.01%
2	奇瑞QQ3两厢	62.59%	爱唯欧三厢	73.34%	明锐	76.93%
3	北斗星	59.32%	CrossPOLO	72.59%	朗逸	76.47%
4	比亚迪F0	58.83%	爱唯欧两厢	72.28%	宝来三厢	75.93%
5	瑞麒X1	57.14%	嘉年华两厢	71.71%	锋范	75.80%
6	雅力士	57.11%	玛驰	71.66%	高尔夫	75.78%
7	海马王子	56.82%	瑞纳三厢	71.21%	现代i30	75.73%
8	小贵族	55.87%	POLO劲取	70.02%	英朗GT	75.69%
9	瑞麒M1	55.73%	骏捷FSV	69.44%	马自达3星骋	74.50%
10	江淮悦悦	54.53%	秀尔	69.18%	荣威550	74.40%
	B级		C级		SUV	
1	大众CC	77.58%	奥迪A6L	75.98%	奥迪Q5	73.83%
2	宝马3系	76.23%	林荫大道	75.16%	途观	73.77%
3	锐志	76.00%	宝马5系	74.31%	普拉多	72.07%
4	沃尔沃S40	75.36%	赛威SLS	73.78%	CR-V思威	71.92%
5	标致508	75.23%	皇冠	71.94%	黑金刚	71.49%
6	迈腾	74.97%			奇骏	71.38%
7	领翔	74.72%			兰德酷路泽	70.97%
8	奥迪A4L	74.64%			现代ix35	70.42%
9	逸致	74.62%			纳智捷大7	69.99%
10	传祺GA5	74.20%			汉兰达	68.23%
	3年保值率					
	A00级		A0级		A级	
1	长城精灵	50.10%	POLO两厢	60.78%	明锐	64.76%
2	小贵族	48.61%	嘉年华两厢	59.80%	速腾	64.73%
3	雅力士	48.51%	玛驰	59.38%	高尔夫	64.47%
4	乐驰	47.64%	CrossPOLO	59.00%	朗逸	63.80%
5	长安奔奔	45.60%	POLO劲取	58.80%	英朗GT	63.42%
6	北斗星	43.88%	秀尔	58.59%	锋范	63.01%
7	奇瑞QQ6三厢	42.50%	天语SX4两厢	58.02%	捷达	62.66%
8	奥拓	42.23%	嘉年华三厢	57.19%	宝来三厢	62.05%
9	瑞麒X1	42.11%	威驰	57.13%	骐达	61.70%
10	奇瑞QQ3两厢	41.25%	晶锐	56.42%	荣威550	61.64%

续上表

	3年保值率					
	B 级		C 级		SUV	
1	锐志	65.81%	奥迪 A6L	64.34%	途观	69.89%
2	雪铁龙 C5	65.63%	林荫大道	62.36%	奥迪 Q5	69.63%
3	迈腾	64.97%	赛威 SLS	60.90%	CR-V 思威	67.49%
4	宝马3系	64.05%	皇冠	59.64%	奇骏	66.92%
5	思铂睿	63.45%	宝马5系	59.34%	现代 ix35	65.57%
6	奥迪 A4L	63.37%			黑金刚	65.36%
7	领驭	62.99%			普拉多	65.35%
8	昊锐	62.98%			兰德酷路泽	64.66%
9	名爵7系	62.92%			汉兰达	64.27%
10	大众 CC	62.82%			丰田 RAV4	64.13%
	5 保值率					
	A00 级		A0 级		A 级	
1	小贵族	43.65%	嘉年华两厢	47.78%	朗逸	54.66%
2	乐驰	39.22%	飞度两厢	46.38%	锋范	52.78%
3	雅力士	39.14%	天语 SX4 三厢	45.77%	速腾	51.83%
4	奥拓	36.06%	威驰	45.43%	荣威 550	50.31%
5	长城精灵	33.45%	天语 SX4 两厢	45.18%	颐达	49.98%
6	长安奔奔	33.44%	晶锐	45.09%	世嘉两厢	49.91%
7	北斗星	32.53%	马自达2 两厢	44.28%	悦动	49.86%
8	奇瑞 QQ6 三厢	32.32%	POLO 劲情	43.84%	轩逸	48.29%
9	豪情	30.02%	POLO 劲取	43.25%	世嘉三厢	48.27%
10	爱迪尔	27.90%	嘉年华三厢	42.09%	福美来三厢	47.93%
	B 级		C 级		SUV	
1	锐志	56.15%	奥迪 A6L	51.69%	奇骏	58.40%
2	迈腾	53.53%	皇冠	50.89%	CR-V 思威	58.19%
3	宝马3系	52.34%	宝马5系	48.46%	普拉多	56.20%
4	蒙迪欧	51.41%	赛威 SLS	47.77%	黑金刚	55.59%
5	领驭	51.36%	林荫大道	47.03%	兰德酷路泽	53.20%
6	雅阁	49.81%			圣达菲	49.61%
7	名爵7系	49.35%			帕杰罗	49.61%
8	睿翼	49.21%			逍客	48.40%
9	奔腾 B70	49.06%			勇士	47.98%
10	御翔	48.09%			途胜	47.88%

A级车该级别细分市场中车辆轴距在2500～2650mm之间，发动机排量多在1.6～2.0L，价格多在10万～20万元，因为能满足一般家庭的多种用车需求，而被众多消费者认可，成为车市主流。其中具有代表性的例如伊兰特、速腾、宝来、凯越、福克斯、福美来、马自达3、标致307就属于A级轿车。有个别车型如本田思域和荣威550，轴距甚至超过了2700mm，几乎达到了B级车的数据范围，但是参考其品牌的市场定位，将其划分为A级车细分市场。

上海大众的朗逸和明锐外观时尚大气，内饰配置较丰富、品质比较优秀，符合国内消费者的用车习惯。市场保有量巨大，保值率表现优秀。东风日产的轩逸内部空间大，舒适性较好，性价比较高，使用5年后的保值率依然在50%以上，属于保值车型。

3）2013年旧机动车交易信息排行榜

2013年第45周（11月4日—11月10日），全国旧机动车交易总量（出售量）排行榜。（包括北京、上海、广东、重庆、四川、福建、辽宁、浙江、江苏、安徽、湖南、湖北等旧机动车源发布的省区直辖市），前20名的厂商车型见表4-6。

2013年旧机动车交易排行榜 表4-6

交易量排名	厂商	车型	交易量百分比
1	一汽大众奥迪	A6L	2.81%
2	一汽大众奥迪	A4L	1.55%
3	上海通用别克	凯越	1.46%
4	上海大众	帕萨特	1.28%
5	广汽丰田	凯美瑞	1.12%
6	广汽本田	雅阁	1.09%
7	上海大众	桑塔纳Vista	1.09%
8	上海通用别克	君越	1.07%
9	一汽大众奥迪	Q5	1.07%
10	长安福特	福克斯	1.05%
11	保时捷	卡宴（进口）	1.02%
12	华晨宝马	523Li	0.97%
13	一汽大众	宝来	0.94%
14	华晨宝马	320i	0.91%
15	宝马	X5（进口）	0.87%
16	一汽大众	迈腾	0.86%
17	上海大众	朗逸	0.86%
18	上海通用别克	君威	0.86%
19	路虎	神行者（自由人）（进口）	0.79%
20	一汽大众	速腾	0.78%

注：以上数据来源于51汽车网车型发布统计，数据仅供参考。

2. 现行市价法的基本程序

1）现行市价法的特点

（1）因为现行市价法的基本数据都来源于旧机动车市场,能客观地反映旧机动车市场目前的情况。其评估的参数、指标直接从旧机动车市场获得,所以能较客观地反映旧机动车市场的价值,并能充分反映旧机动车的各种贬值,评估结果易于被各方理解和接受。当被评估车辆的销售市场很活跃,并能提供参照物市场交易价格的可靠资料时,现行市价法是最有效的评估方法之一。

（2）现行市价法需要有公开及活跃的旧机动车市场作基础,但我国目前旧机动车市场除少数大城市外,广大的中、小城市旧机动车市场并不活跃,也很不完善,要寻找到参照物有一定的困难。

（3）当被评估车辆与参照物之间可比较因素较多时,比较起来也较复杂。即使是同一厂家生产的同一型号的车辆,且同一天注册登记,由于不同的车主使用,其使用条件、使用强度、维护的水平等不同也不可能完全一样,其实体差异都不会相同,比较起来很繁杂,难以掌握。

现行市价法的三种方法中,最简单、最直接的是直接比较法,其能够最客观、精确地反映旧机动车市场价值,也是在评估中首选的方法。

2）现行市价的基本程序

采用现行市价法评估旧机动车价值时,一般可按如下程序进行。

（1）收集资料。收集被评估对象的资料,包括车辆的类别、型号、性能、生产厂家;了解车辆的使用情况、已使用年限,鉴定车辆现时的技术状况等。

（2）选定旧机动车市场上相同或相似的参照物。所选的参照物必须具有可比性。参照物与被评估对象完全相同的很难找,一般都存在一些差异,只要存在差异,就应进行调整。

（3）分析、比较。将参照物与被评估对象进行比较,分析它们之间存在的差异,确定其差异程度,并进行调整。调整是针对参照物进行的,而不能对被评估对象进行调整,因为参照物已有了市场交易价格。主要是针对其价格进行调整,确定需调整的比较因素及其调整系数。

（4）计算被评估对象的评估值。在分析比较的基础上,确定比较因素,并将各因素的调整系数确定后,代入有关计算式进行评估值的计算,最终获得评估结论。

3. 运用举例

1）奥迪A41.8TAT旧机动车评估

（1）车辆基本信息。

评估车型:奥迪A41.8TAT　　　　　　登记日期:2005年5月

新车包牌价格:2008款近似配置33万元　　表征行驶里程:6万km

养路费:缴纳至2008年12月　　　　　　车船税:缴纳至2008年

保险:强制第三者险缴纳至2008年5月

用户情况:个人用户车辆置换出售,希望价格25万元

（2）静态检查。车辆有多处轻微的划痕,尤其是驾驶员车门把手位置比较明显;车架连接部分检查没有异常情况;车辆内饰整齐,由于国产组装部件比较多,做工明显不如2003年

之前的原装车型,但是使用的整体状况良好,各个部件操作正常;发动机舱内线路正常,发动机和变速器等重点部分没有渗漏痕迹,各个管线接口正常,没有老化痕迹;底盘系统完整,两侧边有轻微的石子划痕,变速器和发动机护板完整,制动片磨损正常,轮胎磨损正常。

(3)动态检查。车辆起动后发动机抖动不明显,噪声略高,怠速状况下车辆转速稳定性较好,换挡行驶中车辆的变速器接合正常,但是在2—3挡变换中有轻微闯动迹象,半制动后发动机转速有突然上升的迹象,变速器节流阀体或变速器油需要检查。

(4)综合评定。

第一评估师意见:车辆总体状况良好,使用磨损不是很明显,相对来说,1.8T 发动机的后期维护费用,尤其是增压器问题将影响车辆的最后成交价格,近期市场这款车比较多,竞争比较激烈,根据市场行情,建议成交价格在 22 万~23.5 万元之间比较合理。

第二评估师意见:2004 年之前,对于奥迪 A4 这类车型来说,可以说没有明显的竞争对手,良好的运动气质和奥迪 A6 所带来的奥迪品牌的"官派"成为主要卖点,但是现阶段宝马新 3 系列、奔驰 C 系列、雷克萨斯 IS 系列等竞争对手层出不穷,不论是价格还是品牌都给 A4 带来了不小的压力,根据市场行情分析,这款车的最终成交价格应该在 22 万元左右比较合理。

总评估师意见:奥迪系列在市场内的主要车型还是以 A6 为主,相对来说,A4 系列性价比一般,一些个性化用户尤其是旧机动车用户往往更愿意选择比较有"自由气质"的车型,比如宝马 3 系列、斯巴鲁翼豹、雷克萨斯 IS 等车型,这些车辆的性价比并不比奥迪 A4 差很多,所以市场总体的竞争优势并不明显。另外,由于新款不断推出,新车价格不断下降,最终造成成交价格下降,根据市场近期行情,利用现行市价法直接比较(2005 年一汽生产的奥迪的相关价格见表 4-7),建议成交价格在 20 万~23 万元之间比较合理。

2005 年生产的奥迪的相关价格　　　　　　　表 4-7

车型款式	收购价（万元）	中间价（万元）	销售价（万元）	新车价（万元）	排量（L）	变速方式
奥迪新 A4-1.8T-MT 标准型	17.00	18.50	20.00	27.2	1.8	5 挡手动
奥迪新 A4-1.8T-MT 舒适型	17.00	18.50	20.00	—	1.8	5 挡手动
奥迪新 A4-1.8T-CVT 标准型	19.80	20.60	21.40	29.44	1.8	CVT 无级变速
奥迪新 A4-1.8T-CVT 舒适型	19.80	20.60	21.40	30.82	1.8	CVT 无级变速
奥迪新 A4-1.8T-CVT 舒适 II 型	20.20	21.01	21.83	32.55	1.8	CVT 无级变速
奥迪新 A4-1.8T-CVT 技术型	20.59	21.42	22.26	34.37	1.8	CVT 无级变速
奥迪新 A4-1.8T-CVT 豪华型	20.79	21.63	22.47	36.53	1.8	CVT 无级变速
奥迪新 A4-1.8T-CVT 豪华 II 型	20.79	21.63	22.47	36.76	1.8	CVT 无级变速

2)帕萨特领驭旧机动车评估

(1)车辆基本信息。

品牌:帕萨特领驭　　　　　　　　　型号:1.8T 手动挡

车辆类型:轿车　　　　　　　　　　国产/进口:国产

制造厂名称:上海大众　　　　　　VIN号:LSVCF9F562347****
发动机号:412****　　　　　　　发动机型号:直列4缸
车身颜色:黑色　　　　　　　　　燃油种类:汽油
排量/功率:1.8T　　　　　　　　出厂日期:2007年2月

(2)手续、规费情况:行驶证、机动车登记证书、购置费、养路费发票齐全,自用一手车。

(3)车辆配置:中控门锁,电动门窗,电动后视镜,液压助力,ABS,EBD,CD,助力转向,卤素大灯、安全带预收紧功能、双气囊、手动空调、真皮座椅。

(4)静态检查:此车从外表看,没有伤痕,车底无漏油漏水现象,发动机的卫生也不错,各油管接口也无漏油现象,无碰撞痕迹。可见无安全事故问题。车辆内部整齐,各部件位置正常,功能良好,没有发现有改动过或翻新的痕迹。备胎、千斤顶完好,轮胎磨损一般,制动片正常。

(5)动态检查:车辆起动后,发动机抖动和噪声状态基本正常,车内感觉比较舒适;空调起动后,发动机运转声音略有提升。变速器结合动力基本正常,挡位清晰,转向准确,轮胎抓地力稳定,各部件工作基本正常,车辆制动系统工作正常,变速器状态良好。

(6)综合评定:根据静态与动态的综合评定,利用现行市价法直接比较,2007年生产的帕萨特领域的价格见表4-8。此车的销售价是人民币16万元左右。

上海大众帕萨特领域的价格　　　　　　　　　　　表4-8

车型款式	2007年生产					
	收购价 (万元)	中间价 (万元)	销售价 (万元)	新车价 (万元)	排量 (L)	变速方式
领驭1.8T-MT舒适型	15.50	15.95	16.40	21.08	1.8	5挡手动
领驭1.8T-MT豪华型	15.81	16.27	16.73	22.88	1.8	5挡手动
领驭1.8T-A/MT舒适型	17.00	17.60	18.20	22.88	1.8	5挡手自一体
领驭1.8T-A/MT豪华型	17.34	17.95	18.56	24.28	1.8	5挡手自一体

(二)重置成本法的具体运用

1.重置成本法的公式选用

重置成本法就是指以评估基准日的当前条件下重新购置一辆全新状态的被评估车辆所需的全部成本(即完全重置成本,简称重置全价),减去该被评估车辆的各种陈旧性贬值后的差额作为被评估车辆评估价格的一种评估方法。

1)重置成本法的理论依据与计算公式

$$被评估车辆的评估值 P = 重置成本 R_c - 实体性贬值 Z_s - 功能性贬值 Z_g - 经济性贬值 Z_j$$

$$被评估车辆评估值 P = 重置成本 R_c \times 成新率 C$$

2)重置成本法计算

(1)市场上有与待评估车品牌、型号和配置完全相同的新车出售,利用下列公式进行计算：

$$重置成本\ R_c = 新车售价\ S + 车辆购置税\ T$$

$$车辆购置税\ T = 计税价\ P_J \times 10\% = [新车售价\ S \div (1 + 17\%)] \times 10\%$$

(2) 待评估车已经停产，市场上有类似车辆出售，利用下列公式进行计算：

$$重置成本\ R_c = 新车售价\ S - 单车成本变动值\ K + 车辆购置税\ T$$

(3) 市面上完全找不到与待评估车辆类似的车辆，利用下列公式进行计算：

$$重置成本\ R_c = 待评估车辆历史成本 \times (1 + 物价变动指数)$$

3) 旧机动车成新率的确定

旧机动车成新率是表示旧机动车的当前功能或使用价值与全新机动车的功能或使用价值相比所占的比率，也可以理解为旧机动车的现时状态与机动车全新状态的比率，是反映旧机动车新旧程度的指标。

(1) 使用年限法。使用年限法是建立在以下两个假设之上：首先旧机动车在整个使用寿命期间，实体性损耗是随时间的递增呈线性递增的。其次，旧机动车价值的降低与其损耗的大小成正比。由此不难得出使用年限法确定旧机动车成新率的数学表达式为：

$$成新率 = 1 - 各年折旧率之和 = 1 - 总折旧率$$

$$成新率 = \left(1 - \frac{已使用年限}{规定使用年限}\right) \times 100\%$$

$$T_{折} = \frac{L_{总}}{L_{年均}}$$

(2) 技术鉴定法。技术鉴定法是指评估人员在对旧机动车辆进行技术观察和技术检测的基础上，判定旧机动车的技术状况，再以评分的方法或分等级的方法来确定成新率的方法。

① 部件鉴定法，查表 3-3 确定权重 K。

$$C = \sum_{i=1}^{n} C_p i \quad C_p i = 部件成新率\ C_i \times 部件权重\ K_i$$

部件鉴定法特点：费时费力，但可信度高。

② 全面检查——1000 分检查，见表 2-1 ~ 表 2-3。千分检查特点：全面细致，更加费时费力。

③ 整车观测分析法查表 3-4。需要有一定的经验，相对比较粗略。

(3) 综合分析法。为了使评估结果更加准确、客观，综合分析法以使用年限法为基础，再综合考虑对旧机动车价值影响的多种因素，以系数调整来确定成新率。

$$成新率 = \left(1 - \frac{已使用年限}{规定使用年限}\right) \times 调整系数 \times 100\%$$

调整系数见表 3-5。

车辆技术状况：取值范围为 0.6 ~ 1.0。

车辆维护状况:取值为0.7~1.0。
车辆制造质量:取值范围为0.8~1.0。
车辆用途:取值为0.7~1.0。
车辆工作条件:车辆长期在国家等级三级以上公路上行驶时,该系数取值为1;在四级公路,好路率在30%~50%的道路上行驶时,该系数取值为0.9;在国家登记外道路,好路率在30%以上道路上行驶时,该系数取值0.8。

2. 重置成本法计算流程

重置成本不高的老旧车辆,可采用使用年限法估算其成新率;对于重置成本价值中等的车辆,可采用综合分析法;对于重置成本价值较高的车辆,可采用技术鉴定法(如部件鉴定法和千分法)。

3. 运用举例

1)桑塔纳2000时代超人评估

(1)车辆基本信息。

评估车型:桑塔纳2000时代超人　　上牌时间:2000年4月
行使里程:100000km　　颜色:黑色
排量:1.8L　　变速器形式:手动挡
年检到期时间:2009年4月　　保险到期时间:2009年3月
养路费到期时间:2008年4月　　新车价格:10.5万

(2)车况。

①车外观:该车漆面有略微修补和喷漆的现象,打开车门,随后观察了该车的前后保险杠、翼子板、各块玻璃、A柱、B柱、C柱、后视镜、各个饰条等,都没有出现喷漆的现象,门下裙部、各个灯光及灯缝、尾箱盖及缝,总体来说该车外观维护比较干净、整齐。打开车门,内饰比较清楚。所以车的整体外观和内饰都比较好。因此,从该车的外观看来,车况还是比较好的。

②观察发动机室:打开发动机罩,整个发动机室还算清洁,纵梁、横梁、水箱框架、挡火墙等没有出现变形或重新焊接的迹象,以及观察固定螺栓情况,可以证明该车没有发生碰撞;线束及接头线盒布置清楚、整齐;因为是2000年的车,内饰略有老化,发动机、水箱、变速器均没有出现漏油、漏水情况。

③车厢内部:观察该车厢内部,发现该车的转向盘、仪表及台、座椅、头枕、扶手箱、门边饰板、顶篷、底板等都比较干净,可以看出,车主在维护方面比较用心,是比较爱护车的。

④试车检查:起动发动机,听发动机声音,发动机发出的声音正常,很顺。在开车前,检查了排烟情况,排气味道无异臭,也无出现黑烟。在行驶中,该车的噪声比较小,总体的隔音效果在同类价位的车型中也是比较好的。打开空调,冷暖效果都不错。检查各个仪表灯和仪器,都正常,效果良好。制动性能良好。在加速时,该车的操纵性能、平稳性能、平顺性能及舒适性都良好,怠速也正常,加速也有力,动力不错。但是此车年限比较早,所以发动机内部部分零件有点老化。总体性能不错。

(3)车主自述。车主说该车绝对没有发生过事故,而且是个人一手车,平时比较注意维护,没有加装任何配置。客户的心里价位大概在5万元。

(4)评估计算过程:由于车辆比较老旧,所以直接利用年限法计算评估价格。评估日期为 2009 年 4 月。

使用年限 = 9 × 12 = 108 个月

车辆购置税 T = 计税价 P_J × 10% = [新车售价 S ÷ (1 + 17%)] × 10%

$$= \frac{105000}{1 + 17\%} \times 10\% = 8974.4$$

重置成本 R_c = 新车售价 S + 车辆购置税 T = 105000 + 8974.4 = 113974.4

成新率 = $\left(1 - \frac{已使用年限}{规定使用年限}\right) \times 100\% = \left(1 - \frac{108}{180}\right) \times 100\% = 0.4$

被评估车辆评估值 P = 重置成本 R_c × 成新率 C = 113974.4 × 0.4 = 45589.8 元

(5)综合评定:该车总体性能比较好。市场的认可度、市场占有率和市场保值率也比较高。该车市场需求量也比较高。因此,给该车的评估价在 4.6 万元。

2)一汽丰田锐志旧机动车评估

(1)车辆基本信息。

品牌:天津一汽丰田　　　　　　型号:2.5L 超级运动版

车辆类型:轿车　　　　　　　　国产/进口:国产

制造厂名称:天津一汽丰田汽车制造厂 VIN 号:LFMBE20D980******

发动机号:C28****　　　　　　发动机型号:2.5L V 形 6 缸 VVT-i

车身颜色:黑色　　　　　　　　燃油种类:汽油

排量/功率:2.5L　145kW/6200r/min　出厂日期:2008 年 09 月

(2)手续、规费情况:手续齐全,车辆可随时过户,已缴付购置附加税,商业保险到 2009 年 09 月,车船使用税已与交强险一起交付。评估日期为 2009 年 3 月。

(3)配置:动力方面,锐志搭载 2.5L V 形 6 缸顶置双凸轮轴电喷 24 气门 VVT-i 发动机,最大功率 145kW/6200r/min,最大转矩 242N·m/[4400r/min]。搭载了技术先进的 6 挡手自一体变速器。此车为前置后驱车辆,动力输出平顺而澎湃,加速响应迅速而灵敏,操作也比较简捷。最高时速可达 225km/h 以上。装备及安全配置方面,锐志的配置比较齐全,GOA 安全车身,装备了正副安全气囊、智能钥匙及一键起动系统、遥控钥匙、电子防盗还有车内中控锁等。此外,锐志还装备了膝部气囊,为保护乘客腿部安全提供了保证。悬架(前/后):双叉杆式悬架/多连杆式悬架。制动装置形式(前/后):通风盘式/实体盘式,VSC + TRC(车身稳定性控制系统 + 牵引力控制系统)、制动辅助系统(BA)、ABS(带 EBD)、前扰流板扰流尾翼、全车防紫外线玻璃、后车窗及后车座车窗浅色隐私玻璃、氙气前照灯(带自动水平调节及前照灯清洗装置)、前排座 8 向电动调节装置(驾驶员带电动腰靠)、左右独立式自动空调(带空气过滤装置)、真皮座椅、六碟连放 CD。

(4)静态检查:车辆整体外观良好,车身无轻微划痕,无重大故障痕迹,车内干净,内饰成色很新;表显里程数也和实际车况相符,行驶里程:15000km;照明灯光、仪表显示、功能控制件全部正常有效,无明显渗油迹象;底盘无刮痕,制动、悬架系统各零件均正常。该车的内外状况如图 4-1 至图 4-3 所示。

图4-1 汽车的外观情况照片(前部)

图4-2 汽车的外观情况照片(后部)

(5)动态检查:锐志的 V6 发动机与 6AT 变速器配合得相当完美,从起步到加速到高速行驶,感觉不到一点顿挫感,车辆起动后发动机怠速状态平稳,密封性好,车内噪声很小,起步踩加速踏板提速测试,感觉该车爆发力较好,试驾过程中发现车辆助力转向较轻松,制动性能表现良好,传动系统和悬架系统等均正常,车辆在低、高速行驶过程中的动力均正常,减振效果不错。

(6)评估计算过程:由于此车使用 6 个月左右,基本属于新车,而且目前市场价格是 23.58 万~26.58 万元,属于中高价位的车,所以采用部件鉴定法评估计算。

使用年限 = 6 个月(按照评估日期 - 登记日期);新车价格取:23.58 万元;

$$\begin{aligned} 车辆购置税\ T &= 计税价\ P_J \times 10\% \\ &= [新车售价\ S \div (1 + 17\%)] \times 10\% \\ &= \frac{235800}{1 + 17\%} \times 10\% = 20153.8 \end{aligned}$$

图4-3 汽车的内部情况照片

重置成本 R_c = 新车售价 S + 车辆购置税 T = 235800 + 20153.8 = 255953.8 元

由于使用时间不长,所以各个部件均给较高的成新率,部件权重见表4-9。

乘用车部件鉴定法的权重值　　　　　　　表4-9

车辆各主要总成、部件名称	价值权重(分数) 乘用车	车辆各主要总成、部件名称	价值权重(分数) 乘用车
发动机及离合器总成	26	车架	0
变速器及传动系总成	11	车身	28
前桥、前悬架及转向系	10	电器仪表	7
后桥及后悬架总成	8	轮胎	4
制动系统	6		

$$C_{pi} = 部件成新率\ C_i \times 部件权重\ K_i$$
$$= 0.90 \times 26\% + 0.92 \times 11\% + 0.98 \times 10\% + 1.0 \times 8\% + 0.95 \times 6\% +$$
$$0.90 \times 28\% + 1.0 \times 7\% + 0.95 \times 4\%$$
$$= 0.234 + 0.1012 + 0.098 + 0.08 + 0.057 + 0.252 + 0.07 + 0.038 = 0.9302$$

$$成新率 = \left(1 - \frac{已使用年限}{规定使用年限}\right) \times 100\% = \left(1 - \frac{6}{180}\right) \times 100\% = 0.967$$

值得注意的是,用部件鉴定法计算的成新率应该小于使用年限法计算的成新率。

被评估车辆评估值 P = 重置成本 $R_C \times$ 成新率 $C = 255953.8 \times 0.9302 = 238088.3$ 元

(7)综合评定:锐志的驱动形式在中级车中独树一帜,为前置后驱形式,这样的布局为锐志造就了理想的车身配重平台,可以说,锐志天生就是运动胚子,是同级别车中唯一的一款 FR 轿车,不管是动力性还是操控性都是 FF 轿车无法比拟的。此车辆状况属于较好,关键是只使用了 6 个月,车架、发动机、变速器、底盘状况都是相当不错的,这款锐志汽车应该是市场上比较热门的车型,根据市场行情分析,这辆车的评估价格应该在 23.8 万元左右。

3)宝马 5 系旧机动车评估

(1)车辆基本信息。

品牌:BMW　　　　　　　　　　出厂日期:2007 年 03 月
型号:新 5 系 525Li　　　　　　　车辆类型:三厢轿车
国产/进口:国产　　　　　　　　制造厂名称:华晨中国汽车控股有限公司
VIN 号:LBVNU57007SA93＊＊＊　车身颜色:雪山白
驱动形式:后驱　　　　　　　　　发动机号:N52B25BF＊02316＊＊＊
发动机型号:N52B25BF　　　　　排量:2497mL
压缩比:11.0　　　　　　　　　　最大功率(kW):160/6500
最大扭矩(N·m):250/2750　　　燃油种类:97 号以上无铅汽油
排放标准:欧Ⅳ　　　　　　　　　油耗(L/100km):市内 13.6;郊外 7.1
总平均:9.5
最高车速(km/h):242　　　　　　油箱容积(L):70
长/宽/高(mm):4981/1846/1477　轴距(mm):3028
手续、规费情况:行驶证、机动车登记证书、购置税证、养路费单、车船使用税、桥票等手续齐全

(2)车辆配置。

发动机:直列六缸汽油发动机,四气门,双凸轮轴可变气门正时控制系统;
变速器:带 Steptronic 六速手自一体变速器;
悬架(前/后):双球节控制臂前悬架系统/多连杆独立悬架;
制动装置形式(前/后):通风盘式制动系统;
转向系:带有 Servotronic 电子伺服式助力转向的主动转向系统;
轮胎类型与规格:225/50 R17;

其他配置：天窗、雨量传感器、底盘保护、前后座中央扶手、真皮座椅、前排座椅12方向调节、后座头枕、前后排座椅加热、定速巡航系统、电动调节多功能转向盘、ABS制动防抱死系统、驱动防滑系统、电子稳定程序、制动力自动分配、电子差速制动、循迹控制系统、动态稳定控制系统（DSC，带ABS和起动辅助）、胎压监测装置、氙气前照灯、高位制动灯、前雾灯、前灯自动清洗功能、车外灯光关闭延迟、泊车辅助系统、车载电视、6气囊气帘、安全带预收紧功能、后排安全带。

(3) 静态检查：全车外观良好，右尾灯有裂纹，无须维修；车内整洁，干净，真皮座椅有轻微磨损；配置非常丰富，并且各种舒适设备使用均正常。该车只使用了两年多，各项指标完全接近新车标准。

(4) 动态检查：发动机无渗油现象，舱内干净，起动轻松，发动机运转正常，怠速由高转低过程平顺，任何转速时都没有异响；空调效果非常好；起步平稳，加速轻盈，反应及时，加速性能非常好，转向系统精确，制动没有侧滑和跑偏，效果良好。综合该车现时状况鉴定此车为九成新车，宝马品牌口碑好，质量优良，操控精准，该车适合家庭、公司商务用，此车各项税费均有效。

(5) 评估计算：

华晨宝马也属于中高档车，目前市场价格见表4-10。

2007年出厂的华晨宝马5系的指导价格　　　　　　　　表4-10

年份(年)	厂商	品牌	型号	出售参考价	新车指导价
2007	华晨宝马	525Li	525Li-2.5-A/MT-后驱-典雅型-BMW7251BL	49.0万	55.86万
2007	华晨宝马	525Li	525Li-2.5-A/MT-后驱-豪华型-BMW7251BL	52.0万	61.2万
2007	华晨宝马	525Li	新5系-2.5-A/MT-后驱-豪华型-BMW7251DL	52.0万	62.56万

取新车价格：55.86万元，出厂日期：2007年3月，评估日期：2009年5月，利用综合分析法进行评估计算。

$$使用年限 = 2 \times 12 + 2 = 26 个月$$

$$车辆购置税 T = 计税价 P_J \times 10\%$$

$$= [新车售价 S \div (1 + 17\%)] \times 10\%$$

$$= \frac{558600}{1 + 17\%} \times 10\%$$

$$= 47743.6 元$$

$$重置成本 R_c = 新车售价 S + 车辆购置税 T$$

$$= 558600 + 47743.6 = 606343.6 元$$

计算综合调整系数：

由于此车使用两年零几个月，车辆技术状况良好，技术状况系数 $K_1 = 0.9$；

车辆维护良好，使用正常，有些小问题，故维护系数 $K_2 = 0.9$；

由于是华晨宝马 5 系车,各方面质量均不错,故制造质量系数 $K_3 = 1.0$;
由于是私家车,行驶里程不是很长,说明使用强度不高。车辆工作性质系数 $K_4 = 1.0$;
显然,此车辆长期在国家等级三级以上公路上行驶,所以车辆工作条件系数 $K_5 = 1.0$;

$K =$ 影响因素 $K_i ×$ 权重 $Q_i\%$
$= K_1 × 30\% + K_2 × 25\% + K_3 × 20\% + K_4 × 15\% + K_5 × 10\%$
$= 0.9 × 30\% + 0.9 × 25\% + 1.0 × 20\% + 1.0 × 15\% + 1.0 × 10\%$
$= 0.27 + 0.225 + 0.20 + 0.15 + 0.10$
$= 0.945$

$$\text{成新率} = \left(1 - \frac{\text{已使用年限}}{\text{规定使用年限}}\right) × 100\% = \left(1 - \frac{26}{180}\right) × 100\% = 0.856$$

被评估车辆评估值 $P =$ 重置成本 $R_c ×$ 成新率 $C ×$ 调整系数 K
$= 606343.6 × 0.856 × 0.945 = 490483.5$ 元

(6)综合评定:车辆维护情况良好,车况如新,车辆价格稳定,保值率高;维护修理价格高;车辆档次高,家用商务皆宜。车辆状况良好,现评估价格在人民币 49 万元左右。

4)雷克萨斯 LS460 标准版

(1)车辆基本信息。

评估车型:雷克萨斯 LS460 标准版   **登记日期**:2007 年 1 月
新车包牌价格:新款相似配置 125 万元   **表征行驶里程**:3.5 万 km
用户情况:车主换车,希望价格 105 万元

(2)静态检查:车辆给我们的感觉非常新,属于准新车类型,车辆外观状况基本良好,全车抛光打蜡之后光泽度良好,有轻微划痕,右后侧保险杠有碰撞痕迹;车门开合良好,行李舱没有修复痕迹,车架连接正常,焊点清晰,密封良好,做工材料好;驾驶舱内的配置丰富,甚至可以说是强大,整体的科技感良好,做工用料比国产日本车型要高出很多级别,没有修复和更换的痕迹;发动机舱内线路基本正常,内外侧没有任何修复痕迹,发动机和变速器没有渗漏迹象。

(3)动态检查:由于制动盘片磨损比较明显,车辆报警灯闪烁。整体的驾驶感觉非常好,虽然车辆尺寸较大,但是行驶过程中并没有传统德系车那种厚重和美国车的那种宽广,感觉比较平和。加速时充分感觉到了 V8 发动机的强劲以及车辆悬架设计的亚洲风格,人机一体化设计比较好,座椅、音响、空调等设计符合中国用户的口味,动态状况良好。

(4)评估计算过程:雷克萨斯 LS460 标准版价格区间:104.8 万~200.5 万元。
取新车价格:104.8 万元,登记日期:2007 年 1 月,评估日期:2009 年 5 月,利用技术鉴定法中部件鉴定法进行评估计算。

使用年限 $= 2 × 12 + 4 = 28$ 个月

车辆购置税 $T =$ 计税价 $P_J × 10\% = [$新车售价 $S ÷ (1 + 17\%)] × 10\%$
$$= \frac{1048000}{1 + 17\%} × 10\% = 89572.6 \text{ 元}$$

由于使用两年零几个月,所以除了车身以外,其他各个部件均给较高的成新率,部件权重与成新率见表 4-11。

部件成新率估算明细表

表 4-11

车辆各主要总成、部件名称	价值权重(分数)	部件成新率(%)	加权成新率(%)
发动机及离合器总成	26	85	22.1
变速器及传动系总成	11	80	8.8
前桥、前悬架及转向系	10	85	8.5
后桥及后悬架总成	8	90	7.2
制动系统	6	75	4.5
车架	0	0	0
车身	28	70	19.6
电器仪表	7	100	7
轮胎	4	80	3.2
合计			80.9

C_{pi} = 部件成新率 C_i × 部件权重 K_i
  = $0.85 \times 26\% + 0.80 \times 11\% + 0.85 \times 10\% + 0.9 \times 8\% + 0.75 \times 6\% + 0.70 \times 28\% + 1.0 \times 7\% + 0.80 \times 4\%$
  = $0.221 + 0.088 + 0.085 + 0.072 + 0.045 + 0.196 + 0.07 + 0.032 = 0.809$

重置成本 R_c = 新车售价 S + 车辆购置税 T = 1048000 + 89572.6 = 1137572.6 元

成新率 = $\left(1 - \dfrac{已使用年限}{规定使用年限}\right) \times 100\% = \left(1 - \dfrac{28}{180}\right) \times 100\% = 0.844$

被评估车辆评估值 P = 重置成本 R_c × 成新率 C = 1137572.6 × 0.809
  = 920296.2 元

（5）综合评定：对于这款车在行业内俗称"准新车"，一般来讲购买方是比较占便宜的，但是出售方的损失比较大，像雷克萨斯这个品牌的高端车至少要损失25%，因此我们一般不建议用户这个时候出售。而且10万km和3年内的免费维修也存在着一定的优势，但是车主比较坚持换车，车主对于价格预期较高，与实际不是很符合，根据我们的经验和市场目前的状况分析，成交价格应该在90万～93万元之间，很难超过95万元。

（三）国产热门车型评估

1）广州本田雅阁旧机动车评估案例

自1976年问世至2013年，广本雅阁已经发展到了第九代。37年前，本田用第一代雅阁演绎了中级乘用车这个概念，并在随后的时间里不断使其变得丰满而完善。近40年的时间里，雅阁一直在中高级轿车领域名列前茅。

在中国，雅阁最重要的开始是1999年实现国产。正是它的国产给当时中国的轿车市场带来了巨大的变革。1998年第六代雅阁问世，它可谓是"起步就与世界同步"。到2003年，第七代雅阁刷新了中高级车市场价值的标准。2008年，第八代雅阁以"B++跃级而立"的概念再次强势回归。如今，雅阁的国内销量已经突破150万辆，全球累计销量接近1900万辆。作为国内中高级轿车市场的标杆，雅阁一直在创造着历史。

在旧机动车市场,日系车中的雅阁、飞度保值率都比较高,特别是广本雅阁,在同级别车型中,价格十分坚挺,成交量长期位居各款日系车的三甲之列。当前汽车市场虽然整体低迷,但是二手雅阁车仍然保持稳中有升的销售形势。特别是2008款换代新车上市之后,新车和旧机动车的价差拉大,使得旧款雅阁仍然保持较高的受欢迎度,而消费者出于性价比的综合衡量,尤其追捧2003、2004款雅阁型号。

(1)交易量、成交价趋于稳定。由于受到油价上涨、经济增加步伐放慢等不利因素制约,2007年上半年的旧机动车市场整体呈现低迷的态势,但是比起其他车型,雅阁2.0L、2.3L、2.4L三款旧机动车仍然保持着良好的销售形势。据广本4S店的销售人员介绍,到该店置换新车的消费者,将旧雅阁转让后,想更换的新车型,目标也锁定在2008新款雅阁。

作为市场内的旧机动车经销商,也认为雅阁的主力地位2009没有任何动摇。在受到2008款雅阁上市影响,旧款雅阁在价格上出现一定让步,之后该车系的价位一直保持稳定,同时,平时基本上也不存在积压现象。此外,一些鉴定评估师也指出,由于雅阁属于中高端车型,因此多数车主都比较注重对车辆的维护,所以,整体上二手雅阁车在外观和车况上,都会相对比较理想。

(2)2003、2004款雅阁最为抢手。目前市场上的二手雅阁车各款型号都比较齐全,其中,以2003、2004款雅阁成交量最高。据经营中高档旧机动车的经销商介绍,这类二手雅阁基本上是车一到,几天内就可以卖出,甚至有不少买家通过电话订购,"货"还没到市场就已经被抢先预订。

以2003年2.0L的二手雅阁为例,市场售价约13万元,而2003年2.4L的二手雅阁约为14万元。往高走,2006、2007款二手雅阁售价为17万~18万元,相比起来,2003和2004款足足便宜了4万多元,成为旧机动车市场的绝对销售主力。

在配置选择方面,多数消费者显然倾向于选择高配置的雅阁,例如带有GPS导航版车型,只比没有带GPS导航的车型多出4000元,由于这类配置相当实用,能够极大地提高车主出行的便利度,因此,在价格增幅并不明显的情况下,消费者会选择高配车型。

(3)旧款让利抵消新款冲击。2008款新雅阁上市,对它的旧款旧机动车带来的冲击不容置疑。但据了解,2008款新车出现后,除了年初在价格上使旧款雅阁出现一定的让利空间外,基本上不会对其在旧机动车市场的销量造成冲击。

而正是由于性价比因素,很多消费者都认为,新款和旧款相比,综合优势并没有人们想象的那么大。而恰恰是新旧款的价差显而易见,使得它的旧款旧机动车支持度保持平稳。据了解,2008款雅阁新车售价大约为24万元,和最受欢迎的二手2003款雅阁存在10万元的差价。

(4)售后表现,质量有保障,制动片、刮水器易损坏。由于本田雅阁的车辆总体质量比较稳定,因而在旧机动车故障维修方面,出现的问题并不算多。业内专家指出,除发生过碰撞事故的雅阁外,对于正常在市场交易的雅阁,其重要零件返修的比例都较低,包括雅阁在内的本田汽车发动机都比较可靠。此外,雅阁系列的配件供应充足,价格也比较公道。

不过,据有些雅阁车主反映,雅阁的制动片和刮水器比较容易损坏。雅阁制动片较易磨坏,需要车主注意更换成本。例如更换后制动片,现在原装配件的市场价格达到500元,如果车主认为太贵,也有许多其他品牌的制动片可以选择,有些性价比显然更高。而刮水器方面,由于雅阁的刮水器胶条容易老化,车主也需经常留意。更换的价格如果在4S店约为200元,在其他维修店则约为100元。至于购买使用时间比较长的二手雅阁,专家建议要特别留意它的火花塞,并定时更换,在4S店更换火花塞约80元,而在一般维修店为25元。

(5)评估实例。

①评估车型:广本雅阁2.0L,基本信息如下。

上牌时间:2005年1月;

显示里程:83000km;

车辆税费:各项年缴税费、保险费等还有近半年到期;

新车包牌参考价格:216000元(未减新车销售促销折让)。

静态检查:车辆整体外观良好,内饰整洁,但底盘有明显未加修复的磕碰痕迹,且底盘异响比较明显,维修费用约需10000元。

动态检查:车辆冷车起动后,发动机运行有明显的不规律抖动,热车后恢复正常。行驶过程中,车辆的动力结合正常,车辆转向、制动性能良好。

综合评定:2003款的广本雅阁2.0L目前在市场上还是颇受欢迎的,不过,考虑到目前2008款第8代雅阁2.0L的配置明显提高,价格反而有所下降,自然会造成旧款旧机动车跌价。这辆车底盘异响比较明显,维修费用约需10000元,所以,在目前市场状况下,这辆车评估价格为136000元左右。

②评估车型:广本雅阁2.4L,基本信息如下。

上牌时间:2004年6月;

显示里程:130000km;

车辆税费:刚刚完成各项年缴税费、保险费等的续缴;

新车包牌参考价格:248800元(新车价格比对第八代雅阁2.4L基本版,未减新车销售促销让利)。

静态检查:车辆整体外观良好,车内饰整洁,表显里程数也和实际车况相符。

动态检查:车辆起动后,发动机运行安静平顺,行驶过程中车辆的动力结合基本正常,车辆转向、制动性能良好。

综合评定:特别值得一提的是,这款车是一辆认证旧机动车,有半年1万km的质量担保,而且各项费用都刚缴纳完毕。综合市场行情,这辆车交易价格在148000元左右。

③评估车型:广本雅阁2.3L,基本信息如下。

上牌时间:2001年1月;

显示里程:80000km;

车辆税费:各项年缴税费、保险费等还有近半年到期;

新车包牌参考价格:229800元(该款车已停产,新车价格比对第八代雅阁2.4L基本版,未减新车销售促销让利)。

静态检查:车辆整体外观良好,但车辆的右前照灯位置有明显的重撞并修复的痕迹。内饰方面保持整洁。

动态检查:车辆冷车起动后发动机运行基本正常,行驶过程中车辆的动力结合基本正常,倒挡和2挡有换挡冲击现象,车辆转向、制动性能良好。

综合评定:该款车型在城市道路和高速公路上的表现均不错,且油耗不高,旧机动车保值率也较高。考虑到车辆的右前照灯位置有明显的重撞并修复的痕迹,虽然未伤及大梁和A柱,但按事故折损贬值15000元。而且里程表显示的公里数明显不准确,实际里程估计会超过15万km。在目前市场状况下,这台车能够交易的价格在78000元上下。

2)国产奥迪旧机动车全系列鉴定评估案例

像奥迪这类品牌的旧机动车,虽然市场保有量并不如主流的中高级轿车,但是保值率却并不低,更耐人寻味的是,在同系列的旧机动车型当中,奥迪A6一些低配置车型的走俏程度比豪华版还要高,自然其保值率也更为"坚固"。

(1)市场地位岿然不动。二手的国产奥迪轿车,目前大多以1999年之后推向市场的奥迪A6为主,由于被定位为政府高档"官车",在一般人看来,即使购买了旧机动车,开出来仍然比较大气,不失体面,因此,奥迪品牌的旧机动车进入市场后,很快就成为高档车的一股中坚力量。据了解,目前市场上的二手奥迪A6,即使是车龄较长的,也以2000年至2003年上牌的居多,在市场上比较普遍的车型包括1.8L、1.8T、2.4L、2.8L四个系列,价格从18万元到48万元不等。

卖方方面,一般车主出手奥迪A4、A6,主要是由于资金周转困难,用于偿还债务等。现在市场上见到的二手国产奥迪,两三年车龄的实际使用里程基本上会在4万~6万km。也许是车主或者单位用车注重"面子"之故,其漆面、内饰等方面的维护一般都比较到位,车况相对比较理想。买方方面,虽然近期油价上涨,但对于奥迪全系车型的影响并不算大。这个价格区间的消费者,并不会过分看重油费的因素,作为固有的消费群体,目前还不会出现明显变化。

(2)二手价格更为实在。奥迪品牌在旧机动车市场经销商的心目中,走的是高端路线。两年左右的旧机动车,比起新车,在市场价格上会出现10万元左右的价差。这并不代表它的贬值率较高,只是由于它自身绝对价格较高,新旧车出现的价格落差就会让人感觉更加明显。

不过,即使是同一款车型,在经营不同档次车型的旧机动车商报价上,价格也会出现较大差异。如两三年车龄的奥迪A4 1.8T,在一些以经营中高级车为主的车行处,消费者得到的报价在23万~24万元。而有些以经营中低档车型为主的车行,车况类似的二手A4 1.8T,有时他们的价位会便宜2万~3万元,而有的车行则刚好相反,价格会比中高档旧机动车专营店贵3万~4万元不等。

(3)低配车型销路顺畅。A4和A6的低配置车型显然要比高配置车型更受旧机动车买家关注,反映出消费者更趋理智。一位旧机动车经销商就表示,他在3个月内曾经成功交易过5辆奥迪A6 1.8T舒适版,而同期收购回来的三辆豪华版,至今只有一辆刚刚成交。一些看过样车、对比过价格的消费者,都认为低配置车型性价比高于高配置车型。

而对于部分打算出售爱车的奥迪车主,显然对心理价位毫不让步。如一位准备转让2000年上牌的奥迪A6 2.4的车主,始终紧守17.5万元的心理底价,在咨询了7~8家经销商的收购价后,即使对方报出16.5万元的价格,最终还是表示将暂时搁置出售计划。

(4)评估实例。目前市场上的奥迪A6、A4几款车型,基本上以A4 1.8T、2.0T以及A6 1.8T、2.0T最为常见。相比之下,A6 2.4、2.8在市场的保有量并不大,如2000年左右的A6

2.8 市场报价会在 18 万元左右,三年左右的 A6 2.4,一些旧机动车商的报价达到 25 万~26 万元。

①评估车型:车型奥迪 A6L2.0T,基本信息如下。

上牌时间:2007 年 7 月;

行驶里程:30600km;

新车包牌价格:435000 元(不计新车销售促销让利)。

静态检查:车辆尚在新车质保期内,整体外观良好,车内饰有轻微烟头烫伤痕迹。

动态检查:发动机运行平顺,动力结合正常,车辆转向、制动性能良好。

综合评定:作为热销的高档车型,奥迪 A6 L 2.0T 占有较大的市场份额,同时,目前新车销售优惠也并不大。这台车的交易价格在 333000 元左右,考虑到该车各项费用均已到期,内饰有瑕疵,应再减掉 10000 元。

②评估车型:车型奥迪 A6 1.8T,基本信息如下。

上牌时间:2001 年 10 月;

行驶里程:210790km;

新车包牌价格:该款车已经停止生产。

静态检查:车辆使用接近 7 年,外观漆面光泽度差,多处修复喷漆后有轻微色差,行李舱有小幅变形修复痕迹,车内饰多处破漆,皮椅老化较严重。

动态检查:发动机运行噪声较大,有烧机油的迹象,行驶过程中换挡与急加速有轻微换挡冲击;此外,转向、制动良好。

综合评定:奥迪 A6 1.8T 的市场保有量比较大,此车各项税费均有效,但由于这款车的配置较低,且车况较差,因此交易的价格在 153000 元左右。

③评估车型:车型奥迪 A4 2.0T,基本信息如下。

上牌时间:2007 年 10 月;

行驶里程:27833km;

新车包牌价格:300000 元(不计新车销售让利)。

静态检查:车辆尚在新车质保期内,各项税费仍然有效。此车由女车主驾驶,车况良好。

动态检查:起动车辆,发动机稍有抖动,经过检查,发现有轻微积炭,热车后运行平顺,动力结合正常,转向、制动良好。

综合评定:奥迪 A4 2.0T 知名度不错,但是流通量不大,经销商收购车辆时,要考虑积压的成本。目前这款车交易的价格在 268000 元左右。

④评估车型:车型奥迪 A4 1.8T,基本信息如下。

上牌时间:2006 年 7 月;

行驶里程:67430km;

新车包牌价格:330000 元(不计新车销售让利)。

静态检查:由于车辆较新,车辆刚好过新车质保期,整体外观与内饰均良好。

动态检查:车辆起动后有烧机油的迹象,行驶过程中动力结合正常,涡轮增压器工作正常,车辆转向、制动性能良好,底盘球头有异响。

综合评定:奥迪 A4 1.8T 在市场的反映比较不错,流通的数量也不少。该车能够交易的价格在258000元左右,但考虑到其各项年缴税费、保险等过期,而且车况一般,有必要扣除几千元。因此,最终评估价格为250000元左右。

3) 奇瑞QQ旧机动车评估

(1) 车辆基本信息。

品牌:奇瑞QQ 3　　　　　　　　　型号:1.1MT
车辆类型:轿车　　　　　　　　　国产/进口:国产
产地:安徽芜湖　　　　　　　　　发动机型号:CAC-SQR472
变速器类型:手动5挡　　　　　　排量:1.1L
车身颜色:蓝色　　　　　　　　　行驶里程:42000km
燃油种类:汽油　　　　　　　　　上牌日期:2007年1月

(2) 手续、费用情况:相关证件齐备,税费齐备,无保险理赔记录。

(3) 车辆配置:电动门窗、电动后视镜、助力转向、空调、CD、ABS、铝合金轮毂、真皮座椅。

(4) 静态检查:车辆整体外观很好。车身漆面饱满,有较多的细微刮痕,车身有大面积的翻新迹象,玻璃升降器密封条有点松动。QQ3只是一款微型车,内部空间不是很宽敞,内饰维护非常好,椭圆形的空调出风口、镀铬条装饰。真皮座椅是车主后包的,工艺一般,这让这款外型本就时尚、可爱的小车,在档次上有所提高。车底无漏油漏水现象,发动机舱紧凑。此车为2007年的车,公里数较多,电子部件运作正常,功能良好,没有发现有改动或翻新的痕迹,正常维护,底盘无剐蹭,随车工具齐全完好,轮胎磨损正常。

(5) 动态检查:起动车辆后,发动机运作顺畅,关上车门,紧凑密封性一般,进入驾驶室,轻微感觉到车身在振动。要是打开空调,振动感更明显。发动机的动力输出也比较满意,输出平稳、燃烧充分,成为国内同档次车中最省油的。尾气正常,燃料燃烧充分、正常。行驶过程中底盘无异响,挡位清晰,加速过程中动力表现一般,高速方向轻飘,各灯光、电子设备正常。

(6) 评估方法:现行市价法、重置成本法。

(7) 综合评定:QQ3有着时尚亮丽的外形,作为个人的代步工具比较合适。灵活机动、价格低廉、油耗较低是QQ3最大的优点。它采用奇瑞自己研发发动机,最大功率可达50kW。此车新车包牌价4.28万元。根据东莞市场行情分析,此旧机动车的综合评定价格为2.9万元。

4) 铃木雨燕评估

(1) 车辆基本信息。

品牌:铃木雨燕　　　　　　　　　型号:1.3L
车辆类型:轿车　　　　　　　　　国产/进口:国产
制造厂名称:长安铃木　　　　　　VIN号:LS5W3ABR07B******
发动机号:SW51***　　　　　　发动机型号:羚羊改进全铝
车身颜色:红　　　　　　　　　　燃油种类:汽油
排量:1.3L　　　　　　　　　　　出厂日期:2007年7月

(2) 手续、规费情况:行驶证、机动车登记证书,购置费、养路费发票齐全。

(3) 车辆配置:安全气囊、高位制动灯、遥控中央门锁及行李舱锁、防盗报警系统、电动车窗、助力多功能转向盘、CD、自动空调。

(4)静态检查:车门关闭顺利、到位,座椅、转向盘可调控,各踏板正常,内饰较好,发动机舱整洁,各液面正常,行李舱整洁,配件齐全,悬架良好。

(5)动态检查:起动顺利,挂挡流利,转向轻盈、到位,发动机运转平稳,加速感好,制动优良,密闭良好,未进行高速试验。

(6)综合评定:此车为顶级配置,使用维护较好,各性能良好,仅行驶3000km。原车主为一海归少女,原计划回烟台,因烟台收入太低,后在北京工作,所以处理这辆7月份才买的新车。

结合市场情况,暂估价72500元。

5)广州丰田雅力士旧机动车评估

(1)车辆基本信息。

品牌:丰田	型号:GTM7160GB
车辆类型:轿车	国产/进口:国产
制造厂名称:广州丰田汽车有限公司	VIN号:LVGCV90368G******
发动机号:029****	发动机型号:42R
车身颜色:灰色	燃油种类:汽油
排量/功率:1.598L/96.7kW	出厂日期:2008年07月10日

(2)手续、规费情况:车辆发票、机动车登记证、机动车行驶证齐全,交强险至2009年11月8日,养路费至2008年12月31日,车船使用税至2008年12月31日。

(3)车辆配置:自动挡、转向助力、ABS、8气囊、CD音响、电动门窗、电动折叠反光镜、倒车雷达、中控防盗、水晶前照灯、金漆、金毂。

(4)静态检查:车辆整体外观良好,车架连接处没有碰撞变形的痕迹。车辆内部整齐,各部件位置正常,功能良好,没有发现有改动或翻新的痕迹。发动机舱内线路基本正常,部件没有改动过的痕迹,发动机和变速器都没有漏油痕迹。备胎、千斤顶完好,轮胎磨损一般,制动片正常。

(5)动态检查:车辆起动后发动机抖动和噪声状态基本正常,车内感觉比较舒适。变速器换挡正常,转向准确,轮胎抓地力稳定,各部件工作基本正常,车辆制动系统工作正常。

(6)综合评定:这辆车状况良好,虽然有一些修复的痕迹,但并不影响整车的性能,所以根据近期市场行情分析,这款车在现有状态下的评估建议价为98000元。

6)广本飞度旧机动车评估报告

(1)车辆基本信息。

品牌:本田	型号:飞度
车辆类型:轿车	国产/进口:国产
制造厂:广州本田汽车制造有限公司	
发动机型号:i-VTEC、SOHC	
VIN码:LHGE87709208****	发动机号:HG1***
车身颜色:黄色	燃油种类:汽油
排量:1.497L	出厂日期:2008年11月

(2)手续、规费情况:行驶证、机动车登记证书、购置税证、养路费单、车船使用税等手续齐全。

(3)车辆配置。

发动机:水冷直列四缸,16气门,i-VTEC、SOHC;

变速箱:手动5挡变速器;

燃油及排放:电子燃油喷射,93号及以上无铅汽油,国Ⅳ标准;

底盘悬架:前麦弗逊独立悬架/后扭力梁式半独立悬架(前/后);

制动系统:碟/碟(前/后);

驱动形式:前置前驱;

其他配置:单碟CD播放机,扬声器2个,电动车窗,手动空调,AM/FM收音机,四向可调转向盘,驾驶座高度可调节,空调带高效清洁除尘功能,地图灯,立体式自发光仪表,ABS防抱死制动系统,EBD电子制动力分配系统,驾驶座安全气囊,预紧式前座椅三点式安全带,儿童安全锁,安全带未系提醒(驾驶位+副驾驶席),ACE高级兼容性车身结构,发动机防盗锁止控制系统,EPS电动随速助力转向,DBW电控节气门。

(4)静态检查。

①识伪检查:查看外观、内装饰、发动机;风窗玻璃上有黄色商检标志,证明为正品车。

②外观检查:整车漆色完整,无任何碰撞、剐蹭迹象;车门、行李舱平衡,无漏水、漏电、漏气现象;车厢内整洁、无腐蚀。

(5)动态检查:起动机无杂音,发动机无窜油、窜气情况,油温、水温正常,加速灵敏,制动稳定、操控灵活,变速器换挡顺畅。

(6)综合评定:车辆证件真实有效,现时技术状况判定为无碰撞车辆,维护修理情况良好。

参考新飞度1.5MT包牌价11.398万元,采用重置成本法估算价格,市场价值大致为10.9万元。

7)伊兰特旧机动车评估

(1)车辆基本信息。

品牌:现代　　　　　　　　型号:伊兰特

车辆类型:轿车　　　　　　国产/进口:国产

制造厂名称:北京现代　　　VIN号:LBEXDAHC67X ******

发动机号:G59***　　　　　发动机型号:直列四缸

车身颜色:黑色　　　　　　燃油种类:汽油

排量:1.8L　　　　　　　　出厂日期:2007年2月

(2)手续、规费情况:车辆相关手续齐全,各种规费无拖欠,全年保险。

(3)车辆配置:自动挡,安全气囊,助力转向,ABS,EBD,电动车窗,真皮座椅,自动空调,CD,中央门锁,电子防盗装置。

(4)静态检查:该车外观完好无损,车身漆面折光度均匀,未见色差;发动机舱内线路布置规整,车架连接处牢固可靠,发动机无渗漏现象;室内座椅、仪表台干净整洁,无损坏;全车附件完好,具体如图4-4至图4-6所示。

(5)动态检查:起动车辆,各仪表工作正常,发动机无异响;挂挡起步时,车身平稳,加速、制动及转向性能良好,变速器换挡顺畅,无顿挫感。

（6）综合评定：该车使用状况良好，主要部件工作正常。根据市场近期行情分析，这款车的行情评估价格在 8 万元左右。

图 4-4　伊兰特外观情况照片（前部）

图 4-5　伊兰特外观情况照片（后部）

图 4-6　伊兰特内部情况照片

8）雪铁龙富康旧机动车评估

（1）车辆基本信息。

品牌：雪铁龙富康　　　　　　　型号：DC7141RPC
车辆类型：轿车　　　　　　　　国产/进口：国产
制造厂名称：神龙汽车　　　　　VIN号：LDC131D2430******
发动机号：012****　　　　　　 发动机型号：TU3JP
车身颜色：银　　　　　　　　　燃油种类：汽油
排量/功率：1.360L/49kW　　　　出厂日期：2003年5月

（2）手续、规费情况：行驶证、机动车登记证书、购置税证、养路费单、车船使用税、交强险等手续齐全。

（3）配置：多点电喷发动机、中控锁、电动窗、助力转向、安全气囊、雾灯、空调系统、方向调节。

（4）静态检查：此车整体外观较好，漆面无明显色差，有轻微刮痕。车辆内部干净整洁，各操控开关完好有效。打开发动机舱盖，没有发现碰撞和修补的痕迹。车架连接处牢固可靠，发动机无渗漏现象。制动片磨损正常。

（5）动态检查：起动灵活，起动后发动机怠速平稳，无明显抖动；变速器、转向系统、仪表盘、各信号灯工作正常。路试后感觉提速敏捷，反应快速，噪声也不大。车在行驶过程中还比较稳定，紧急制动无跑偏现象。

（6）综合评定：此车车况与使用年限相符，维护较好。综上所述，此车评估价为3.7万元。

9）丰田卡罗拉旧机动车评估

（1）车辆基本信息。

品牌：丰田卡罗拉　　　　　　　型号：ZRE152L-GETGKC
车辆类型：轿车　　　　　　　　国产/进口：国产
制造厂名称：一汽丰田　　　　　VIN号：LFMARE0C070******
发动机号：2ZRE*******　　　　 发动机型号：2ZRE
车身颜色：黑色　　　　　　　　燃油种类：汽油
排量：1.8L　　　　　　　　　　出厂日期：2007年

（2）手续、规费情况：此车手续齐全不欠费，主要证件有车辆登记证书、行驶证、车辆购置附加费本、养路费（不欠），车辆手续查询没有抵押和盗抢记录，没有不合法的非正常变更记录。

（3）配置：转向助力，四门电动门窗，电动行李舱，安全气囊，自动空调，真皮、电动座椅，电动天窗。

（4）静态检查：此车外观静态检查，车辆漆面非常好，没有全车喷漆补漆等情况，所以可以断定此车没有出过事故。车辆内部整齐，各部件位置正常，功能良好，没有发现改动过或翻新的痕迹。发动机舱内线路正常，部件没有改动过的痕迹，发动机和变速器都没有漏油痕迹。备胎、千斤顶完好，轮胎无磨损，制动片正常。

（5）动态检查：车辆起动后发动机正常，车内感觉比较舒适，空调起动后发动机运转声音略有提升。变速器结合动力正常,转向准确,轮胎抓地力稳定,各部件工作正常,车辆制动系统工作正常,变速器状态良好。

(6)综合评定:总体评定车辆状况良好,市场价值大致为148000元。

10)丰田花冠旧机动车评估

(1)车辆基本信息。

品牌:丰田　　　　　　　　　　　　型号:花冠
车辆类型:轿车　　　　　　　　　　国产/进口:国产
制造厂:天津一汽丰田汽车制造有限公司　　VIN号:LTVBR22E460******
发动机号:1ZZB*****　　　　　　　发动机型号:VVT-i
车身颜色:银色　　　　　　　　　　燃油种类:汽油
排量:1.794L　　　　　　　　　　出厂日期:2006年4月

(2)手续、规费情况:行驶证、机动车登记证书、购置税证、养路费单、车船使用税等手续齐全。

(3)车辆配置。

发动机:4缸直列顶置双凸轮轴电喷16气门(VVT-i);

变速器:自动4挡变速器;

燃油及排放:电子燃油喷射,93号及以上无铅汽油,欧Ⅱ标准;

底盘悬架:前麦弗逊/后拖拽臂式;

制动系统:碟/碟(前/后);

驱动形式:前置前驱;

其他配置:真皮座椅、电动车窗、AM/FM收音机、CD播放器、动力转向、转向盘调节、助手席椅背部文件袋、电子转速表、ABS防抱死制动系统、木纹内饰、In-Dash内置式六碟CD播放系统、EBD电子制动力分配系统、驾驶座安全气囊、副驾驶座安全气囊、儿童安全锁、中央门锁、遥控中央门锁、智能防盗装置、后雾灯、遥控钥匙、四圆灯式晶钻前照灯、高位制动灯、忘关前照灯报警、前窗遮阳处理。

(4)静态检查。

①识伪检查:查看外观、内装饰、发动机;风窗玻璃上有黄色商检标志,证明为正品车。

②外观检查:整车漆色完整,无任何碰撞、刮蹭迹象;车门、行李舱平衡,无漏水、漏电、漏气现象;车厢内整洁、无腐蚀。

(5)动态检查:起动机无杂音,发动机无窜油、窜气情况。油温、水温正常,加速灵敏,制动稳定,操控灵活,变速器换挡顺畅。

(6)综合评定:车辆证件真实有效,现时技术状况判定为无碰撞车辆,维护修理良好。

该车型已停产,参考卡罗拉1.8L自动挡包牌价17.2万元,采用重置成本法估算价格,市场价值大致为11.2万元。

11)一汽宝来旧机动车评估

(1)车辆基本信息。

品牌:宝来　　　　　　　　　　　　型号:BORA1.8T
车辆类型:轿车　　　　　　　　　　国产/进口:国产

制造厂名称:一汽大众汽车有限公司　　发动机型号:BAE
颜色:蓝　　　　　　　　　　　　　　VIN号:LFVBA11J413******
发动机号:BAE00****　　　　　　　　燃油种类:汽油
排量:1.8L　　　　　　　　　　　　　出厂日期:2001年12月13日

(2)手续、规费情况:养路费到2008年12月底,保险到2009年6月,行驶证、附加费登记证书手续齐全,检车到2009年1月。

(3)车辆配置:转向助力,四门电动门窗,天窗,双安全气囊,ABS+EBD,CD音响,6碟碟包,中控锁,防盗器,自动空调,电动后视镜,真皮座椅带电加热。改装进排气,17英寸钢圈,轮胎215×45×R17,碳纤维发动机盖,排气卸压阀等。

(4)静态检查:车辆室内比较整洁干净,黑色内饰,车辆外部局部有补漆痕迹,没有大事故。

(5)动态检查:通过路面驾驶,动力性比较好,提速迅猛,发动机、变数器无杂音。减振器无异响,通过性能平稳。

(6)综合评定:总体评定车辆状况良好,一汽大众系列车型保值率比较高,现新车已停产,现评估价格在7.8万元左右。

12)速腾旧机动车评估

(1)车辆基本信息。

品牌:速腾　　　　　　　　　　　　型号:FV7206AT
车辆类型:小轿车　　　　　　　　　国产/进口:国产
制造厂名称:一汽大众　　　　　　　VIN号:LFV3A21K86301****
发动机号:BJZ00****　　　　　　　 发动机型号:L4
车身颜色:红　　　　　　　　　　　燃油种类:汽油
排量:2.0L　　　　　　　　　　　　出厂日期:2006年7月

(2)手续、规费情况:行驶证、购置本、档案登记证书、养路费、路桥费、交强险手续齐全,年审至2010年08月。

(3)配置:手自一体智能变速器,4轮盘式制动,铝合金轮毂,真皮座椅,电动天窗,助力转向,中央门锁,电动后视镜,自动恒温空调,CD,ABS,EBD,安全气囊。

(4)静态检查:车辆新,无事故痕迹,无腐蚀现象,内饰新,维护修理好,轮胎成色新。

(5)动态检查:仪表工作正常,显示里程28000km,发动机工作平稳,各功能正常。

(6)综合评定:该车2006年08月上户,行驶28000km,车况好,该车手续齐全,合法,原车购入成本20余万元,综合评定好,现评估该车价值为133000元。

13)荣威750旧机动车评估

(1)车辆基本信息。

品牌:荣威750　　　　　　　　　　型号:CSA7250AA-GD
车辆类型:轿车　　　　　　　　　　国产/进口:国产
制造厂名称:上海汽车　　　　　　　VIN号:LSJW16N347J******
发动机号:A0100*****　　　　　　　发动机型号:25K4F
车身颜色:白　　　　　　　　　　　燃油种类:汽油

排量/功率:2.497L/135kW　　　　　　　出厂日期:2007年9月

(2)手续、规费情况:行驶证、机动车登记证书、购置税证、养路费单、车船使用税、交强险等手续齐全。

(3)车辆配置:电动车窗,中央门锁,安全气囊,助力转向,防盗设备,手动空调,真皮座椅,电动后视镜,智能定速巡航系统,ABS,CBC,EBD,TCS,MSR,VSC,ETC,USD,BBUS全车防侵入保护。盾形皇家镀铬一体式格栅,6.5英寸16:9宽屏高清液晶显示器,驾驶席车窗一键上下功能带防夹车窗,手机蓝牙免提功能,后排遮阳帘,V-PDC电子可视泊车辅助系统,Anti-UV防紫外线隐秘玻璃,双镀铬排气尾管。

(4)静态检查:从目测观察,整车漆面均匀,无色差。打开发动机罩查看发动机,内部各部件排列整齐,无整修痕迹。发动机整体清洁,机油干净,没有渗、漏现象。左右翼子板完好,无碰撞痕迹。打开行李舱盖,各附加设备完整,没有漏水、腐蚀现象。内饰干净,CD音响效果良好、气囊完好,皮饰保存完整,各仪表正常。

(5)动态检查:点火开关启动灵活,启动后怠速运转平稳,无明显抖动;变速器、转向系统、仪表盘、各信号灯工作正常。路试后感觉动力性良好,提速敏捷,在行驶过程中比较稳定,制动灵敏,紧急制动无跑偏现象。

(6)综合评定:此车维护较好,记录全面,行程较少,整车车况不错。但考虑到上市时间不长,保有量较低等原因,此车评估价为19.2万元。

14)中华骏捷旧机动车评估

(1)车辆基本信息。

品牌:中华牌　　　　　　　　　　　　型号:SY7182HS

车辆类型:轿车　　　　　　　　　　　国产/进口:国产

制造厂名称:华晨金杯　　　　　　　　发动机型号:4G93

颜色:白　　　　　　　　　　　　　　VIN号:LSYYBACC66K******

发动机号:DCD63*****　　　　　　　　燃油种类:汽油

排量:1.8L　　　　　　　　　　　　　出厂日期:2006年4月12日

(2)手续、规费情况:养路费到12月底,保险到10月底,行驶证、附加费登记证书手续齐全,检车到2010年5月。

(3)车辆配置:转向助力,四门电动门窗,双安全气囊,铝合金轮毂,ABS+EBD,CD音响,中控锁,手动空调,电动后视镜,真皮座椅。

(4)静态检查:车辆室内比较整洁干净,车辆外部局部有补漆痕迹,没有大事故。

(5)动态检查:通过路面驾驶,感觉动力性比较好,提速迅猛,发动机、变数器无杂音,减振器无异响,通过性能平稳。

(6)综合评定。总体评定车辆状况良好。中华轿车新车降价比较快,现在新车价格在9万元左右。根据以上综合评定价格在7.2万元左右。

15)丰田凯美瑞旧机动车评估

(1)车辆基本信息。

品牌:凯美瑞　　　　　　　　　　　　型号:GTM7200

车辆类型:轿车　　　　　　　　　　　国产/进口:国产

制造厂名称:广州丰田　　　　　　　　VIN 号:LT153SV2060****
发动机号:SV 001***　　　　　　　　发动机型号:L4
车身颜色:黑　　　　　　　　　　　　燃油种类:汽油
排量:2.0L　　　　　　　　　　　　　出厂日期:2006 年 10 月

(2)手续、规费情况:行驶证、购置本、档案登记证书、养路费、交强险齐全。

(3)配置:手自一体智能变速器,4 轮盘制动,铝合金轮毂,真皮座椅,电动天窗,助力转向,中央门锁,电动后视镜,自动恒温空调,CD,ABS,EBD,安全气囊。

(4)静态检查:车辆新,无翻修痕迹,无腐蚀现象,内饰整洁,维护修理好,轮胎成色新,仪表工作正常,发动机工作平稳。

(5)动态检查:动力输出正常,转向、制动正常,各功能正常,未进行高速实验。

(6)综合评定:该车 2006 年 10 月上户,车况好,该车手续齐全、合法,综合评定好,现评估该车价值为 183000 元。

16)奇瑞 A5 旧机动车评估

(1)车辆基本信息。

品牌:奇瑞 A5　　　　　　　　　　　型号:A516
车辆类型:轿车　　　　　　　　　　 国产/进口:国产
制造厂名称:奇瑞汽车　　　　　　　 VIN 号:LVVDC11A78D******
发动机号:11A78******　　　　　　　发动机型号:SQR481F
车身颜色:白色　　　　　　　　　　 燃油种类:93 号汽油
排量:1.6L　　　　　　　　　　　　 出厂日期:2007 年 10 月

(2)手续、规费情况:保险到 2009 年 6 月,审验到 2010 年,养路费到年底。

(3)配置:手自一体变速器、ABS、EBD、电动门窗、灯光延时功能、电加热式电动调节外后视镜、前排双安全气囊、上下可调式转向盘、助力转向、倒车雷达、行车电脑及单碟 CD 及 6 扬声器。

(4)静态检查:全车外观良好、无划痕、车内整洁、干净、音响系统良好、轮胎磨损正常。

(5)动态检查:发动机无异响,制动系统良好,空调效果良好;高速(80～100km/h)时车身稳定,加速性能良好。

(6)综合评定:该车性能优良,外观完好,保险、养路费齐全;结合新车的价格,该车的综合估价为 47500 元。

(四)进口汽车评估

1. 奔驰 ML350 旧机动车评估案例

(1)车辆基本信息。

上牌时间:2006 年 3 月　　　　　　　排量:3.5L
颜色:黑色　　　　　　　　　　　　 行驶里程:2.9 万 km
参考价格:71.5 万元

(2)原厂配置:自动 7 挡变速器、行李架、电动天窗、真皮内饰、前后车底防划护板、油底壳保护板、铝外观踏板、深色运动型尾灯、两级刮水传感器、主动维护提示系统、驻车定位系统、全时4轮驱动、速度感应式动力转向系统。

(3)静态鉴定:该车的车漆光亮如新,可以看出车主维护比较到位。进入车内观察内饰,座椅及转向盘都保护得较佳,顶篷、地毯都很新。门把手没有任何损坏的痕迹。由于原车底盘较高,观察后发现车况保持得很好,没有任何剐蹭的现象。

(4)动态鉴定:起动发动机,感觉声音沉稳,没有杂音,悬架正常,坐在车上整台车如同一座小山般,安全且平稳。制动系统灵敏度较高,四个轮胎磨损程度一般。

(5)综合点评:这是一款个性张扬的豪华车,配置也比较高。作为旧机动车,此车手续齐全,总体车况尚佳,不过,奔驰品牌在轿车方面占了明显优势,但在SUV方面,比起宝马的认可程度就差了一些。目前,市场上奔驰SUV的销售量一直都不是很好。根据行情,这款车的价格应该在71.5万元左右。

2. 宝马X5 4.8is 旧机动车评估

(1)车辆基本信息。

品牌:BMW　　　　　　　产地:德国
系列:X5　　　　　　　　型号:4.8is
颜色:银色　　　　　　　原购车价:128万元(裸车)
评估车价:95万元(裸车)　排量:4.799L
登记日期:2006年8月　　行驶里程:4.9510km

(2)原厂配置:双顶置凸轮轴V8/气门正时调节,可无级调节进气歧管,全景式电动天窗,真皮座椅,真皮转向盘,电动调节驾驶座椅带记忆功能,雨量自感应式刮水器,座椅加热功能,多功能转向盘,16×9屏幕显示型旅程电脑连电视,HiFi高传真喇叭系统,ESP电子车身稳定装置,TRC牵引力控制系统,前、后驻车距离警示系统(PDC),GPS卫星导航系统,定速巡航系统,底盘升降系统。

(3)静态鉴定:从任意角度细心观察,该车的外观漆面不存在任何缺陷。原装漆面光亮如新,无任何补漆翻喷迹象。反复检查之后,未发现即使是小碰小撞的痕迹,车身各大附件(如保险杠等)也没有拆装的痕迹,整体美观度可以说是接近全新车般完美。利用该车先进的车身升降功能,将车身升高观察底盘状况,未发现车架变形、弯曲等异常情况。底盘有轻微的剐蹭,由于是SUV车型,该车底盘离地间隙大于一般车,城市路况下轻易不会伤及底盘,这轻微拖底也许是爬山越野时造成的,属于可接受的正常损耗。打开车门观察驾驶室内饰、仪表、车窗、电器设备工作正常有效。遗憾的是该车已行驶里程4.9万km,才一年车龄,的确"用得比较狠",估计车主平时经常驾车出游。各车门开关自如,声音厚实、有力。车内真皮座椅皮面稍有微微起皱。其余各方面静态表现正常。

(4)动态鉴定:坐上车,系好安全带,起动发动机,没有发现异常抖动,噪声轻微、排气声沉稳有力;在驻动状态下,挂上D挡,发动机没有任何过度的表现,说明发动机怠速工况良好;起步很平稳,自动变速非常顺畅;而无论是在自动或手动状态下,也无论在什么车速时,变速器和发动机总是忠诚地执行着加速的指令,及时地根据驾驶者的意愿传输动力;在坡路起步时,动力表现一点都不比平路差,试驾中途突然下起了大雨,智能自动感应式刮水器随即自动开启;雨天路滑并没有对测试造成影响,相反,更能让测试者感到该车即使在湿滑的道路上高速行驶,轮胎抓地能力、贴地性都非常好,让人感觉安全;方向没有跑偏、入弯出弯没有甩尾现象,转弯时,偏硬的悬架系统恰当地支撑着车身,其余各制动系统一切正常。

(5)综合鉴定:宝马 X5 是 SUV 爱好者心中的挚爱之一。在旧机动车市场,宝马 X5 成交量不断攀升。该车车龄短,成色新,各方面操控性能保持极高的原厂本色,没有事故迹象,属于高质旧机动车,价值本应过百万元,但过高的使用频率及行驶里程使其大打折扣,因为该车的维护费用高昂,近 5 万 km 时要做的维护项目不少,这些费用应该在车价中剔除。所以,评估价为 95 万元,该车车牌号码是车主在号牌拍卖中以 8 万元拍下的吉祥号码,在这里不能全数计入评估价,估算 3 万元。综合鉴定评估价应为 95 万~98 万元。

3. 奥迪 Q7-4.2FSI 舒适型旧机动车评估

(1)车辆基本信息。

评估车型:德国奥迪 Q7-4.2FSI 舒适型　　登记日期:2007 年 6 月
新车包牌价格:现销售近似车型 133 万元　　表征行驶里程:2.6 万 km
用户情况:车主经济原因出售,希望价格 110 万元
购置附加费:正常缴纳
车船税缴纳至 2008 年 6 月;全险缴纳至 2008 年 6 月
登记证、发票:登记证有效、正规发票

(2)车辆配置。

车身:双层防锈镀锌钢板
发动机:V 形 8 缸 4.2L FSI 汽油发动机
变速器:tiptronic 6 挡手自一体变速器
座椅、门窗、天窗小类:多方向电动座椅、电动门窗、电动天窗等
其他:海关进口贸易证明齐全,其他正常

(3)静态检查:车辆整体外观正常,车辆的整体车身没有异常的修复感觉,车架连接部分牢固可靠,焊点清晰,没有修复和喷漆的痕迹。油漆颜色光亮,虽然有轻微的划痕,但是经过专业的抛光打磨之后就能体现出良好的"新车感觉"。车辆驾驶舱内部功能部件位置正常,操控良好,没有明显的使用磨损痕迹。发动机舱内线路正常,发动机罩有打开过的痕迹,没有渗漏迹象,关键部件没有修复痕迹。底盘系统中两侧有明显的"托底"痕迹,发动机和底盘护板部分有轻微划痕,制动盘片磨损正常,轮胎磨损正常。

(4)动态检查:车辆起动后由于动力比较充足,整体的噪声比较"悦耳",室内密封性良好,外表的噪声隔绝正常,车身没有抖动痕迹。换挡行驶过程中车辆的动力结合相对平顺,各类电子显示仪表正常;机油灯报警,车辆需要进行机油补充和维护,加速过程反应良好,转向准确,整体操控性良好,车辆的制动性能正常,轮胎压力略有不足。

(5)综合评定。

第一评估师意见:100 万元左右的高端 SUV 中,中国用户普遍选择德国品牌,认为这类车辆的技术领先,性能卓越,虽然有很多高端日系、美系车型,但是奔驰、宝马、奥迪三驾马车加上保时捷成为高端 SUV 的"四大天王"。相比较而言,Q7 的同胞兄弟大众途锐似乎性价比更高,旧机动车供需更良好,因此根据市场行情分析这款车的成交价格应该在 103 万~105 万元之间比较合理。

第二评估师意见:在旧机动车评估学中,一个普遍的理论和模式就是"高端高价低保

值",价值越高的车,其保值率相对越低。这是因为购买比例减少,供求关系严重变化造成的。超过100万元的用户有很多新车可供选择,为何一定要购买旧机动车呢?购买100万元以上的旧机动车又有多少用户懂得选择和判断呢?行业内都觉得超值的车辆未必能找到合适的买家,这就造成成交价格普遍偏低,根据市场行情分析,这款车的成交价格应该在101万~103万元之间比较合理。

总评估师意见:奥迪Q7虽然进入中国比较晚,但是由于奥迪品牌在中国的"高大形象",所以购买用户"趋之若鹜",造成比较表面的需求假象,实际上车辆的本身性能在很多用户使用中难以体现,仅仅是"面子和身份",同时由于技术相对领先,在国内很多大城市之外使用,对于路况、维修、汽油等要求都比较高,造成购买用户非常狭窄,根据市场行情分析这款车的成交价格应该在100万元左右比较合理。

4. 德国大众甲壳虫旧机动车评估

(1) 车辆基本信息。

登记日期:2005年5月　　　　　新车包牌价格:新款近似配置22.2万元
表征行驶里程:7.1万 km　　　　用户情况:车主变现,希望价格17.5万元

(2) 该车配置和手续。

车身:双层防锈镀锌钢板　　　　发动机:直列4缸2.0L汽油发动机
变速器:4速自动变速器　　　　　安全装备:前双安全气囊+前排侧气囊
前后悬架:前独立后非独立悬架　　制动系统:前后盘式制动+ABS+ESP等
电子控制设备:中央遥控门锁+智能防盗+发动机防盗
购置附加费:正常缴纳并有效　　　养路费:缴纳至2008年12月
车船税:缴纳至2008年　　　　　　保险:第三者保险到2009年5月
登记证、发票:登记证有效、正规发票

(3) 静态检查:车辆整体基本良好,油漆颜色略显陈旧,车身有多处明显划痕和轻微修补痕迹,前后保险杠有更换的痕迹;车门开合良好,开度正常,车架连接良好,焊点清晰,橡胶密封基本正常;驾驶舱内的配置良好,简单实用,前排宽敞,不过做工用料相对一般,出风口、仪表按键等相对感觉中等。发动机舱内线路基本正常,发动机没有明显的渗漏痕迹,水箱支架有修复痕迹,车辆常规部件有更换痕迹。底盘系统整体良好,悬架正常,制动盘片磨损正常,轮胎磨损正常,备胎没有使用过的痕迹。

(4) 动态检查:车辆起动时噪声略高,抖动正常,怠速稳定后噪声减少,变速器结合动力正常,虽然是4挡变速器,但是低速状态下的转矩输出良好,车辆的起步速度相对正常,加速感觉正常,整体行驶过程中操控正常,制动感觉比较硬,轮胎噪声正常,车辆音响效果一般,驾驶视野受到宽大的A柱影响,油耗正常。

(5) 综合评定。

第一评估师意见:甲壳虫部分配件与国产大众的某些车型可以通用,大大降低了车辆的维护费用,价格比较合理。同类型中,宝马MINI的价格较高,维护费用高,克莱斯勒PT漫步者数量少,认知程度一般,标致206CC等车型数量少,维护费略贵,配件价格高等,都影响了车辆的成交价格,根据市场行情分析,这款车的成交价格应该在16.8万~17.2万元之间比较合理。

第二评估师意见:甲壳虫系列在国内的销售缓步增长,主要是对车辆的车型进行了细分

和调整,原有的 2.0L 和 1.8T 系列继续保留,但是变速器由原来的 4 挡自动和 5 挡手自动一体升级到 6 挡自动,同时增加了一些现代化的新配置车型,比如敞篷系列,专有颜色款式等,这些都带动了一定量的销售。市场内的旧机动车需求量比较稳定,成交价格合理,根据市场近期行情,这款车的成交价格应该在 17 万~17.3 万元之间比较合理。

总评估师意见:伴随着个性化车辆的普及以及家庭第二辆车的观念,越来越多的女性用户由原来的家用轿车逐渐转变为个性的车型。车辆自身状况正常,虽然有一定程度的损伤,但是对于整体驾驶性能影响不大,根据近期行情分析,这款车的成交价格应该在 16.9 万~17.2 万元之间比较合理。

5. 路虎览胜 4.4 标准版评估

(1)车辆基本信息。

登记日期:2004 年 8 月　　行情评估价格:77 万~80 万元

新车包牌价格:06 款路虎览胜标准版包牌价格 148 万元　表征行驶里程:12.2 万 km

(2)此车手续。

购置附加税:有效　　　　　　　　养路费:2008 年 12 月

车船使用税:2007 年度　　　　　第三者保险:到 2008 年 8 月

(3)车辆配置。

车身:双层防锈镀锌强化钢板　　　发动机:V 形 8 缸 4.4L 汽油发动机

变速器:5 挡手自一体自动变速器　安全装备:前双安全气囊+后排气囊+侧气帘

前后悬架:前后独立悬架+电子调节　制动系统:前后盘式制动+ABS+E-BC+EBD

电子控制设备:中央遥控门锁、越野模式调整

座椅、门窗、天窗小类:前排电动座椅、电动门窗等

音响系统:DVD 影音系统+越野模式提示

(4)评估说明:作为世界顶级的越野车品牌,路虎成为世界上唯一的一个只生产越野车的豪华品牌,其一直秉承的英伦风格,几经转手始终坚持其风格的产品被称做强悍的"劳斯莱斯"。从其入门的神行者到顶级的览胜,到英伦系列国家的警车、救火车等都采用的路虎卫士,可以说其在世界范围内的知名度相当高。在 SUV 风靡的时代,路虎与奔驰、宝马等产品产生了激烈的竞争,但是作为纯粹的越野车型,路虎仍有着其血统中的那种骄傲和不羁。随着路虎在中国的推广和销售量的提升,旧机动车市场占有率逐渐提高,品牌知名度和保值率都有所提高。

(5)静态检查:我们评估的这款路虎览胜属于标准版系列,白色车身显得比较大,整体外观基本良好,除了周身有轻微的剐蹭修复痕迹,其他重要部分没有修复痕迹。车辆各个车门、发动机舱盖、行李舱盖开合正常,车架连接牢固,焊点清晰。车辆驾驶舱内采用皇家系列的镶边座椅,浅色调凸显出车辆的豪华和尊贵,各操控部位良好,工作正常,仪表台、座椅外表等容易老化的部分维护良好。发动机舱内线路正常,发动机与变速器结合部分有轻微的渗油痕迹,转向助力泵采用的电子设备、电脑线盒有拆开过的痕迹,其他基本正常。底盘系统由于采用可调节悬架,悬架系统正常,有轻微的渗油,底盘有多处轻微的剐蹭,制动盘片磨损明显,轮胎磨损正常,其他底盘部分基本正常。

(6)动态检查:车辆起动后发动机十分稳定,但是澎湃的动力感觉源源不断,在内行看来

是愉悦的声音而不是噪声。行驶过程中车辆的各项操控轻盈准确,动力结合相当平顺,虽然采用4.4L大排量发动机,但是基本上没有换挡冲击感觉,可调节悬架工作正常,低速转矩的稳定性确保了极端情况下的越野能力,除了油耗的考虑,似乎其他都不是问题。制动盘片磨损比较明显,最好进行更换,其他系统工作正常。

(7)综合评定:路虎览胜作为一款顶级的豪华越野车其传统的优势也正在被竞争对手所侵占,奔驰新款GL、宝马新款X5、吉普大切诺基V8-5.7HEMI、大众途锐2等车型都在原有的豪华车基础上大量增加了越野装备和技术,整体的市场竞争不断升级,对于旧机动车行业来说这些车辆的竞争直接导致了价格的下降。另外,这类车辆的市场占有率所影响到的零配件、维修等问题也导致了价格的变化,因此我们评估的这款车的价格应该在77万~80万元之间比较正常。

6. 德国保时捷卡宴3.6旧机动车评估

(1)车辆基本信息。

评估车型:德国保时捷卡宴3.6　　　　登记日期:2007年8月
新车包牌价格:现销售近似车型90万元　　表征行驶里程:4.6万km
用户情况:车主经济原因出售,希望价格63万元

(2)车辆手续。

购置附加费:正常缴纳并且有效养路费缴纳至2008年12月,车船税缴纳至2008年;
全险缴纳至2008年8月,登记证、发票登记证有效,正规发票;
其他海关进口贸易证明齐全,其他正常。

(3)车辆配置。

车身:双层防锈镀锌钢板　　　　　　　发动机:V形6缸3.6L FSI汽油发动机
变速器:tiptronic6挡手自一体变速器　　安全装备:前双安全气囊、双前侧面安全气囊
前后悬架:前后独立悬架　　　　　　　制动系统:前后盘式制动+ABS+ASR
电子控制设备:中央遥控门锁+车身防盗系统
座椅、门窗、天窗:多方向电动座椅、电动门窗等
音响系统:单碟CD高级影音系统　　　其他:液压转向助力、液晶显示屏幕等

(4)静态检查:车辆整体外观基本良好,左前侧翼子板有明显的碰撞修复后的痕迹,一些部件经过了更换,喷漆工艺良好,但是通过专业检测依然能够察觉出来。整体车架连接部分良好,焊点清晰,没有碰撞修复后的变形和弯曲迹象。驾驶舱内功能部件良好,位置正常,使用方便。发动机舱内线路经过了更换,左前侧悬架部分有修复的痕迹,左前照灯经过整体更换,发动机和变速器没有渗漏痕迹。底盘系统中,左前侧悬架有损伤修复痕迹,更换了新悬架,轮胎,制动盘片磨损正常。

(5)动态检查:车钥匙在OD挡发动机自行检测中,发动机故障代码显示有问题,起动后仍没有消除,悬架驱动系统也有报警反映,根据判断,估计是车辆碰撞修复后没有进行电脑的故障清除和匹配。变速器结合动力正常,行驶过程中挡位变换比较正常,悬架调整需要进行适当处理,在高速行驶中前轮有轻微的摆动,松开转向盘车辆偏向左侧,制动性能良好,轮胎噪声较大。

(6)综合评定。

第一评估师意见:保时捷卡宴SUV在高端SUV中属于比较特殊的一款,一方面是保时

捷的跑车风格，另一方面是卡宴的外形比较独特，并没有同档次车辆常用的"宽厚"而依然是"流线风格"，相比较 Q7、途锐等车型，这款车的价格还算适中，市场供需比较良好，预计成交价格在 55 万~57 万元之间比较合理。

第二评估师意见：相对来讲，使用一年左右的旧机动车赔钱最多，折旧率最高，相对出售的损失比较大，购买比较划算。我们评估的这款车属于事故类型的车辆，左前侧的碰撞比较明显，造成了悬架损伤和电脑系统的故障，修复工艺一般，需要进行适当的匹配和整备，这类车辆比正常的成交车辆价格要低一些，根据市场判断，这款车近期的成交价格应该在 52 万~53 万元之间比较合理。

总评估师意见：品牌的价值相对来讲影响着高档车的保值率，另外一点就是这款车在市场的占有率和口碑。保时捷卡宴这款车需求量不错，但是供应量不足，但是这类车辆的质量影响着车辆的价格，尤其是事故的影响非常明显，根据市场的行情分析和判断，这款车的成交价格应该在 50 万~52 万元，事故损失比较大。

二、任务实施

(一) 现行市价法的运用

现行市价法的运用旨先必须以市场为前提,它是借助于参照物的市场成交价或变现价运作的(该参照物与被评估车辆相同或相似)。现行市价法计算流程图如图4-7所示。

图4-7 现行市价法计算流程图

(二) 重置成本法的具体运用

重置成本法是汽车评估中常用的一种方法,它适用于继续使用的汽车评估。对在用车辆,可直接运用重置成本法进行评估,无需作较大的调整。在目前,我国汽车交易市场尚需进一步规范和完善,运用现行市价法和收益现值法的客观条件受到一定的制约;而清算价格法仅在特定的条件下才能使用。因此,重置成本法在汽车评估中得到广泛应用。重置成本法计算流程图如图4-8所示,旧机动车成新率计算流程图如图4-9的示。

图 4-8 重置成本法计算流程图

图 4-9 旧机动车成新率计算流程图

三、评价反馈

1. 自我评价

(1) 通过本学习任务的学习,你是否已经掌握以下问题:

① 现行市价和重置成本法的具体运用。

② 对国产旧机动车进行评估。

③ 对进口旧机动车(价格较高)进行评估。

(2) 从国产和进口汽车的评估案例中学到了什么?

(3) 车辆评估过程的完成情况。

(4) 工作着装是否规范?

(5) 能否积极主动参与工作现场的清洁和整理工作?

(6) 在完成本学习任务的过程中,你是否主动帮助过其他同学?是否和其他同学探讨车辆具体评估的有关问题?具体问题是什么?结果是什么?

(7)通过本学习任务的学习,你认为哪些方面还有待进一步改善?

_____

_____

签名:_____   ____年____月____日

2. 小组评价

小组评价表见表4-12。

小组评价表　　　　　　　　　　　表4-12

序号	评价项目	评价情况
1	学习态度是否积极主动	
2	是否服从教学安排	
3	是否达到全勤	
4	着装是否符合要求	
5	是否合理规范地使用仪器和设备	
6	是否按照安全和规范的规程操作	
7	是否遵守学习、实训场地的规章制度	
8	是否积极主动地与他人合作、探讨问题	
9	是否能保持学习、实训场地整洁	
10	团结协作情况	

参与评价的同学签名:_____   ____年____月____日

3. 教师评价

_____

_____

教师签名:_____   ____年____月____日

学习任务5　旧机动车的交易

学习目标

1. 知道旧机动车交易的手续与流程；
2. 知道旧机动车的置换与模式；
3. 知道旧机动车拍卖与流程；
4. 掌握从事旧机动车营销、评估相关的政策法规。

任务描述

旧机动车评估最终是要进行交易。旧机动车经过收购，才能销售或置换，特殊条件下旧机动车可能被拍卖。评估人员在国家政策、法规允许的条件下，按照相关流程进行旧机动车的交易。

学习引导

本学习任务沿着以下脉络进行学习：

一、相关知识

（一）旧机动车的收购与销售

价格是一个非常重要的因素，它直接影响到企业产品的销售和利润，同时也是实现企业经营目标的主要手段和策略。

1. 旧机动车收购定价的影响因素

1) 车辆的总体价值

旧机动车收购要充分考虑车辆的总体价值，它包括车辆实体的产品价值和各项手续的价值。

（1）车辆实体的产品价值：

①用鉴定估价的方法评估车辆实体的产品价值。

②根据经验结合目前市场行情综合评定。

$$车辆实体的产品价值 = 评估价值 + 综合评定 \qquad (5-1)$$

主要评定的项目包括：

①车身外观整齐程度，漆面质量如何等静态检查项目和发动机怠速声音、尾气排放情况等动态检查项目。

②配置、装饰、改装等项目也很重要，包括有无助力装置、真皮座椅、电动门窗、中控防盗锁、CD音响等；有效的改装包括动力改装、悬架系统改装、音响改装、座椅及车内装饰改装等。

（2）各项手续的价值：包括登记证、原始购车发票或交易过户票、行驶证、购置税本、车船使用费证明、车辆保险合同等。如果车辆的证件和规费凭证不全，就会影响收购价格。

2) 旧机动车收购后应支出的费用

从收购到售出时限内，还要支出的费用有：保险费、日常维护费、停车费、收购支出的货币利息和其他管理费等。

旧机动车的购置费用一般包括购车费、交易增值税，带保险交易的车辆根据情况还要付相应的保险费，翻新车辆则要交相应的维护费用。

（1）支付购车费。以双方商定的价格付费，具体价格最好以专业评估为准。

（2）交易增值税。国家规定车辆交易时收取旧机动车交易增值税，纳税范围是轿车、越野车、小客车（22座以下的面包车）、摩托车，数额为评估价格的4%，合计为6.5%（北京地区为该比例，其他城市略有差别）。

（3）保险费。保险也是直接关系到成交价格的主要因素。如果保险快到期了，在买车后，就要准备花几千元钱上车险，无形中增大了支出预算。

（4）维护翻新费用。买来旧车，自然要为其梳妆打扮一番，根据选择项目的数量和选择产品的档次，进行翻新，通常这项费用为几百至几千元不等。另外，如果原车主上一次维护的时间已较长，应该立即去修理厂或维护站做维护检查，需要更换的零件应立即去更换。因为基本维护对于延长车辆使用寿命、减少维修费起着至关重要的作用。

3）市场宏观环境的变化

旧机动车收购要注意国家宏观政策、国家和地方法规的变化因素等影响导致的车辆经济性贬值。如许多地区对汽车尾气排放的要求越来越严格,全国大部分地区已经执行国家Ⅳ排放标准,车辆达不到标准价格肯定下跌。

4）市场微观环境的变化

市场微观环境,主要指新车价格的变动。目前价格战越打越烈,新车的价格也趋于下滑趋势,新车型的上市对旧机动车收购价格的影响很大。

5）供求关系的变化

市场的供求关系变化同样会影响收购价格。因此,旧机动车经营者应根据库存车辆的多少提高或降低收购价格。旧机动车价格的上升（或下降）会引起需求量较大幅度的减少（增加）。因此,在旧机动车的销售定价时,应该把价格定的低一些,应该以薄利多销达到增加盈利、服务顾客为目的。

6）品牌知名度和维修服务条件

对不同品牌的旧机动车,由于其品牌知名度和售后服务的质量不同,也会影响到收购价格。像一汽、上汽、东风、长安汽车、广汽等,都是国内颇具实力的企业。在旧机动车市场上比较畅销的旧机动车,如奥迪A6、大众速腾、本田雅阁、丰田凯美瑞、桑塔纳、现代索纳塔、福特福克斯、东风日产颐达、东风标致308、奇瑞QQ。像保时捷卡宴、奥迪Q7、路虎揽胜也是很受欢迎的SUV车。

2. 旧机动车收购定价的方法

1）以现行市价法、重置成本法的思想方法确定收购价格

由现行市价法、重置成本法对旧机动车进行鉴定估算产生的客观价格,再根据快速变现原则,估定一个折扣率,并以此确定旧机动车收购价格。如运用重置成本法估算某机动车辆价值为10万元,据市场销售情况调查,估定折扣率为20%可出售,则该车辆收购价格为8万元。

2）以清算价格的思想方法确定收购价格

清算价格的特点是企业（或个人）由于破产或其他原因,要求在一定的期限内将车辆变现,在企业清算之日预期出卖车辆可收回的快速变现价格,具体来说主要根据旧机动车技术状况,运用现行市价法估算其正常价值,再根据处置情况和变现要求,乘以一个折扣率,最后确定评估价格。

3）以快速折旧的思想方法确定收购价格

根据机动车辆的价值,计算折旧额来确定收购价格。年折旧额的计算方法建议采用以下两种方法。

（1）年份数求和法：

$$\binom{机动车年}{折旧额} = \left[\binom{机动车}{原值} - \binom{机动车}{残值}\right] \times \frac{规定折旧年限 + 1 - 使用期内某一确定年限}{规定折旧年限 \times (规定折旧年限 + 1)} \quad (5\text{-}2)$$

(2)余额递减折旧法：

$$D_1 = K_0 \times a(1-a)^{t-1} \tag{5-3}$$

式中：t——机动车在使用年限内某一确定年度；

K_0——机动车原值；

a——折旧率，$a = b \times \dfrac{1}{N}$；

N——机动车规定的折旧年限。

当 $b = 1$ 时，$a = \dfrac{1}{N}$，为直线法的折旧率；

当 $b = 2$ 时，$a = 2 \times \dfrac{1}{N}$，称为双倍余额递减法。

常见年份法、双倍余额递减法折旧率见表 5-1。

常见年份法、双倍余额递减法折旧率　　　　　　　表 5-1

折旧年限	年份数求和法 $\dfrac{N+1-t}{\dfrac{N(N+1)}{2}}$			双倍余额递减法 $a = 2 \times \dfrac{1}{N}$		
N	15	10	8	15	10	8
$t=1$	15/120=12.5%	10/55=18.2%	8/36=22.2%	2×1/15=13.3%	2×1/10=20%	2×1/8=25%
$t=2$	14/120=11.7%	9/55=16.4%	7/36=19.4%	2×1/15=13.3%	2×1/10=20%	2×1/8=25%
$t=3$	13/120=10.8%	8/55=14.5%	6/36=16.7%	2×1/15=13.3%	2×1/10=20%	2×1/8=25%
$t=4$	12/120=10.0%	7/55=12.7%	5/36=13.9%	2×1/15=13.3%	2×1/10=20%	2×1/8=25%
$t=5$	11/120=9.17%	6/55=10.9%	4/36=11.1%	2×1/15=13.3%	2×1/10=20%	2×1/8=25%
$t=6$	10/120=8.33%	5/55=0.91%	3/36=0.83%	2×1/15=13.3%	2×1/10=20%	2×1/8=25%

3．旧机动车收购价格的计算

1）旧机动车收购价格的确定

旧机动车收购价格的确定是指被收购车辆手续齐全的前提下对车辆实体价格的确定。

如果所缺失的手续能以货币支出补办，则收购价格应扣除补办手续的货币支出、时间和精力的成本支出。

(1)运用重置成本法。利用重置成本法对旧机动车进行鉴定估价，然后根据快速变现的原则，给出一个折扣率，将被收购车辆的估算价格乘以折扣率，即得收购价格，计算公式如下：

$$\text{收购价格} = \text{评估价格} \times \text{折扣率} \tag{5-4}$$

(2)运用现行市价法。利用现行市价法对旧机动车进行鉴定估价，计算公式同上。

折扣率是指车辆能够当即出售的清算价格与现行市场价格之比值。它的确定是由经营者对市场销售情况的充分调查和了解凭经验而估算的。

(3)运用快速折旧法。首先计算出旧机动车已使用年数累计折旧额，然后，将重置成本全价减去累计折旧额，再减去车辆需要维修换件的总费用，即得旧机动车收购价格，用数学式表达为：

$$收购价格 = 重置成本全价 - 累计折旧额 - 维修费用 \qquad (5\text{-}5)$$

① 重置成本全价一律采用国内现行市场价格作为被收购车辆的重置成本全价。

② 累计折旧额的计算方法是：先用年份数求和法或余额递减折旧法计算出年折旧额后，再将已使用年限内各年的折旧额汇总累加，即得累计折旧额。

③ 维修费用是指车辆现时状态下，某功能完全丧失，需要维修和换件的费用总支出。

④ 在快速折旧计算时，一般 K_0 值取机动车的重置成本全价，而不取机动车原值。

2）旧机动车收购定价实例

某私家车车主 2008 年 2 月急于转让一辆捷达牌汽油轿车，经与旧机动车交易中心洽谈，由中心收购车辆。车辆初次登记日期：2004 年 8 月；购置日期：2004 年 7 月；累计行驶里程 8.1 万 km，车况基本良好，没有发生过交通事故，但是离合器有打滑现象，变速器挂挡有异响，转向系统低速有摆振现象，转向不灵敏，需要维修。试用快速折旧法计算收购价格。

解：根据相关资料得知，该型号的现行市场购置价为 12 万元，规定使用年限 15 年，残值忽略不计，现分别以年份数求和法及余额递减折旧法计算。这里 K_0 取机动车重置成本价 12 万元，机动车规定折旧年限 $N = 15$ 年，折旧率 a 按直线折旧率 $1/N$ 的 2 倍取值，即有 $a = 2 \times 1/N = 2 \times 1/15 = 13.3\%$，$t$ 从 2004 年 8 月到 2008 年 2 月共计 4 个年度。

车辆已使用年限为 3 年 6 个月，用年份数求和法及双倍余额递减法计算折旧额分别为 48000 元（$120000 \times 12.5\% + 120000 \times 11.7\% + 120000 \times 10.8\% + 120000 \times 10\% \div 2$）和 47093 元（41885 + 10415/2）。

根据技术状况鉴定：离合器有打滑现象，变速器挂挡有异响，需维修费 700 元；转向系统低速有摆振现象，转向不灵敏，需维修费 1550 元；黄牌标志遗失，登报声明补办的费用 100 元，上述费用合计为：700 + 1550 + 100 = 2350 元。

根据前述收购价格计算公式确定收购价格如下。

用年份数求和法计算收购价格为：

$$120000 - 48000 - 2350 = 69650（元）$$

用双倍余额递减法计算收购价格为：

$$120000 - 47093 - 2350 = 70557（元）$$

4. 旧机动车销售定价的目标分析

旧机动车销售定价的目标是指旧机动车流通企业通过制订价格水平，凭借价格产生的效用来达到预期目的的要求。

1）获取利润目标

（1）获取预期收益目标。预期收益目标是指旧机动车流通企业以预期利润（包括预交税金）为定价基点，并以利润加上商品的完全成本构成价格出售商品，从而获取预期收益的一种定价目标。预期收益目标有长期和短期之分，大多数企业都采用长期目标。预期收益高低的确定，应当考虑商品的质量与功能、同期的银行利率、消费者对价格的反应以及企业在同类企业中的地位和在市场竞争中的实力等因素。预期收益定得过高，企业会处于市场竞争的不利地位;定得过低,又会影响企业投资的回收。一般情况下,预期收益适中,可能获得长期稳定的收益。

(2)获取最大利润目标。最大利润目标是指旧机动车流通企业在一定时期内综合考虑各种因素后,以总收入减去总成本的最大差额为基点,确定单位商品的价格,以取得最大利润的一种定价目标。最大利润是企业在一定时期内可能并准备实现的最大利润总额,而不是单位商品的最高价格。最高价格不一定能获取最大利润。当企业的产品在市场上处于绝对有利地位时,往往采取这种定价目标,它能够使企业在短期内获得高额利润。最大利润一般应以长期的总利润为目标,在个别时期,甚至允许以低于成本的价格出售,以便招徕顾客。

(3)获取合理利润目标。合理利润目标是指旧机动车流通企业在补偿正常情况下的社会平均成本基础上,适当地加上一定量的利润作为商品价格,以获取正常情况下合理利润的一种定价目标。企业在自身力量不足,不能实行最大利润目标或预期收益目标时,往往采取这一定价目标。这种定价目标以稳定市场价格、避免不必要的竞争、获取长期利润为前提,因而商品价格适中,顾客乐于接受,政府积极鼓励。

2)占领市场目标

以市场占有率为定价目标是一种志存高远的选择方式。市场占有率是指一定时期内某旧机动车流通企业的销售量占当地细分市场销售总量的份额。市场占有率高,意味着企业的竞争能力较强,说明企业对消费信息把握得较准确、充分。资料表明,企业利润与市场占有率正向相关。提高市场占有率是增加企业利润的有效途径。

由于企业所处的市场营销环境不同,自身条件与营销目标不同,企业定价目标也大相径庭。因此,旧机动车流通企业应在综合考虑市场环境、自身实力及经营目标的基础上,将利润目标和占领市场目标结合起来,兼顾企业的眼前利益与长远利益,来确定适当的定价目标。

5.旧机动车销售定价的方法分析

定价方法是旧机动车流通企业为了在目标市场实现定价目标,给产品制订基本价格和浮动范围的技术思路。由于成本、需求和竞争是影响企业定价的最基本因素,产品成本决定了价格的最低限,产品本身的特点,决定了需求状况,从而确定了价格的最高限,竞争者产品与价格又为定价提供了参考的基点,也因此形成了以成本、需求、竞争为导向的3大基本定价思路。

1)成本加成定价法

(1)成本加成定价法。成本加成定价法也称为加额定价法、标高定价法或成本基数法,是一种应用比较普遍的定价方法。它首先确定单位产品总成本(包括单位变动成本和平均分摊的固定成本),然后在单位产品总成本基础上加上一定比例的利润从而形成产品的单位销售价格。该方法的计算公式是:

$$单位产品价格 = 单位产品总成本 \times (1 + 成本加成率) \qquad (5\text{-}6)$$

由此可以看到,成本加成定价法的关键是成本加成率的确定。一般地说,加成率应与单位产品成本成反比,和资金周转率成反比,与需求价格弹性成反比。需求价格弹性不变时,加成率也应保持相对稳定。

(2)目标收益定价法。目标收益定价法又称投资收益率定价法,是根据企业的投资总额、预期销量和投资回收期等因素来确定价格。在产品供不应求的条件下,或产品需求的价格弹性很小的细分市场中,目标收益法具有一定的应用价值。

(3)边际成本定价法。边际成本是指每增加或减少单位产品所引起的总成本的增加或减少。采用边际成本定价法时,是以单位产品的边际成本作为定价依据和可接受价格的最低界限。在价格高于边际成本的情况下,企业出售产品的收入除完全补偿变动成本外,尚可用来补偿一部分固定成本,甚至可能提供利润。在竞争激烈的市场条件下具有极大的定价灵活性,对于有效地应对竞争、开拓新市场、调节需求的季节差异、形成最优产品组合可以发挥巨大的作用。

2)需求导向定价法

需求导向定价是以消费者的认知价值、需求强度及对价格的承受能力为依据,以市场占有率、品牌形象和最终利润为目标,真正按照有效需求来策划价格。需求导向定价法又称顾客导向定价法,是旧机动车流通企业根据市场需求状况和消费者的不同反应分别确定产品价格的一种定价方式。其特点是:平均成本相同的同一产品价格随需求变化而变化,一般是以该产品的历史价格为基础,根据市场需求变化情况,在一定的幅度内变动价格,以致同一商品可以按两种或两种以上价格销售。这种差价可以因顾客的购买能力、对产品的需求情况、产品的型号和式样,以及时间、地点等因素而采用不同的形式。

3)竞争导向定价法

竞争导向定价是以企业所处的行业地位和竞争定位而制定价格的一种方法,是旧机动车流通企业根据市场竞争状况确定商品价格的一种定价方式。其特点是:价格与成本和需求不发生直接关系。它主要以竞争对手的价格为基础,与竞争品价格保持一定的比例,即竞争品价格未变,即使产品成本或市场需求变动了,也应维持原价;竞争品价格变动,即使产品成本和市场需求未变,也要相应调整价格。

上述定价方法中,企业要考虑产品成本、市场需求和竞争形势,研究价格怎样适应这些因素,但在实际定价中,企业往往只能侧重于考虑某一类因素,选择某种定价方法,并通过一定的定价政策对计算结果进行修订,而成本加成定价法深受企业界欢迎,主要是由于:

(1)定价工作简化。由于成本的不确定性一般比需求的不确定性小得多,定价着眼于成本可以使定价工作大大简化,不必随时依需求情况的变化而频繁地调整,因而大大地简化了企业的定价工作。

(2)可降低价格竞争程度。只要同行业企业都采用这种定价方法,那么在成本与加成率相似的情况下,价格也大致相同,这样可以使价格竞争减至最低限度。

(3)对买卖双方都较为公平。卖方不利用买方需求量增大的优势趁机哄抬物价因而有利于买方,固定的加成率也可以使卖方获得相当稳定的投资收益。因此,我们推荐成本加成法来对旧机动车销售进行定价。

6. 旧机动车销售定价的策略分析

1)阶段定价策略

就是根据产品寿命周期各阶段不同的市场特征而采用不同的定价目标和对策。投入期以打开市场为主,成长期以获取目标利润为主,成熟期以保持市场份额、利润总量最大为主,衰退期以回笼资金为主。另外,还要兼顾不同时期的市场行情,相应修改销售价格。

2)心理定价策略

不同的消费者有不同的消费心理,有的着重经济实惠、物美价廉,有的注重名牌产品,有的注重产品的文化情感含量,有的追赶消费潮流。心理定价策略就是在补偿成本的基础上,按不同的需求心理确定价格水平和变价幅度。如尾数定价策略就是企业针对消费者的求廉心理,在旧机动车定价时有意定一个与整数有一定差额的价格。这是一种具有强烈刺激作用的心理定价策略。价格尾数的微小差别,能够明显影响消费者的购买行为,会给消费者一种经过精确计算的、最低价格的心理感觉,如某品牌的旧机动车标价69998元,给人以便宜的感觉,认为只要不到7万元就能买一台质地不错的品牌旧机动车。

3)折扣定价策略

旧机动车流通企业在市场营销活动中,一般按照确定的目录价格或标价出售商品。但随着企业内外部环境的变化,为了促进销售者、顾客更多地销售和购买本企业的产品,往往根据交易数量、付款方式等条件的不同,在价格上给销售者和顾客一定的减让,这种生产者给销售者或消费者的一定程度的价格减让就是折扣。灵活运用价格折扣策略,可以鼓励需求、刺激购买,有利于企业搞活经营,提高经济效益。

4)旧机动车销售最终价格的确定

旧机动车流通企业通过以上程序制定的价格只是基本价格,只确定了价格的范围和变化的途径。为了实现定价目标,旧机动车流通企业还需要考虑国家的价格政策、用户的要求、产品的性价比、品牌价值及服务水平,应用各种灵活的定价战术对基本价格进行调整,同时将价格策略和其他营销策略结合起来,如针对不同消费心理的心理定价和让利促销的各种折扣定价等,以确定具体的最终价格。

7. 旧机动车收购中的风险分析与防范

风险是指由于客观环境的变化带来损失,从而难以实现某种目的的可能性。旧机动车收购中的风险是指由于旧机动车收购环境的变化,给旧机动车的销售带来的各种损失。

收购风险不可能完全避免,而只能通过掌握战胜风险的策略和技巧,积极化险为夷,把风险变为机会,实现成功的转化,总体原则如下:

(1)要提高识别旧机动车收购风险的能力,应随时收集、分析并研究市场环境因素变化的资料和信息,判断收购风险发生的可能性,积累经验,培养并增强对旧机动车收购风险的敏感性,及时发现或预测收购风险。

(2)要提高收购旧机动车风险的防范能力,尽可能规避风险。可通过预测风险,从而尽早采取防范措施来规避风险。在旧机动车收购工作中,要尽可能谨慎,最大限度地杜绝旧机动车收购风险发生的隐患。

(3)在无法避免的情况下,要提高处理旧机动车收购风险的能力,尽可能最大限度地降低损失,并防止引发其他负面效应和有可能派生出来的消极影响。

在旧机动车收购中的风险防范上,具体可从新车型的影响、车市频繁降价的影响、折旧加快的影响几个方面来考虑影响旧机动车收购中的风险因素及其相应的防范措施。从实际行情看,使用期限在3年以内的车辆折旧最高,使用3年的车辆往往要折旧到40%~50%,其后的几年进入了一个相对稳定的低折旧期,接近10年的车辆折旧又开始加快。所以,3年以内的车要收购的话,收购定价要考虑车辆的大幅折旧因素的影响、排放标准提高的影响、车况优劣的影响、品牌知名度的影响、库存的影响、旧机动车收购合法性的影响、宏观环境的影响。

 相关链接

旧机动车定价的九个因素

1. 品牌——热门车或冷门车依市场行情加码或减码;
2. 车况——外观、内饰、发动机、底盘、原漆五大要素一个不能少;
3. 保险——购买保险应算入车价;
4. 过户次数——次数越多,车况越难预料;
5. 颜色——特别不畅销的或冷门的颜色可要求减价;
6. 配置——依加装配置价值及拆装难度决定加价多少;
7. 维修记录——有完整的维修记录,做到心中有数;
8. 事故车——根据事故大小判断;
9. 新车调价、促销、改型——随时注意市场动向,做相应价格调整。

(二)旧机动车的交易流程

1. 旧机动车的交易

因为旧机动车市场的缘故,各地的交易程序可能会有些差别,但是总的流程基本是一样的。一般来说都是:业务咨询→鉴定评估→审核收款开票→车管业务→征费运管→保险业务。

进行旧机动车交易,销车方须向旧机动车交易中心出具单位介绍信或证明信(属于个人卖车的须持居民身份证),机动车行驶证,原始购车发票,成交发票,购置附加费凭证,车船使用税"税讫"标志,保险费缴纳等凭证。

购车方须出具单位介绍信或个人身份证。工商行政管理部门根据旧机动车交易中心或有旧机动车经营权企业的交易凭证予以验证,车管部门凭此办理转籍过户手续。已经办理报废手续的各类机动车;虽未办理报废手续,但已达到报废标准或在1年时间内(含1年)即将报废的各类机动车;未经安全检测和质量检测的各类旧机动车;没有办理必备证件和手续,或者证件手续不齐全的各类旧机动车;各种盗窃车,走私车;各种非法拼、组装车;国产、进口和进口件组装的各类新机动车;右转向盘的旧机动车;国家法律、法规禁止进入经营的其他各种机动车,禁止交易。

买车前,首先要仔细检查车辆的技术状况。一定要检查车辆出厂时间、进行使用的时间和报废时间,必要时可请专业人士对车辆的使用价值和技术状况进行鉴定,也可请车辆评估鉴定人员或有一定经验的车辆维修人员进行上路试验,并作必要的部件检查,还要认识查看各种证件,查验年检、环保检测合格的证明与单据,必要时和原车主同到相关部门逐一核实。

买车后,应及时到车管部门办理过户手续;否则,买卖无效。如果车辆已确定购买,要同原车主一起到交管、运管、保险等部门办理各类证件过户手续,如果在此过程中有问题出现,等问题妥善解决好以后,再给原车主全额付款。车辆保险也要办理过户手续。我国保险条例规定,除货物运输保险的保险单或保险凭证可由投保方转让,无须征得保险方同意外,其他保险标的过户、转让或出售,事先应当面通知保险方,经保险方同意并将保险单或保险凭证批改后方为有效;否则,从保险标的过户、转让或出售时起,保险责任即行终止。此外,如果购买的是营运车辆,必须要求原车主将营运线路与停靠站牌等随车一并出售。如果是出租车则必须要有计价器、顶灯等,并且与证件上的编号相符;如果是定线营运客车,必须要与运营部门发放的线路牌编号相符。

2. 旧机动车的过户

符合交易条件的旧机动车就可以办理过户手续。以北京市场旧机动车交易过户手续为例,介绍以下4种情况的所需手续。

1) 个人对个人

(1) 卖方身份证原件及复印件。
(2) 买方身份证原件及复印件。
(3) 车辆原始购置发票或上次过户发票原件及复印件。
(4) 过户车辆的机动车登记证书原件及复印件。
(5) 机动车行驶证原件及复印件。
(6) 机动车到场。
(7) 北京市旧机动车买卖合同。

2) 个人对单位

(1) 卖方身份证原件及复印件。
(2) 买方单位法人代码证书原件及复印件。
(3) 车辆原始购置发票或上次过户发票原件及复印件。
(4) 过户车辆的机动车登记证书原件及复印件。
(5) 机动车行驶证原件及复印件。
(6) 机动车到场。
(7) 北京市旧机动车买卖合同。

3) 单位对个人

(1) 卖方单位法人代码证书原件及复印件。
(2) 买方身份证原件及复印件。
(3) 车辆原始购置发票或上次过户发票原件及复印件。
(4) 卖方单位须按实际成交价格给买车个人开具成交发票(需复印)。
(5) 过户车辆的机动车登记证书原件及复印件。
(6) 机动车行驶证原件及复印件。
(7) 机动车到场。
(8) 北京市旧机动车买卖合同。

4) 单位对单位

(1) 卖方单位法人代码证书原件及复印件。
(2) 买方单位法人代码证书原件及复印件。
(3) 车辆原始购置发票或上次过户发票原件及复印件。

(4)卖方单位须按实际成交价格给买方单位开具成交发票(需复印)。

(5)过户车辆的机动车登记证书原件及复印件。

(6)机动车行驶证原件及复印件。

(7)机动车到场。

(8)北京市旧机动车买卖合同。

3. 不允许办理过户的旧机动车

(1)申请车主印章与原登记车主印章不相符的。

(2)未经批准擅自改装、改型及变更载货质量、乘员人数的。

(3)违章、肇事未处理结案的或公安机关对车辆有质疑的。

(4)达到报废年限的(对已达到报废使用年限,但车辆技术状况较好,使用性质为自用的汽车,经特殊检验合格后,在达到报废使用年限后两年内,准予申办过户登记,但不准转籍)。

(5)未参加定期检验或检验不合格的。

(6)新车入户不足3个月的(进口汽车初次登记后不满两年的,但法院判决的除外)。

(7)人民法院通知冻结或抵押期未满的。

(8)属控购车辆无《申报牌照证明章》的。

(9)进口汽车属海关监管期内,未解除监管的。

(三)汽车置换与置换模式

目前消费者处理自己的旧机动车有三个途径,一是卖给朋友,这种方式一般碍于面子,卖车价格往往低于市场价格;二是卖给旧机动车市场的经纪公司,价格可能比较合理,但是消费者很难把全车手续交给一个陌生的人;三是通过厂家品牌置换业务处理旧机动车,卖旧换新同步进行,目前这种方式已经逐渐被众多消费者接受。

置换业务源自海外,强调的是旧物品(或次一等,较差的)与新物品(较好的)进行交换。这种交换的不等价性由置换方给予差额补贴。汽车置换,顾名思义就是不同于以往的旧机动车市场经济公司的业务,而是消费者用旧机动车的评估价值加上另行支付的车款从品牌经销商处购买新车的业务。由于这些厂商良好的信誉和优质的服务,并且能够给参与置换业务的消费者带来信任感和更加透明、安全、便利的服务,所以现在越来越多想换新车的消费者都在选择这一新兴的业务。

狭义上来说,汽车置换就是以旧换新业务。经销商通过旧机动车的收购与其旧车或新车的对等销售获取利益。广义的汽车置换概念则是指在以旧换新业务基础上,还同时兼容旧机动车整新、跟踪服务及旧机动车在销售乃至折抵分期付款等项目的一系列业务组合,从而使之成为一种有机而独立的营销方式。

1. 我国汽车置换的产生背景

(1)地区经济差异使不同地区的旧机动车表现出了不同的剩余价值。一辆经济发达城市淘汰下来的旧机动车,在经济欠发达地区可能成为抢手货。

(2)自1995年下半年开始,经过2年左右时间,中国汽车市场完成从卖方市场到买方市场的根本转变,已基本形成生产能力大于销售能力,而销售能力又大于现实市场需求的竞争态势。以1998年为例,与原生产计划相比,一汽红旗减产56.67%,神龙富康减产16.67%,

天津夏利减产9.09%,即便是占据国产汽车市场半壁江山的上海桑塔纳减产也在6%。2004年,由于市场原因,我国各大汽车制造商大都在下半年调整了生产计划。与此相应的是,各大汽车商彼此之间的竞争趋于白热化。自1997的下半年以来,国内轿车市场呈现多元化全面竞争态势,竞争形式变化多样:从贯穿于整车、配件两大市场的价格战,到越演越烈的产品战、广告战、新闻战,以及目前激战正酣的服务战,各轿车厂商均在有限的市场中争夺最大的市场发展空间。在此基础上,销售方式也层出不穷,同时,各大汽车厂商普遍认为,当前轿车进入家庭的关键问题是相对较高的新车价格与相对低下的消费能力的矛盾。厂商希望借汽车置换刺激需求,打出一片新天地。

(3)我国消费者市场对汽车置换业务的需求。目前我国消费者市场对汽车置换业务的需求主要有以下几点原因:

①人均收入逐年增长,富裕人群增加。目前北京、上海、广州等城市已经达到了汽车基本消费标准,一些企业中高层领导、外企合资企业白领、私营业者等阶层的年均收入达到了1万美元以上。这些人都是稳定的换车群体。

②新车性价比良好,消费刺激带动换车热潮。汽车厂家的激烈竞争给市场带来了更多更好的车型,更便宜的价格和更完善的服务,一些汽车消费者明显感觉到现在买车比过去要"值",所以很多车主开始甚至是经常换车。

③不稳定收入群体换车成为家常便饭。如今国内大城市的消费群体构成比较复杂,其中就有一些是外来淘金人员。这些人在赚钱的时候购买汽车作为商务用途,需要现金投资的时候则出售车辆进行周转,所以这一部分人成为现阶段最大的换车消费群。

④汽车环保和经济性刺激换车需求。开展汽车置换业务可以加强经济发达地区的车辆更新速度,同时刺激市场对车辆的需求,是满足特定消费市场、进一步提高市场占有率的重要手段。而且,作为置换业务商品之一的旧机动车可以在某种程度上调和高车价与低收入之间的矛盾,使其成为轿车真正进入家庭的前奏。《汽车产业政策》也明确提出,鼓励旧机动车流通,在经营模式上进行改革,给予了多家国内汽车生产厂旧机动车经营权,从政策上鼓励了汽车置换业务的发展。

(4)置换的目的:

①开展汽车置换业务可以加强经济发达地区的车辆更新速度,同时刺激市场对车辆的需求,是满足特定消费市场、进一步提高市场占有率的重要手段。

②作为置换业务商品之一的旧机动车可以在某种程度上调和高车价与低收入之间的矛盾,使其成为轿车真正进入家庭的前奏。

③相关业务利润丰厚也是置换业务产生的重要原因之一。

(5)汽车置换市场形成的必然性。地区经济差异使不同地区商品消费者剩余不同。一辆在经济发达城市淘汰下来的旧机动车在经济欠发达地区可能成为炙手可热的抢手货。两地的消费水准不同,导致同样商品在不同消费者群中具有不同的消费者剩余。这种消费者剩余的差异,直接导致地区间供求关系的转化与价格差。在置换市场形成以前,有大批自由的中介人充当沟通旧机动车供求双方的中间灰色市场,而且收入颇丰,在某些市场甚至形成行会。这固然说明旧机动车市场有待加强管理疏导,同时也说明了这一市场具有广阔的发展潜力。

大的汽车生产厂商为提高各自市场占有率,对置换业务给予政策扶持。汽车置换业务在中国市场诞生的那一刻起,就是作为整车新车市场的一个辅助市场和竞争手段。从根本上讲,当前置换的主要任务还是加快车辆更新周期,刺激新车消费。这和国外市场的经营宗旨是有所区别的,因而具有现阶段鲜明的中国特色。从另一方面讲,各大汽车生产厂商为扶持这一新市场,也给予了特殊照顾。无论是车辆供应品种、资金配套、储运分流,还是其他相关的广告宣传,生产商给予的关怀可谓无微不至。这也是置换业务能在竞争日趋白热化的汽车市场获得生存并在短时间内打开局面的一个重要原因。

相关业务利润丰厚是置换业务产生的重要原因之一。除了后援公司的支持之外,汽车置换业务自身就有很大盈利因素。且不论信息不均衡所产生的地区车价差,单旧机动车交易与新车置换过程中收取的手续费、交易费等,也会给从业者带来丰厚的利润,更何况随着业务的发展,置换业务将不再满足旧车收购后的简单再销售,而是着眼于车辆收购、整新、办证等一条龙服务。因此,随着置换规模的形成,其所产生的利润更为可观。

2. 汽车置换的基本原则

旧机动车进行置换时应考虑以下几项原则。

1)对在用车辆不满意

一些消费者在购买之前没有对车辆进行全方面的了解,等到使用了一段时间之后,才发现并不喜欢这辆车。例如:车的内部空间不合适、动力不够强劲、油耗高等都有可能成为放弃该车的理由。当市场上有了自己比较合适的车型时,就可以用原来的车来置换新车。

2)尽量不要选择同档次车型

如果您对自己的车不是很满意,在置换的时候最好要选择更高一个档次的车型。例如若对富康的驾驶感觉不满意,置换一辆捷达恐怕也改变不了多少。更高档次车型当然会给您带来更好的享受,随着生活品质提高了,所开车辆的感觉也应该有所改变。

3)贷款车可以置换

如果您置换新车时希望贷款购买的,那么您的旧车可以抵作首付款,差额费用则按贷款办理。若旧车评估的价格不足以抵付首付款,还要用现金补齐。如果原有旧车的贷款还未还清,那么有些经销商可以预先垫付所差的贷款,其款项可以折合到新车的款项当中。

4)新车可以用原来的"牌"

置换新车后如果还想继续使用原来旧车的牌照,则需要办理原车退牌、新车上牌的手续,这些业务许多4S店的经销商也可以帮助办理。但部分地区"保留原牌"费用很高,所以要考虑周全。以北京为例,保留一辆夏利的车牌有时竟高达4万元,得不偿失。

3. 我国汽车置换的发展现状

在产销矛盾与市场压力的双重作用下,1997年下半年,以国内第一家专业汽车置换公司——上海汽车工业机动车置换有限公司的成立为标志,中国的汽车置换业务正式产生。从2004年下半年开始,汽车置换业务已逐渐形成规模,成为促进新车销量的新的销售模式。

1)国内汽车公司的旧机动车品牌

继上海通用汽车率先进入旧机动车领域后,上海大众、一汽大众、东风日产等厂家也纷纷进军旧机动车市场。

(1)上海通用"诚新二手车"。2004年,上海通用汽车开始将中国第一个旧机动车品牌全面升级,由原来的"别克诚新二手车"升级为"上海通用汽车诚新二手车",并宣布,从2004

年8月26日至9月30日,覆盖全国26个省、46个城市的"诚新二手车"置换别克新车活动向用户隆重推出旧车免费估价、置换价格优惠、延长质量担保等优惠活动。

（2）一汽大众"认证二手车"。2004年8月28日,一汽大众认证旧机动车首批样板店开业典礼,宣布进军旧机动车业务。相比前者来说,经验和方式等多样性方面不够理想,但也逐渐开展了拍卖等销售方式。首批样板店是一汽大众从全国347家特许经销商当中选取的13个城市的16家信誉较好的经销商,保证能够赢得良好的口碑。

（3）上海大众"特选二手车"。上海大众集团早在2003年11月就推出了自己的旧机动车交易品牌——上海大众特选二手车。

（4）一汽丰田"安心二手车"：一汽丰田的旧机动车认定标志——外部一个车形轮廓,中央加上一个红色透明心形表达旧机动车业务全过程"公开、透明、安心"。

（5）东风雪铁龙推出的"龙信"品牌旧机动车业务。通过一站式的置换服务和专业科学的操作规范,轻松帮助消费者免除周旋于各种复杂事项的烦恼,足不出户即可坐享便利置换带来的新体验。东风雪铁龙的旧机动车置换采用多品牌置换模式,即无论是东风雪铁龙本品牌,还是其他品牌的非营运轿车,都可以用来置换购买东风雪铁龙品牌新车。东风雪铁龙秉承专业、透明、增值、省心的旧机动车置换经营理念。引入权威的价格行情指数和有国家执业资格的专业鉴定估价师99项标准检测,提供了一个科学、公正的旧车估价模式;一站式的置换销售服务,让客户无忧置换;满意的旧车收购价格,实现置换新旧双赢。

（6）广州本田正式启动"喜悦二手车"业务品牌。专营店使用全国统一的"喜悦二手车"形象标识,象征着信心、省心、悦心——专业可靠的旧机动车认证、置换和销售服务。

（7）华晨宝马授权,成为全国首批获准经营"尊选二手车"的BMW授权经销商之一。

BMW的每一个细节都以质量为基准,并非所有BMW旧机动车都能成为"尊选二手车",必须通过谨慎的选拔程序、严格的测试过程：车龄不得超过5年,行驶里程不超过100000km,需通过BMW的100项专业技术检测;另外,还要全部使用BMW原厂配件维修。通过了BMW"尊选二手车"的品质认定,意味着它具备了BMW的超凡品质,尽可放心信赖。

（8）"起亚·至诚二手车"置换。"起亚·至诚二手车"严格依托原厂的坚实保障,以严格的7大类108项检测标准和规范化业务流程,为消费者提供可靠、专业和便捷的全方位一站式服务。"起亚·至诚二手车"置换业务采用多品牌置换模式,消费者可用任一品牌的旧车置换东风悦达起亚品牌新车。经东风悦达起亚"起亚·至诚二手车"业务授权的专营店都拥有持国家注册证书的专业评估师,在对收购车辆进行36项专业技术检测的同时,向客户提供公平、公正和透明的估计方式,在这样安全便捷的置换业务下,客户将获得满意的旧机动车收购价格和超值的新车优惠。

（9）大众易手车品牌Das WeltAuto

德国大众全球易手车品牌Das WeltAuto已在近30个国家为客户提供标准统一的专业易手车服务,并将继续拓展它在全球的业务版图。2013年这一全球品牌正式进入中国,Das WeltAuto上海大众汽车阳光易手车由此诞生。

置换业务：一站式置换服务,方便快捷。无论客户现在驾驶什么品牌的车辆,在阳光易手车这里,您都可以放心、便捷地置换到一辆您喜欢的新车。

车辆美容：为了确保Das WeltAuto上海大众汽车阳光易手车品牌的所有车辆都保持最

佳状态,采用了德国的专业技术和产品对车辆进行"美容",仔细清理车内外的污垢,使每辆阳光易手车都亮丽如新。

质量检验:每辆认证的阳光易手车都必须经过严苛的133项德国大众全球统一检测标准。绝不隐瞒任何结果,这是大众汽车阳光易手车对客户的承诺。

车辆定制:可以为阳光易手车提供车辆定制、配件增加和个性化装饰等服务。

质量保证:大众汽车阳光易手车对自己的工作和专业信心十足,所有认证的阳光易手车都将享有上海大众汽车原厂综合质保服务。

金融保险:任何关于按揭贷款和保险的问题,大众汽车阳光易手车都很乐意为客户提供专业解答。

试乘试驾:试乘试驾是购车过程中的重要体验,是帮您找到您想要的车的最佳方法,也是Das WeltAuto上海大众汽车阳光易手车品牌向您提供的优质服务。

表5-2为各汽车公司旧机动车品牌。

汽车公司的旧机动车品牌 表5-2

序号	汽车公司	旧机动车品牌	备 注
1	上海通用	诚新二手车	2002年推出,从2004年8月26日覆盖全国26个省、46个城市
2	东风日产	认证二手车	从2003年开始,目前超过100家的认证二手车网点
3	上海大众	特选二手车	在2003年11月推出
4	一汽大众	认证二手车	2004年8月28日宣布进军旧机动车业务
5	一汽丰田	安心二手车	始于2005年,2007年开始推出smile旧机动车业务,发展至今,一汽丰田的旧机动车置换认定店已达到317家,而smile认定店也有42家
6	东风悦达起亚	至诚旧机动车	2006年初正式推出"起亚-至诚二手车"业务
7	华晨宝马	尊选二手车	早在2003年就在全球推出尊选二手车业务,到了2006年进入了中国市场
8	东风标致	诚狮二手车	东风标致经过法国标致授权获得其标识的使用权,2006年结合中国国情选择"诚狮"作为旧机动车业务的品牌名称
9	广州本田	喜悦二手车	广汽本田的喜悦二手车品牌在2007年就已发布
10	东风雪铁龙	"龙信"品牌	2008年9月,东风雪铁龙在第十一届成都国际汽车展览会上正式发布了旧机动车业务品牌"龙信",并率先在北京、上海、武汉、成都、深圳五地全面启用
11	奔驰	星睿二手车	奔驰国内的星睿二手车业务始于2009年11月
12	一汽奥迪	品荐二手车	奥迪的旧机动车业务始于2004年,"品荐二手车品牌"于2009年11月正式发布
13	广汽丰田	心悦二手车	2011年9月20日,广汽丰田"心悦二手车"品牌在广州正式发布。同时也宣布了广汽丰田正式进军旧机动车市场
14	东风本田	心誉二手车	东风本田的心誉二手车品牌2012年5月发布
15	北京现代	首选二手车	2009年4月,现代首选二手车经营有限公司由北京汽车投资有限公司、现代汽车(中国)投资有限公司、北京现代汽车有限公司共同出资建立,是中国旧机动车市场为数不多的具有大批量置换、收购、整备、翻新、过户、转籍、销售、租赁资质,同时具有新车销售功能的专业化旧机动车经营公司
16	大众汽车	Das Welt Auto	Das Welt Auto是大众汽车于2010年6月推出的旧机动车品牌,目前已在德国、日本、英国、意大利等23个国家落地,其中国已有600余家特许经销店。2013年这一全球品牌正式进入中国

续上表

序号	汽车公司	旧机动车品牌	备注
17	保时捷(中国)	认可易手车	2012年,保时捷推出"认可易手车"。2/3以上的保时捷在路上驰骋,其中不乏保时捷认可易手车
18	长安福特	认证二手车	2013年,长安福特在全国的授权旧机动车经销商提供以"交易安心、手续放心、价格舒心、礼品悦心"为理念的"四心"置换服务
19	雷克萨斯	认证二手车	2013年4月,LEXUS雷克萨斯中国正式推出"认证二手车"品牌,为消费者提供"悉心甄选,原厂保证"的旧机动车销售和售后服务
20	比亚迪	精诚二手车	2013年,比亚迪推出"精诚旧机动车"。从以前单纯的置换拓展到收购、置换、代售、认证、销售各个领域,涵盖旧机动车市场所有业务

2)国内汽车置换的发展前景

随着国家经济发展,尤其是经济发展重心已经逐渐从沿海向内地省份转移,中西部大开发战略实施必将减少地区间的经济差异,经济趋于同化是不可逆转的趋势。总之,机动车置换业务是顺应汽车市场激烈竞争和市场需求多样化的必然产物,是促进和发展汽车流通产业的必然趋势。

除了置换业务目的不同之外,在国内开展车辆置换业务的许多客观经营条件如相关法律法规、税制收费政策的制定和完善,旧机动车市场经营、消费环境,旧机动车残余价值评估制度的建立和运作,乃至大众消费者的消费心态等,与发达国家相比,还存在着很大一段距离。有关资料显示,美国作为世界上最大的汽车消费国,近年来每年的汽车交易量都在5000万辆以上,其中各种车型的旧机动车交易占了3/4,总体上看,其旧机动车交易的特点是量大而利厚。事实上,美国的旧机动车交易程序和制度在30多年来有了很大的发展和完善,不仅采用电脑评估等手段来对旧机动车车况进行细致的盘查,让消费者了解到准确真实的交易信息,还通过建立旧机动车品牌专卖制度、允许一定时间内的试驾等手段,使消费者大大提高消费信心;一些汽车制造商出于维护自身品牌形象,也为本公司品牌的旧机动车提供一定时间的质量保证。这些措施大大促进了美国旧机动车交易的发展。此外,旧机动车市场的兴旺,加快了汽车的流通和更换,又进一步推动新车的买卖和汽车租赁等相关行业的发展。

4. 国内主要汽车置换运作模式

从目前国内汽车市场来看,汽车品牌置换大致有以下4种模式。

(1)用本厂旧机动车置换新车(即以旧换新)。如汽车生产厂家为上海大众,车主可将旧桑塔纳轿车折价卖给上海大众4S店,再买一辆新波罗汽车。

(2)用本品牌旧机动车置换新车。如品牌为"大众",假如帕萨特旧机动车车主喜欢购买斯柯达明锐,那么,他可以去任何一家"大众"4S店置换到一辆自己喜欢的斯柯达明锐新车。

(3)只要购买本厂生产的新车,置换的旧机动车不限品牌。如上海通用汽车诚信二手车开展的就是这种置换模式,其流程如图5-1所示。也就是说,消费者可以用各种品牌的旧机动车置换别克品牌的新车。

图5-1 通用汽车置换流程

(4)委托寄售方式主要分为3种类型：
①自行定价型，即由消费者自行定价，委托商家代卖，等到成交后再支付佣金。
②两次付款型，由商家先支付部分费用，等到成交后再付余款。佣金以利润比例来定。
③周期寄卖型，其方式是由商家向车主承诺交易周期，车价由双方共同确定，而佣金则以成交时间和成交金额双重标准来定。

车辆更新对于车主来说，是一个繁琐的过程。首先要到旧机动车市场把车卖掉，这其中要经历了解市场行情，咨询旧机动车价格，与旧机动车经纪公司讨价还价直至成交，办理各种手续和等待回款，至少要好几天，等拿到钱后再到新车市场买新车，又是一番周折。对于车主来说，更新一部车比买新车麻烦得多。在生活节奏日益加快的今天，人们期盼能否有一种便捷的以旧换新业务，使他们在自由选择新车的同时，很方便地处理要更新的旧车。因此，具有汽车置换资质的经销商作为中介的重要作用就显现出来。

5. 汽车置换授权经销商

汽车置换授权经销商是我国汽车置换运作的中介主体。汽车置换授权经销商的车辆置换服务将消费者淘汰旧车和购买新车的过程结合在一起，一次完成甚至一站完成，为用户解决了先要卖掉旧车再去购买新车的麻烦。目前，我国汽车品牌授权经销商以及品牌4S店旧机动车置换服务具有以下特点。

(1)打破车型置换。汽车置换授权经销商对所要置换的旧车以及选择购买的新车，都没有品牌及车型的限制，可以任意置换，满足消费者的不同需求。

(2)让利增值置换。汽车置换授权经销商将车辆置换作为顾客购买新车的一项增值服务，通常是以旧机动车交易市场旧机动车收购的最高价格甚至高出收购的价格，确定旧机动车价格，经双方认可后，置换旧机动车的钱款直接冲抵新车的价格。

(3)"全程一对一"置换。从旧车定价、过户手续，到新车贷款、购买、保险、牌照等过程全部由授权经销商完成，保证效率和服务水准。

(4)完善的售后服务。提供包括保险、救援、替换车、异地租车等服务在内的完善的售后服务。有的还提供更加个性化的车辆保值回购计划，解除顾客后顾之忧。

顾客通过置换购买的新车，汽车置换授权经销商将提供包括保险、救援、替换车、异地租车等服务在内的完善的售后服务。对于符合条件的顾客，汽车置换授权经销商还提供更加个性化的车辆保值回购计划，使顾客可以无需考虑再次更新时的车辆残值，安心使用车辆。

6. 4S店旧机动车置换的主要优势

从2004年开始，大多数汽车厂家纷纷推出旧机动车置换服务。如上海通用"诚新二手车"、上海大众"特选二手车"、一汽大众"认证二手车"等。这些4S店经销商开展的旧机动车置换业务是在厂家的授权下经营旧机动车品牌置换业务。4S店做旧机动车业务优势如下。

1) 具有品牌车源支撑的优势

汽车授权经销商经销一定的汽车品牌，具有同一品牌汽车的不同车型，通过旧机动车跨品牌置换，可以扩大新车销售。

2) 具有品牌形象的优势

由于是正规的4S店全程操作，信誉度和可靠性高，车主只需提供该车的相关手续，一切手续都由4S店办理，省去很多麻烦，而且这部分费用大多由4S店来承担。加之因为4S店有自己的检测和维修设备,而且有专业评估师,所以对车况的评估和价格的核算比较透明,可信度高。

3) 有售后服务的优势

汽车厂家对置换的旧机动车均制定出了质量认证标准,对售后维修服务也有承诺。以上海通用"诚新二手车"置换为例,旧机动车除了可以享受车辆定站检测和零配件定点供应以及专业维修外,上海通用同时还保证旧机动车享有半年或1万km的原厂质量保证。

7. 汽车置换质量认证

汽车置换中一个最重要、最容易引起争议的问题就是置换旧车的质量问题。和新车交易相比,旧机动车市场存在很多不透明的地方,旧机动车评估本身就比较复杂,加上旧机动车交易又是"一旦售出,后果自理",所以在购买旧机动车的时候,大部分的消费者并不信任卖家。为了保障交易双方权益,减少纠纷,国外汽车厂商从20世纪90年代就开始对汽车进行质量认证,我国的汽车厂商也从这两年开始进行这一业务。

1) 认证的基本概念

(1) 经汽车厂商授权的汽车经销商将收上来的该品牌旧机动车进行一系列检测、维修之后,使该车成为经品牌认证的车辆,销售出去之后可以给予一定的质量担保和品质保证,这一过程通称为认证。

(2) 认证方案项目一般包括:合格的质量要求、严格的检测标准、质量改进保证、过户保证以及比照新车销售推出的送货方案,一些大公司开展的认证还包括提供与新车一样利率的购车贷款。通过认证,顾客和经销商双方都从中得到了实惠。首先,顾客对自己购买旧机动车的心态更加趋于平和,相应地,经销商也实现了认证车辆的溢价销售,而且,顾客再不会有车刚到手就发生故障的经历,经销商也不必再面对恼怒顾客的争吵。

2) 旧机动车认证的发展历程

(1) 第一阶段:1990~1995年。

20世纪90年代开始盛行的汽车租赁业派生出了今天的旧机动车认证方案。汽车厂家意识到:租赁业的繁荣同时也意味着车龄为2年、3年和4年的旧机动车数量的大幅增长,甚至由此还衍生出一个新的车型类别——"半新车"。为了促进今后源源不断流向旧机动车市场的租赁到期车的销售,汽车生产厂家加强了旧机动车认证方案的开展。他们的初衷是要吸引更多的购买者,同时,还要让顾客心甘情愿为经过检测、修复并附有保证书的旧机动车多花钱。经销商在汽车修复上花的钱越多,那么顾客肯出的价钱就越高。

在美国,认证车的修复成本要比其他的旧机动车高100~200美元。据克莱斯勒公司的研究数据显示,有53%的轿车购买者愿意为认证车出更高的价钱。多林(Dolling)公司的一份2001年最新研究报告也指出:50%的接受调查的美国人觉得花2万美元买一辆较高档次的旧机动车比花同样的价钱买一辆新车划算。据说一些经销商可以从一辆认证旧机动车上获得1200多美元的毛利润。

梅塞德斯—奔驰美国公司于1989年在美国推出了"星级认证方案"。福特汽车公司也从1994年开始了他们的旧机动车"质量认证方案",捷豹和土星于1995年推出了他们的认证方案,丰田和通用也于1996年加入了此类活动的行列。

旧机动车销售培训公司早在20世纪90年代中期就开始帮助丰田培训其经销商如何正确地销售旧机动车,随后在1996年推出了一项主要的认证方案。现在,83%的丰田经销商参与了这个项目的实施。

(2) 第二阶段:2000年初至今。

20世纪90年代末以及2000年初,汽车厂家发现大量合同到期租赁车的残值比最初估计的要低得多,为了解决每年近330万辆租赁车积压的资金损失,汽车厂家又重新开始设计并强化他们的旧机动车认证方案。

首先,他们不得不考虑经销商的加盟。2000年4月,福特成立了一个由经销商组成的委员会,开始开发更有说服力的认证方案。当年10月,在得克萨斯和佛罗里达进行"试点";最后的认证形式是在2001年1~3月间展开的,4月16日正式在全国范围内推出。从而,福特的认证车顾客享有与新车顾客一样的待遇,一样的送货程序,包括满箱的汽油。福特还加强了质量保证,并提供更具吸引力的路边援助包,连同该车历史档案一起交给顾客。对经销商,福特改善了认证方案中的终端管理方式,主要以网站为基础,减少书面交流,福特还为认证方案推出了有竞争力的广告宣传。至2001年8月,约1000个福特经销商开始实施旧机动车认证。

福特的这套"质量检测认证方案"已连续进行多年。为了使经销商从中尝到甜头,汽车厂家简化了销售担保内容,并将注册登记费降到499美元,取消了1000美元的旧机动车更新费用。为吸引购买者,通用在2001年7月开展为其认证车提供与新车利率相当的6.9%购车贷款活动。依据一份跟踪调查显示,46%的经销商经营旧机动车的毛利润有所上升,45%的被调查者称,他们的毛利润提高了近500美元/辆。

旧机动车认证方案的实施极大地促进了品牌旧机动车的交易。2001年,丰田汽车美国销售公司的认证旧机动车的销量几乎月月创纪录,2001年全年售出17000辆。自1996年以来,该公司认证车的销量已突破100万辆。本田公司的认证方案连续3年被评选为最佳方案,通用2001年的认证车的销量也接近6万辆,是2000年同期的2倍。根据权威机构的调查统计,全美2001年5月的旧机动车销量上升到了38.7万辆。由于私人交易形式的增加,实际授权经销商的旧机动车销量比2008年同期下降了6.2%。不过总的来说,旧机动车的销售收入总额上升了1.7%,毛利润上升了3.1%,这说明,经销商经营的旧机动车价格和利润比往年均有提高,部分原因是由于认证方案的推出。

到现在为止,在很多国家,认证旧机动车已经成为市场的主流。通用、福特、克莱斯勒、奔驰、宝马等大型公司都与经销商一起推出各自的旧机动车认证体系。

3) 旧机动车认证

我国旧机动车认证主要是在一些合资企业中开展,这其中以上汽通用公司和一汽大众公司为代表,上海通用的旧机动车认证流程如图5-2所示。

(1) 上汽通用公司的旧机动车认证。

上海通用汽车认证的旧机动车要经过多道程序的严格筛选。认证的旧机动车有自己统一的品牌,是和诚信谐音的"诚新"。能通过认证,并打上这个牌子的旧机动车要达到以下条件:首先是无法律纠纷,非事故车,无泡水经历;其次使用不超过5年,行驶10万km以内;原来用途不是用于营运和租赁。

上汽通用的旧机动车认证有106项检验项目,这106项检验要进行两次,进场检验一次,整修后还要进行一次。106项检验主要包括车身、电气、底盘、制动等6大类,基本囊括整个汽车的零配件。通过筛选的旧机动车,经过整修,再进行106项检测,全部合格后才能获得上海通用公司的认证书。经认证过的旧机动车出售后能获得半年 1 万 km 的质量保证。在质保期间,如果车辆出现质量问题,客户可以在全国联网的品牌专业维修店获得免费修理和零配件更换。

图 5-2 通用旧机动车检测、修复、认证流程

(2)一汽大众的旧机动车认证。

一汽大众的旧机动车认证有 138 项检测标准:

发动机(检查压缩比、排放、点火正时等 11 项);

离合器(离合器线束调整、噪声检测等 5 项);

变速器(变速器各挡位操控性、变速器油油位等 8 项);

悬架(减振器泄漏等 5 项);

传动系统(差速器泄漏和噪声等 4 项);

转向系统(转向齿条等 7 项);

制动(制动蹄片磨损情况等 8 项);

制冷系统(管道泄漏等 4 项);

轮胎轮辋(前轮定位等 5 项);

仪表(仪表灯亮度等 15 项);

灯光系统(车内外灯光光线、报警灯等 10 项);

电子电器(蓄电池、各种熔断器等 8 项);

车辆外部(刮水器胶皮磨损等 7 项);

车辆内部(座椅、杯架、后视镜等 9 项);

空调(气流、风向等 6 项);

收音机及 CD(播放器、扬声器等 3 项);

内饰外观(各种塑料件、装饰件等 3 项);

车身及漆面(破裂、剐蹭等 5 项);

完备性(备胎、说明书等 7 项);

最终路试(操控性、循迹性等 11 项)。

(3)100 项专业检测成就 BMW 尊选二手车。

秉承对超凡质量和卓越性能的一贯追求,BMW 尊选二手车均经过严格的专业检测,检测内容高达 100 项(表 5-3),包括机械系统、电子系统、制动系统、转向机械装置以及所有安

全组件。所有检测均由专业的 BMW 技师完成,使用最先进的电脑诊断设备进行。一旦发现问题,BMW 技师将使用原厂配件进行维修,不符合要求的车辆将不被授予 BMW 尊选二手车。

BMW 尊选二手车 100 项专业检测项目　　　　　表 5-3

发动机 6 项	传动轴 3 项
1. 缸压测试; 2. 检查机油液位确定是否泄漏; 3. 检查水位确定是否泄漏; 4. 杂音是正常或是过度; 5. 正常皮带种类/状况; 6. 检查止回阀	28. 工作状况; 29. 松紧性; 30. 运行状况
燃油喷射系统 3 项	悬架系统 5 项
7. 喷油性能; 8. 碳氢比; 9. 怠速时状态	31. 高度; 32. 弹簧; 33. 球节; 34. 防尘套; 35. 减振器
冷却系统 5 项	转向系统 5 项
10. 水箱; 11. 防冻液(液位、浓度); 12. 水泵(噪声、是否泄漏); 13. 节漏器; 14. 水管	36. 转向机(工作状况、助力油是否泄漏); 37. 转向助力泵(工作状况、助力油是否泄漏); 38. 软管(工作状况); 39. 噪声(正常、过度); 40. 安全气囊
排气系统 2 项	四轮定位 2 项
15. 工作状况; 16. 触媒转换器工作状况	41. 球头节接头; 42. 四轮定位
离合器 3 项	悬架系统 5 项
17. 工作状况; 18. 液压系统; 19. 噪声	43. 高度; 44. 弹簧; 45. 高度控制器; 46. 减振器; 47. 支架
变速器(静态)4 项	差速器 3 项
20. 工作状况; 21. 支座(固定夹子); 22. 噪声(正常、过度); 23. 变速器油(液位、是否泄漏)	48. 工作状况; 49. 机油(液位、是否泄漏); 50. 噪声
变速器(动态)4 项	制动系统 5 项
24. 工作状况; 25. 支座(固定夹子); 26. 噪声(正常、过度); 27. 变速器油(液位、是否泄漏)	51. 制动盘片; 52. 防侧滑控制系统; 53. 工作状况; 54. 驻车制动系统; 55. 制动盘状况

续上表

油管 3 项	电子装置 10 项
56. 液压系统; 57. 燃料系统; 58. 工作状况	70. 布线; 71. 未经认可的装置; 72. 蓄电池正负极; 73. 灯光(前照灯、示廓灯); 74. 发电机; 75. 仪表盘;制动报警灯; 76. 风扇皮带; 77. 车窗; 78. 错误记忆; 79. 防盗系统
轮胎/车轮 2 项	刷水器 4 项
59. 工作状况; 60. 胎压	80. 操作性; 81. 工作状况; 82. 喷水器; 83. 刷水片
底盘 2 项	仪表 9 项
61. 工作状况; 62. 修复	84. 车速表; 85. 转速表; 86. 燃油表; 87. 水温表; 88. 时钟; 89. 油位报警器; 90. 维护指示灯; 91. 车载电脑; 92. 主动检查控制系统
车身 3 项	空调系统 5 项
63. 喷漆质量; 64. 抛光质量; 65. 总体质量	93. 工作状况; 94. 制冷剂量; 95. 空调皮带; 96. 压缩机(噪声); 97. 渗漏
车锁 3 项	安全带 3 项
66. 车门锁及行李舱盖锁; 67. 发动机罩锁; 68. 油箱盖锁	98. 操作性; 99. 工作状况; 100. 安全带张紧器
内部 1 项	
69. 座椅(调整装置、操作性能、工作状况)	

8. 汽车置换的服务程序

汽车置换包括旧车出售和新车购买两个环节。不同的汽车置换授权经销商对汽车置换流程的规定不完全一样,一汽大众汽车置换流程如图5-3所示。

图5-3　一汽大众汽车置换流程图

国内一般汽车置换程序为:

(1)顾客通过电话或直接到汽车置换授权经销商处进行咨询,也可以登录汽车置换授权经销商的网站进行置换登记。

(2)汽车评估定价。

(3)汽车置换授权经销商销售顾问陪同选订新车。

(4)签订旧车购销协议以及置换协议。

(5)置换旧车的钱款直接冲抵新车的车款,顾客补足新车差价后,办理提车手续,或由汽车置换授权经销商的销售顾问协助在指定的经销商处提取所订车辆,汽车置换授权经销商提供一条龙服务。

(6)顾客如需贷款购新车,则置换旧车的钱款作为新车的首付款,汽车置换授权经销商为顾客办理购车贷款手续,建立提供因汽车消费信贷所产生的资信管理服务,并建立个人资信数据库。

(7)汽车置换授权经销商办理旧车过户手续,顾客提供必要的协助和材料。

(8)汽车置换授权经销商为顾客提供全程后续服务。

一般汽车置换流程如图5-4所示。

在汽车置换中,新车可选择仍使用原车牌照,或上新牌照。购买新车需交钱款 = 新车价格 - 旧车评估价格。如果旧车贷款尚未还清,可由经销商垫付还清贷款,款项计入新车需交钱款。

图 5-4 汽车置换的常见流程

(四)旧机动车的拍卖

1. 关于拍卖的相关知识

1)拍卖中涉及的几个概念

(1)拍卖:是指以公开竞价的形式,将特定物品或者财产权利转让给最高应价者的买卖方式。

(2)委托人:是指委托拍卖人拍卖物品或者财产权利的公民、法人或者其他组织。

(3)拍卖人:是指依照《中华人民共和国拍卖法》和《中华人民共和国公司法》设立的从事拍卖活动的企业法人——拍卖人即拍卖公司,其在法律关系中的地位是受委托人,其行为应符合合同法和拍卖法的规则。

(4)竞买人:是指参加竞购标的的公民、法人或者其他组织。法律、行政法规对拍卖标的的买卖条件有规定,竞买人应当具备规定的条件——竞买人可以自行参加竞买,也可以委托其代理人参加竞买。竞买人有权了解拍卖标的的瑕疵,有权查验拍卖标的和查阅有关拍卖资料。竞买人一经应价,不得撤回,当其他竞买人有更高应价时,其应价即丧失约束力。竞买人之间、竞买人与拍卖人之间不得恶意串通,损害他人利益。

(5)买受人:是指以最高应价购得拍卖标的的竞买人。买受人应当按照约定支付拍卖标的的价款,未按照约定支付价款的,应当承担违约责任。买受人未能按照约定取得拍卖标的的,有权要求拍卖人或者委托人承担违约责任。买受人未按照约定受领拍卖标的的,应当支付由此产生的保管费用。

(6)底价:也称拍卖标的的保留价,指出卖拍卖标的的最低价格,如果应价低于这一价格,则拍卖标的不予出售。保留价应当由委托人提出。

（7）起拍价：是指拍卖时就某一标的的开始拍卖时第一次报出的价格。起拍价可能低于保留价，可以等于保留价，也可以高出保留价，因此保留价与起拍价二者属于两种不同的价格现象。

2）参加拍卖各方当事人的权利和义务

（1）拍卖人的权利：

①拍卖人有权要求委托人说明拍卖标的的来源和瑕疵。

②委托人、买受人可以与拍卖人约定佣金的比例。未作约定拍卖成交的，拍卖人可以向委托人、买受人各收取不超过拍卖成交价5%的佣金。

（2）拍卖人的义务：

①拍卖人应当向竞买人说明拍卖标的的瑕疵。

②拍卖人对委托人交付拍卖的物品负有保管义务。

③拍卖人接受委托后，未经委托人同意，不得委托其他拍卖人拍卖。

④委托人、买受人要求对其身份保密的，拍卖人应当为其保密。

⑤拍卖人及其工作人员不得以竞买人的身份参与自己组织的拍卖活动，并不得委托他人代为竞买。

⑥拍卖人不得在自己组织的拍卖活动中拍卖自己的物品或者财产权利。

⑦拍卖人应于拍卖日7日前发布公告。拍卖人应在拍卖前展示拍卖车辆，并在车辆显著位置张贴《拍卖车辆信息》。车辆的展示时间不得少于2天。

⑧拍卖成交后，买受人和拍卖人应签署《旧机动车拍卖成交确认书》。

⑨拍卖成交后，拍卖人应当按照约定向委托人交付拍卖标的的价款，并按照约定将拍卖标的移交给买受人。

（3）委托人的权利：

①委托人可以自行办理委托拍卖手续，也可以由其代理人代为办理委托拍卖手续。

②委托人有权确定拍卖标的的保留价并要求拍卖人保密。

（4）委托人的义务：

①委托人委托拍卖物品或者财产权利，应当提供身份证明和拍卖人要求提供的拍卖标的的所有权证明，或者依法可以处分拍卖标的的证明及其他资料。

②委托人应当向拍卖人说明拍卖标的的来源和瑕疵。

③委托人撤回拍卖标的的，应当向拍卖人支付约定的费用；未作约定的，应当向拍卖人支付为拍卖支出的合理费用。

④委托人不得参与竞买，也不得委托他人代为竞买。

⑤按照约定由委托人移交拍卖标的的，拍卖成交后，委托人应当将拍卖标的移交给买受人。

（5）竞买人的权利：

①竞买人是指参加竞购拍卖标的的公民、法人或者其他组织。

②竞买人可以自行参加竞买，也可以委托其代理人参加竞买。

③竞买人有权了解拍卖标的的瑕疵，有权查验拍卖标的和查阅有关拍卖资料。

（6）竞买人的义务：

①法律、行政法规对拍卖标的的买卖条件有规定的，竞买人应当具备规定的条件。

②竞买人一经应价,不得撤回,当其他竞买人有更高应价时,其应价即丧失约束力。

③拍卖成交后,买受人和拍卖人应当签署成交确认书。

④竞买人之间、竞买人与拍卖人之间不得恶意串通,损害他人利益。

(7) 买受人的权利:

①买受人是指以最高应价购得拍卖标的的竞买人。

②买受人未能按照约定取得拍卖标的的,有权要求拍卖人或者委托人承担违约责任。

③其他权利与竞买人的权利相同。

(8) 买受人的义务:

①买受人应当按照约定支付拍卖标的的价款;未按照约定支付价款的,应当承担违约责任,或者由拍卖人征得委托人的同意,将拍卖标的再行拍卖。拍卖标的再行拍卖的,原买受人应当支付第一次拍卖中本人及委托人应当支付的佣金。再行拍卖的价款低于原拍卖价款的,原买受人应当补足差额。

②买受人未按照约定受领拍卖标的的,应当支付由此产生的保管费用。

2. 旧机动车拍卖概述

旧机动车拍卖是指旧机动车拍卖企业以公开竞价的形式将旧机动车转让给最高应价者的经营活动。旧机动车拍卖的目的是提高旧机动车市场交易透明度,打造最专业的旧机动车流通平台;提高旧机动车交易双方的满意度,使旧机动车交易更规范;提高旧机动车成交率,为客户提供更多的成交机会。

旧机动车交易的类型依据交易双方行为和参与程度的差异分为:旧机动车的经销、拍卖和直接交易。由此可见,旧机动车拍卖是旧机动车经营行为的一种。目前,旧机动车拍卖的方式是许多国家普遍采用的一种交易方式,拍卖具有公开、公正、公平的特点,由此产生的价格比较接近于市场价格。在美国、日本等发达国家,大多数旧机动车交易都是通过拍卖的方式完成的。国内新的旧机动车政策中也提到今后发展旧机动车拍卖的交易方式趋势。

旧机动车竞价拍卖以其直观、交易周期短、兑现快以及成交价最贴近市场真实价格等优势博得市场青睐。地区差异、核心能力差异及专业化分工,使旧机动车在经营企业间通过拍卖方式实现流通;拍卖还是政府机关、大型团体、租赁公司等集团用户进行车辆更新换代的有效途径。旧机动车拍卖公司通过定期组织现场拍卖和网络竞价,将进一步提高旧机动车交易的速度,降低交易成本,可有效限制人为因素导致的不正常交易行为。因此,旧机动车拍卖市场潜力巨大。旧机动车拍卖必须在国家规定的旧机动车交易市场或其他经合法审批的交易场所中进行。

3. 旧机动车拍卖的相关政策介绍

旧机动车拍卖所涉及的主要法律法规有《二手车流通管理办法》《二手车交易规范》《中华人民共和国拍卖法》和《拍卖管理办法》等。旧机动车拍卖应在符合上述一系列法律法规的前提下进行。

1) 二手车流通管理办法

(1)《二手车流通管理办法》第二十三条规定,下列车辆禁止经销、买卖、拍卖和经纪:已报废或者达到国家强制报废标准的车辆;在抵押期间或者未经海关批准交易的海关监管车辆;在人民法院、人民检察院、行政执法部门依法查封、扣押期间的车辆;通过盗窃、抢劫、诈骗等违法犯罪手段获得的车辆;发动机号码、车辆识别代号或者车架号码与登记号码不相符,或者有凿改迹象的车辆;走私、非法拼(组)装的车辆;不具有第二十二条所列证明、凭证的车辆;在本行政辖区以外的公安机关交通管理部门注册登记的车辆;国家法律、行政法规禁止经营的车辆。

(2)《二手车流通管理办法》第二十四条规定,旧机动车经销企业销售、拍卖旧机动车时,应当按规定向买方开具税务机关监制的统一发票。

2)二手车交易规范

依据《二手车流通管理办法》,为便于操作,《二手车交易规范》中对拍卖的操作规程作了细化。规定要求从事旧机动车拍卖及相关中介服务活动,应按照《拍卖法》及《拍卖管理办法》的有关规定进行。《二手车交易规范》第四章对二手车拍卖有具体规定。

4. 旧机动车拍卖规则

对于旧机动车拍卖没有统一的标准,但是为了规范拍卖行为,维护拍卖秩序,保护在拍卖活动中各方当事人的合法权益,使拍卖顺利进行,旧机动车拍卖要严格按照《拍卖法》及国家的相关政策法律法规的指导进行。拍卖规则包含下列内容:

(1)拍卖人拍卖日期与场所。
(2)拍卖标的及保留价。
(3)拍卖标的的展示时间及场所。
(4)竞买人权利和义务。
(5)保证金缴纳约定。
(6)拍卖方式。
(7)买受人的权利和义务。
(8)拍卖标的清点移交。
(9)违约责任。
(10)其他。

5. 旧机动车拍卖所需资料

《二手车交易规范》第二十九条规定,委托拍卖时,委托人应提供身份证明、车辆所有权或处置权证明及其他相关材料,具体材料如下。

1)旧机动车委托拍卖所需材料

车辆行驶证、购置证、养路费通行费缴费凭证、车船税证、车辆所有人证件(私人为身份证、户口簿;企事业单位为企业代码证)。

2)旧机动车参加竞买所需材料

竞买人身份证明(私人为身份证,企事业单位为企事业单位代码证书)和保证金(按每次拍卖会规定的标准交付)。拍卖人接受委托的,应与委托人签订委托拍卖合同。

《二手车交易规范》第三十条规定,委托人应提供车辆真实的技术状况即《车辆信息表》(表5-4),拍卖人应如实填写《拍卖车辆信息》(表5-5)。如对车辆的技术状况存有异议,拍卖委托双方经商定可委托旧机动车鉴定评估机构对车辆进行鉴定评估。

车辆信息表　　　　　表5-4

车辆基本信息	质量保证类别							
	车牌号							
	经销企业名称							
	营业执照号码			地址				
	车辆价格	￥　　　元		品牌型号			车身颜色	
	初次登记	年　月　日		行驶里程	公里		燃料	
	发动机号			车架号码			生产厂家	
	出厂日期	年　月		年检到期	年　月		排放等级	
	结构特点		□自动挡	□手动挡	□ABS		□其他	
	使用性质	□营运	□出租车	□非营运	□营转非	□出租营转非	□教练车	□其他
	交通事故记录 次数/类别/程度							
	重大维修记录 时间/部件							
	法定证明、凭证	□号牌　□行驶证　□登记证　□年检证明　□车辆购置税完税证明 □养路费缴付证明　□车船使用税完税证明　□保险单　□其他						
车辆技术状况								
质量保证								
声明	本车辆符合《二手车流通管理办法》有关规定,属合法车辆。							

买方(签章):　　　　　　　　　　　经销企业(签章):

　　　　　　　　　　　　　　　　　经办人(签章):

　　　　　　　　　　　　　　　　　　　　　年　月　日

备注:
1. 本表由经销企业负责填写。
2. 本表一式三份,一份用于车辆展示,其余作为销售合同附件。

填表说明:
1. 质量保证类别。车辆使用年限在 3 年以内或行驶里程在 6 万 km 以内(以先到者为准,营运车除外),填写"本车属于质量保证车辆"。

如果超出质量保证范围,则在质量保证类别栏中填写"本车不属于质量保证车辆",质量保证栏填写"本公司无质量担保责任"。

2. 经销企业名称、营业执照号码及地址应按照企业营业执照所登记的内容填写。
3. 车辆基本信息按车辆登记证书所载信息填写。

(1)行驶里程按实际行驶里程填写。如果更换过仪表,应注明更换之前行驶里程;如果不能确定实际行驶里程,则应予以注明。

(2)年检到期日以车辆最近一次年检证明所列日期为准。

(3)车辆价格按旧机动车经销企业拟卖出价格填写,可以不是最终销售价。

(4)其他信息根据车辆具体情况,符合项在□中画√。

(5)使用性质按表中所列分类,符合项在□中画√。

(6)交通事故记录次数/类别/程度,应根据可查记录或原车主的描述以及在对车辆进行技术状况检测过程中发现的,对车辆有重大损害的交通事故次数、类别及程度填写。未发生过重大交通事故填写"无"。

(7)重大维修记录应根据可查记录或原车主的描述以及在车辆检测过程中发现的更换或维修车辆重要部件部分(比如发动机大中修等)填写有关内容。车辆未经过大中修填写"无"。

4. 法定证明、凭证等按表中所列项目,符合项在□中画√。

5. 车辆技术状况是指车辆在展示前,旧机动车经销企业对车辆技术状况及排放状况进行检测,检测项目及检测方式根据企业具体情况实施,并将检测结果填写在表中。同时,检验员应在表中相应位置签字。

6. 属于质量担保车辆的,经销企业根据交易车辆的实际情况,填写质量保证部件、里程和时间。一般情况下,质量保证可按以下内容填写。

(1)质量保证范围为:从车辆售出之日起 3 个月或行驶 5000km,以先到为准。

(2)本公司在车辆销售之前或之后质量保证期内,保证车辆安全技术性能。

(3)质量保证不包括轮胎、蓄电池、内饰和车身油漆,也不包括因车辆碰撞、车辆用于赛车或拉力赛等非正常使用造成的质量问题。

经销企业也可根据实际情况适当延长质量保证期限,放宽对使用年限和行驶里程的限制。

7. 当车辆实现销售时,由经销企业及其经办人和买方分别在签章栏中签章。

拍卖车辆信息 表5-5

	拍卖企业名称					
	营业执照号码			地址		
	拍卖时间	年 月 日		拍卖地点		
车辆基本信息	车牌号			厂牌型号		车身颜色
	初次登记日期	年 月 日		行驶里程	公里	燃料
	发动机号			车架号		
	出厂日期	年 月		发动机排量		
	年检到期日	年 月		生产厂家		

续上表

车辆基本信息	结构特点	☐自动挡　　☐手动挡　　☐ABS　　☐其他		
	使用性质	☐营运　　☐出租车　　☐非营运　　☐营转非 ☐出租营转非　　☐教练车　　☐其他		
	交通事故记录 次数/类别/程度			
	重大维修记录			
	其他提示			
	法定证明、凭证等	☐号牌　　☐行驶证　　☐登记证　　☐年检证明　　☐车辆购置税完税证明 ☐养路费缴付证明　　☐车船使用税完税证明　　☐保险单　　☐其他		

车辆技术状况				
	检测日期		检测人	

质量保证	
声明	本车辆符合《二手车流通管理办法》有关规定,属合法车辆。
其他载明事项	

拍卖人(签章):

备注	1. 本表由拍卖人填写。 2. 本表一式三份,一份用于车辆展示,其余作为拍卖成交确认书附件。

填表说明:

1. 拍卖企业名称、营业执照号码及地址应按照企业营业执照所登记的内容填写。
2. 拍卖时间、地点填写拍卖会举办的时间和地点。
3. 车辆基本信息按车辆登记证书所载信息填写。

(1)行驶里程按实际行驶里程填写。如果更换过仪表,应注明更换之前行驶里程;如果不能确定实际行驶里程,则应予以注明。

(2)年检到期日以车辆最近一次年检证明所列日期为准。

(3)其他信息根据车辆具体情况,符合项在☐中画√。

(4)使用性质按表中所列分类,符合项在☐中画√。

(5)交通事故记录次数/类别/程度,应根据可查记录或委托方的描述以及在对车辆进行技术状况检测过程中发现的,对车辆有重大损害的交通事故次数、类别及程度填写。确定未发生过重大交通事故填写"无"。

(6)重大维修记录应根据可查记录或委托方的描述以及在车辆检测过程中发现的更换或维修车辆重要部件部分(比如发动机大中修等)填写有关内容。确定未经过大中修填写"无"。

(7)拍卖企业应在其他提示栏中指出车辆存在的质量缺陷、未排除的故障等方面的瑕疵。

4. 法定证明、凭证等按表中所列项目,符合项在□中画√。

5. 车辆技术状况是指车辆在展示前,拍卖企业对车辆技术状况及排放状况进行检测,检测项目及检测方式根据企业具体情况实施,并将检测结果填写在表中。同时,检验员应在表中相应位置签字。

6. 有能力的拍卖企业可为拍卖车辆提供质量保证。质量担保范围可参照经销企业的《车辆信息表》有关要求。质量保证部件、里程和时间可根据实际情况由企业自行掌握。

7. 其他载明事项是拍卖企业需要对车辆进行特殊说明的事项。

8. 当车辆拍卖成交时,拍卖人在签章栏中签章。

6.旧机动车拍卖流程

对于旧机动车拍卖流程没有统一的标准,但拍卖业务应由拍卖师、估价师和有关业务人员组成,才能够从事拍卖业务活动。旧机动车拍卖流程如下。

1)接受委托

(1)审查车辆来源的合法性。对委托拍卖车辆的行驶证、产权证、销售发票、企业代码或身份证等有关证件资料进行真伪鉴别,并对这些证件资料逐一登记,填写《拍卖车辆信息表》,以便进一步核实。

(2)审查车辆的处置权。在接受委托拍卖前,必须对车辆的处置权进行审核,审查委托人是否对委托拍卖的机动车具有处理权。

(3)审查车辆的手续、证照及缴纳的各种税费是否齐全。对委托拍卖车辆的各种手续要审查是否齐备,特别是进口车和罚没车要审查是否带有海关进口证明书、商检局检验证书、罚没证明、法院的有关裁决书及有关批文等;另外,还要检查车辆的附加费、养路费、保险等是否齐全;落实要取得行驶权需要办理哪些手续、缴纳哪些税费以及税费数额。

(4)对车辆进行静态和动态检查。对委托拍卖的车辆要进行详细的静态和动态检查,并对每项检查做好登记记录,填写《车辆情况表》,主管人员要签字审核。

(5)确定委托保留价(即拍卖底价)。在对车辆手续和车辆检查完毕和确定符合拍卖条件后,由评估师、拍卖师和委托人三方根据当前市场行情确定拍卖底价,但是底价不作为成交价。

2)签订《机动车委托拍卖合同》

检查工作完成后,拍卖人如果决定接受委托人的拍卖委托,应与委托人签署《机动车委托拍卖合同》,一式两份,需要补充说明的应提前声明,一经确认不得毁改。

3)机动车拍卖公告的发布

《二手车交易规范》第三十一条规定拍卖人应于拍卖日 7 日前发布公告。

拍卖公告应通过报纸或者其他新闻媒体发布,并载明下列事项:

(1)拍卖的时间、地点。

(2)拍卖的车型及数量。

(3)车辆的展示时间、地点。

(4)参加拍卖会办理竞买的手续。

(5)需要公告的其他事项,如号牌号码、初次登记时间、拍卖咨询电话和联系人等,并详细告知。

4)车辆展示

(1)在机动车拍卖前必须进行至少2日的公开展示,并在车辆显著位置张贴《拍卖车辆信息》。在展示期间必须要有专业人员在现场进行解答,并做好宣传工作。

(2)如有意参加拍卖会,经审核符合竞买人要求,则必须提前办理入场手续,如交验竞买人的个人资料,填写竞买登记表、领取拍卖手册、入场号牌等。

5)拍卖实施

在拍卖实施当天,竞买人经工作人员审查确认后,方可提前半小时进入会场。拍卖方法可根据车辆情况及竞买人到场情况,以有声增价拍卖的方式进行,但最后的成交价不得低于委托人的保留价。拍卖成交后,以拍卖人的"成交确认书"作为交易市场开具交易发票的价格依据。

6)收费

(1)拍卖成交后,收取委托方和买受方一定的佣金(收费标准按成交价的百分比确定)并开具拍卖发票。

(2)拍卖车辆在整个拍卖活动中发生的相关费用由委托人和买受人双方分别承担(以成交确认作为界定,成交前由委托人承担,成交后由买受人承担)。

7)车辆移交

(1)机动车拍卖成交后,买受人和拍卖人应签署《旧机动车拍卖成交确认书》,在买受人付清全部货款后,方可办理车辆移交手续。

(2)车辆移交时,应填写《机动车拍卖车辆移交清单》。

(3)车辆移交方式(含办理过户、转出、转入等相关手续)由委托人、买受人和拍卖人商议具体移交方式。

根据《二手车交易规范》规定,拍卖人应如实填写《拍卖车辆信息》。

7.旧机动车拍卖注意问题

旧机动车由于价格低廉,具有相当的吸引力,同时也具有相当的风险。有些差不多到了报废期的汽车转让,买主买车后到公安管理部门不予办理;有些车缺乏维护,车辆存在各种故障,使用几年后出售,旧机动车买主用车后需支付高额维修费等。因此拍卖旧机动车除了对汽车性能要有基本的了解,还必须具备一定的法律和经济知识,以避免拍卖使用过度的轿车而遭受不必要的损失。

1)拍卖现场注意事项

竞买人在拍卖公告规定的咨询、展示期限内,有权了解拍卖车辆的有关情况,实地察看拍卖车辆。进入拍卖会场,即表明已熟知竞买车辆的所有情况。竞买人看车认购,责任自负。车辆拍卖时,拍卖师不再回答竞买人提出的任何问题。

竞买人应按拍卖公告规定的时间、地点,准时出席拍卖会。拍卖会凭竞投号牌和入场券进场,一个竞投号牌只允许一人参加拍卖会,并在会场指定的区域对号就座;同时,还应遵守拍卖会场秩序,不得恶意串通或以其他方式干扰拍卖会的正常进行;否则,将取消竞买资格,并视情节追究其责任。

拍卖成交后,买受人当场与拍卖行签订《旧机动车拍卖成交确认书》(表5-6),竞投号牌立即收回,买受人保证金自动转为定金。

旧机动车拍卖成交确认书　　　　　表5-6

拍卖人:
买受人:
签订地点:
签订时间:
　　经审核本拍卖标的手续齐全,符合国家有关规定,属于合法车辆。
　　拍卖人于____年___月___日在_____举行的拍卖会上,竞标号码为_____的竞买人_____,经过公开竞价,成功竞得_____。拍卖标的物的详情见附件《拍卖车辆信息》。依照《二手车流通管理办法》、《中华人民共和国拍卖法》及有关法律、行政法规之规定,双方签订拍卖成交确认书如下。
　　一、成交拍卖标的:拍卖编号为_____的旧机动车,车牌号码为_____。
　　二、成交价款及佣金:标的成交价款为人民币大写_____元(¥_____),佣金比例为成交总额的_____%,佣金为人民币大写_____元(¥_____),合计大写_____元(¥_____)。
　　三、付款方式:拍卖标的已经指定,其买受人在付足全款后方可领取该车。
　　四、交接:拍卖人在买受人付足全款后,应将拍出的车辆移交给买受人,并向买受人提供车辆转移登记所需的号牌、《机动车登记证书》、《机动车行驶证》、有效的机动车安全技术检验合格标志、车辆购置税完税证明、养路费缴付凭证、车船使用税缴付凭证、车辆保险单等法定证明、凭证。
　　五、转移登记:买受人应自领取车辆及法定证明、凭证之日起30日内,向公安机关交通管理部门申办转移登记手续。
　　六、质量保证:_____。
　　七、声明:买受人已充分了解拍卖标的全部情况,承认并且愿意遵守《中华人民共和国拍卖法》和国家有关法律、行政法规之各项条款。
　　八、其他约定事项:
_____
_____
_____

买受人(签章):　　　　　　　拍卖人(签章):
法定代表人:　　　　　　　　法定代表人:

2)了解汽车报废时限和价格计算

作为旧机动车拍卖者,首先要了解两个基本问题,一个是报废时限,另一个是价格计算方法。

由于对旧机动车行驶里程较难确定,一般旧机动车交易价格多以使用时间作依据。对于买主来说,应对汽车有一个初步的底价,一般可以采用如下简便的折旧计算方法,以普通轿车10年使用年限计算,将1~10年累加等于55,则第一年折旧率是10/55,第二年折旧率是9/55,如此类推,第10年折旧率是1/55。如果轿车使用4年,计算方法是:现价=原价-(10/55+9/55+8/55+7/55)×原价。假设轿车原价20万元,按此计算方式现价应是7.64万元。当然,这是指轿车现时的抽象价格,没有考虑轿车的质量和代理人的收益,具体操作还要视汽车的性能状态和市场行情而作相应的调整。

3）旧机动车检查

拍卖旧机动车，现场察看非常重要。具体内容请参考学习任务2的相关内容。

8. 旧机动车网上拍卖

以往出售车辆的消费者都是通过个人私下交易或者到旧机动车市场同旧机动车经纪公司进行交易，由于消费者所面对的购买群体比较单一，对旧机动车的市场行情缺乏了解，所以传统方式出售车辆往往价格不理想，出售的旧机动车得不到市场应有的最高价格。

随着互联网的广泛应用，旧机动车网上拍卖将成为一种全新的旧机动车流通方式。网上拍卖是指旧机动车拍卖公司利用互联网发布拍卖信息，公布拍卖车辆技术参数和直观图片，通过网上竞价，网下交接，将旧机动车转让给超过保留价的最高应价者的经营活动。

1）旧机动车网上拍卖介绍

（1）旧机动车网上拍卖由市场组织进行。

每一位打算卖掉自己汽车的车主都希望自己的车能卖一个好价钱，但是由于缺乏一个行之有效的卖出渠道，消费者往往选择一些非科学的卖出办法。一是卖给旧机动车经纪公司的销售人员，这种办法的弊端在于车主在不了解行情的情况下，仓促出售，容易受到收购人员诱导而以低于车本来的价格出手；二是把车卖给身边的亲戚朋友，这种情况由于车主碍于面子，最终低价卖出。

而网上拍卖平台将从根本上解决这一问题。首先，它绝非一般意义上的网上拍卖，而是由市场组织的针对目标竞拍者的一种拍卖形式，车主在对车进行一定时间的展示后，由市场方面对车进行拍照、评估，然后，面向本地及全国的其他旧机动车市场进行拍卖。一般情况下，一辆手续齐全的汽车，车主只要给出拍卖底价，这辆车的欲售信息就会出现在拍卖网上，只等到规定的拍卖时间进行拍卖了。

（2）网上拍卖加速旧机动车交易。

在日本、美国等一些旧机动车交易活跃的国家，利用网络由市场组织旧机动车拍卖是一种惯用的交易方式。比如在日本，分布在全国的六七个旧机动车拍卖场，每周大约要组织十几场拍卖会，每个拍卖场每天大约要向本国及东南亚市场拍卖一万多辆旧机动车。这些拍卖的车辆不仅有旧机动车经纪公司的旧机动车，也有车主委托交易的旧机动车。但是，这些旧机动车如果拍卖成功，拍卖方是要收取一定的手续费的。

目前，我国有些地区也已经开始面向全国市场，如北京旧机动车市场。据统计，2005年上半年，北京的旧机动车大约有75%已经开始销往全国各地，这一庞大的旧机动车市场是保证北京旧机动车销售的有力保障。但是传统的旧机动车交易阻碍了旧机动车流通，每一辆销售出去的旧机动车要几易其手，不仅经济性和高效性无法保证，而且损失最大的是旧机动车的所有者——车主。由北京旧机动车市场组织的旧机动车网上拍卖，加速了国内旧机动车交易速度，满足车主对自用车出售价格最大限度的需求。

一辆各种手续齐全的旧机动车，一般会有两天时间在市场进行展示，同时网上也开始公布这辆车的所有评估资料（包含图片），第三天开始针对目标竞拍者正式拍卖。如果拍卖成功,车主在下一周就可以拿到车款,而且车辆的所有手续市场将代为办理,车主不承担任何风险。

为了保证拍卖的高效运行,所有参与竞拍的单位及个人,都需要在市场进行注册,并缴纳一定数量的储备金,然后由市场分配竞买账户,或是利用互联网或是现场,随时随地可以参加当天的竞买活动。

从2003年至今,北京市旧机动车交易网2SC已经帮助消费者拍卖车辆300余辆,拍卖车辆成交率达到83%,平均竞标次数16.5次,成交价格平均高于底价17.5%,消费者满意程度达到87%以上。很多消费者在车辆拍卖成交后都感觉网上拍卖车辆既省心省力,又安全经济,更重要的是网络拍卖公开、公平、公正、透明,各方的权利义务划分明确。对于一些企业来说,这种方式更是处理汽车资产的最佳方式之一。网络拍卖车辆确保企业资产的保值增值,避免人为因素造成资产流失。

消费者可以拨打竞卖热线也可以携带自己的车辆手续驾车到旧机动车市场拍卖部进行车辆拍卖委托,市场专业的评估师对车辆进行评估和拍卖底价制订。由于这些专家都是常年从事旧机动车行业分析和数据统计的人员,所以对车辆状况、手续以及价格都有很专业的分析,能够帮助消费者科学地了解自己手中旧机动车的价格,避免对旧机动车价格误解。

在检验车辆手续和车辆评估之后,根据这些提供给消费者车辆拍卖的底价,消费者可以自愿选择是否参加拍卖。

2)旧机动车网上拍卖规则

为鼓励网上拍卖这一新生事物的健康发展,《二手车交易规范》明确了网上拍卖的有关程序,并规定从事网上拍卖,必须具有拍卖人资质,严格遵守《拍卖法》的各项规定,保证委托人和买受人的合法权益。

旧机动车网上拍卖需遵守以下规则:

(1)委托人必须向拍卖方保证其对该车辆拥有绝对的所有权,在车辆上没有设定任何债权,车辆证件齐全合法,规费有效。如果车辆的实际所有权或声明拥有所有权的任何第三人提出索赔的诉讼,则委托人应负责赔偿买受人因此而遭受的一切损失,承担因此而发生的一切费用。

(2)必须经过旧机动车质量认证。

(3)车辆成交后由评估师统一办理交易手续。

网上拍卖过程及手续应与现场拍卖相同。网上拍卖组织者应根据《拍卖法》及《拍卖管理办法》有关条款制订网上拍卖规则,竞买人则需要办理网上拍卖竞买手续。

拍卖结束后,该拍卖车辆的评估师会与出价前三名的参与者联系,而非严格意义上的传统物品拍卖,它对参与竞拍者没有任何约束。竞拍者无须缴纳竞买保证金,竞拍价只作为一个参考,旧机动车最终成交价以竞拍者与车主协商价为准,竞拍价排名前三位以后的参与者也可以与认证评估师主动联系获得与车主协商的机会。

3)旧机动车网上拍卖流程

以北京市旧机动车网上拍卖为例,图5-5是北京网上竞卖流程,图5-6是北京网上竞买流程。

图 5-5 网上竞卖委托业务流程

图 5-6 网上竞买业务流程

（1）卖车客户在网上登记拍卖车辆信息。

（2）鉴定估价：旧机动车网上认证评估师进行专业的评估检测鉴定，详细报告单在网上随拍卖车辆介绍一同公布，包括车辆详图、车辆内饰详情、车辆状况详情和车辆结构详情，收取 300 元/辆质量认证服务费（该收费供大家参考）。

（3）协商底价：六方位拍照，车辆、证件交接，纳入库存旧机动车管理系统，信息上传网站。《二手车交易规范》第三十二条规定，进行网上拍卖应在网上公布车辆的彩色照片和《拍卖车辆信息》，公布时间不得少于 7 天。

（4）网上拍卖展示。

（5）买方出价：拍卖结束后，该拍卖车辆的评估师通知竞价排名前三名者看车，与车主协商最终成交价。

（6）办理成交车辆转移手续：向委托方收取 500 元/辆交易服务费，向买方收取 600 元/辆过户服务费（该收费供大家参考）。

4）网上拍卖旧机动车所需资料

一般情况下，参加网上竞卖的车主要将车辆开到旧机动车市场，并对其相关手续进行检验后签订委托书，确定竞卖日期。提供的资料有：机动车行驶证，机动车登记证书，车主证件（组织机构代码证书或身份证），原始发票或过户发票，车辆购置附加税，车船使用税和保险费等。

9. 旧机动车拍卖后相关手续的办理

1) 旧机动车过户手续办理

现在购车已经不是什么新鲜事了,大部分消费者已经知道了在购买新车时都需要哪些证件及手续,但是作为车辆交易方式之一的旧机动车交易,可能很少有人知道具体的交易步骤及注意事项。旧机动车交易涉及相关的证明文件和必要手续,变更是必需的。但是很多消费者仅仅注意车辆的挑选,往往忽视了相关的手续,造成后续的问题办理起来非常困难。因此我们提供以下办理手续的参考。

(1) 车辆登记证书一定要办理。车辆登记证书是车辆必要产权凭证,2002 年之前购买的汽车大部分都没有登记证书,在车辆交易的时候需要进行补办登记证书。车辆交易后车辆登记证书会详细记载原车主和现车主的详细信息,确保交易双方和车辆管理部门了解车辆产权变更情况。目前,在一些规模较大、服务比较规范的旧机动车交易市场,如北京市旧机动车交易市场内,一般都设有车辆登记证书办理窗口,消费者可以就近办理。

(2) 车辆行驶证书一定要变更。车辆行驶证书是仅次于车辆登记证书的重要文件,消费者在交易旧机动车的时候,车辆行驶证书也要变更。需要注意的是,车辆行驶证书的车辆照片也要与车辆相符,车辆要按照规定年检合格才允许办理。

(3) 车主身份证、单位代码证书要真实有效。车辆进行产权变更的时候必须出示交易双方的身份证明,单位需要出示单位的代码证书。这其中身份证明过期、代码证书没有年检等情况经常发生,需要交易双方办理妥当。还有一种情况就是身份证或者代码证书的地址和名称与原来车辆的登记证书或者行驶证不相符,这也需要交易双方到车辆管理所变更。

(4) 车辆购置附加税、养路费和车船使用税须合法有效。在车辆产权变更中,需要对车辆的购置附加税和车船使用税进行查验,车辆的购置附加税必须缴纳,车船使用税必须缴纳至车辆交易的当年。

(5) 签订车辆交易合同,相关内容要填写清楚。车辆购买过程中,买卖双方应该签订买卖合同,在合同中交易双方应明确填写车辆的有关数据、车辆的状况、费用负担以及出现问题的解决方法等,避免今后出现问题没有依据。

(6) 及时办理各种相关手续的变更。旧机动车交易中,买卖双方在旧机动车交易市场变更车辆产权之后还需要到附加税征稽处办理购置附加税变更,到养路费征稽处办理养路费变更,到保险公司办理保险手续变更。

2) 拍卖服务费用支付

根据《二手车交易规范》第三十三条规定,拍卖成交后,买受人和拍卖人应签署《旧机动车拍卖成交确认书》。《二手车交易规范》第三十四条规定,委托人、买受人可与拍卖人约定佣金比例。委托人、买受人与拍卖人对拍卖佣金比例未作约定的,依据《拍卖法》及《拍卖管理办法》有关规定收取佣金。拍卖未成交的,拍卖人可按委托拍卖合同的约定向委托人收取服务费用。《二手车交易规范》第三十五条拍卖人应在拍卖成交且买受人支付车辆全款后,将车辆、随车文件及《二手车交易规范》第五条第二款规定的法定证明、凭证交付给买受人,并向买受人开具旧机动车销售统一发票,如实填写拍卖成交价格。

例如:某拍卖市场规定拍卖成交后,买受人须向拍卖行缴纳拍卖成交价款3.5%的佣金,并在规定日期持拍卖成交确认书和保证金收据到指定地点缴纳拍卖成交价款和佣金;逾期,按违约处理,定金不予返还。此外,还须预交买受车辆成交价款的0.5%过户费用和车辆权属过户的证牌费用。

3)办理过户需要手续

旧机动车过户所需资料和手续的办理参考本学习任务"一、相关知识"中的"(二)旧机动车的交易流程"的相关内容。

4)不予办理过户的旧机动车

(1)申请车主印章与原登记车主印章不相符的。

(2)未经批准擅自改装、改型及变更载货质量、乘员人数的。

(3)违章、肇事未处理结案的或公安机关对车辆有质疑的。

(4)达到报废年限的(对已达到报废使用年限,但车辆技术状况较好,使用性质为自用的汽车,经特殊检验合格后,在达到报废使用年限后两年内,准予申办过户登记,但不准转籍)。

(5)未参加定期检验或检验不合格的。

(6)新车入户不足3个月的(进口汽车初次登记后不满两年的,但法院判决的除外)。

(7)人民法院通知冻结或抵押期未满的。

(8)属控购车辆无《申报牌照证明章》的。

(9)进口汽车属海关监管期内,未解除监管的。

10. 旧机动车拍卖公告案例

(1)名称:2013年10月23日北京北汽鹏龙二手车拍卖会。

(2)拍卖时间:2013年10月22日。

(3)拍品清单:正在整理,预计180辆。部分清单见表5-7。

(4)拍卖地点:北京市南四环中路260号新发地汽车交易市场北汽鹏龙拍卖场。

(5)预展地点:同上。

拍卖车辆清单　　　　　　　　表5-7

序号	车牌号	品牌/车型	登记日期	使用性质	起拍价格(元)	备注
1	京P0TM83	君越2.4	2008.5	租赁	48000	单位一手车
2	京P9TF29	大众CC	2008.5	非营运	178000	单位一手车
3	京MQ6619	大捷龙3.3	2006.12	非营运	50000	单位一手车
4	京N532J7	奥迪A6L 2.0T	2008.4	非营运	176000	单位一手车
5	京L78778	雅阁2.0	2007.10	非营运	58000	单位一手车
6	京L08207	别克陆尊3.0	2007.8	非营运	95000	单位一手车
7	京KE5135	凯美瑞2.4V	2007.2	非营运	80000	单位一手车
8	京LZ2613	丰田花冠	2008.4	非营运	52000	单位一手车
9	京K84368	别克君越2.4	2006.12	非营运	52000	单位一手车
10	京C86281	北京现代IX35 2.0AT	2010.11	非营运	130000	个人一手车
11	京N31V67	凯美瑞2.4G	2009.4	非营运	98000	单位一手车
12	京N23P36	日产天籁2.5	2009.4	非营运	123000	单位一手车
13	京N41Q55	大众新领域1.8T	2010.9	非营运	98000	单位一手车
14	京P7R832	奥迪A6L 2.4	2010.4	非营运	220000	单位一手车

注:此表仅为已确定起拍价车辆,实际车辆请以当日拍品目录为准。

（6）参拍资格：
①保证金1万元（不限拍车数量、刷卡现金均可，不成交当场退还）；
②保证金缴纳截至周三中午12点，办理手续完毕后可领取拍品目录。
（7）过户须知：
①请买受人于7个工作日内（不含拍卖当日）办理完车辆转移登记（包括外迁提档）手续，非车辆问题或卖方原因逾期未办理完毕，买受人须按逾期天数及罚金标准（200元/每日每辆车）计算缴纳违约金（逾期天数以登记证转移登记日期为准）。另外，如买受人7个工作日内未提出车辆过户问题，我公司将于第8个工作日付给卖方车款，付款后，我公司不再负责协调该成交车辆的过户等问题。
②本场拍卖会中的所有小型车辆拍卖成交后，如过户本市则必须提供买受人的《购车指标通知书》，不能提供《购车指标通知书》的则必须办理外迁。
③综合服务费为600元/每辆车（包含过户票费用），本公司只负责办理成交车辆的过户票手续；本市车辆转移登记手续及外迁验车、提档手续均由买受人自行办理。
④退还保证金手续须持车辆转移登记后的手续原件到过户部办理（未到本公司过户部办理手续拍照存档的车辆，一律不办理退保证金手续）。

11．拍卖公司介绍
1）优信拍（北京）信息科技有限公司
优信拍（北京）信息科技有限公司是专业提供旧机动车电子化竞价拍卖服务的供应商。其核心业务品牌为"优信拍"旧机动车网络拍卖交易服务平台，该平台集竞价拍卖、车辆检测、安全支付、物流运输及售后服务代办为一体，向国内各汽车生产厂商的品牌经销商、旧机动车经营机构、大型用车企业提供最具时效性的汽车拍卖服务。"优信拍"自2011年9月上线运营以来，已快速发展成国内最大的旧机动车拍卖交易服务平台，并获多家知名汽车生产厂商和汽贸集团授权，成为其经销商旧机动车拍卖业务的指定应用平台。优信拍已相继在北京、上海、广州、成都建立大区分公司或省公司，直接面向本地商家提供全面的旧机动车网络拍卖服务。
（1）行业背景优势。
优信拍核心管理团队成员均有超过7年以上的旧机动车评估鉴定、旧机动车营销、旧机动车信息技术服务经验，对服务汽车生产厂商、经销商、汽车经营机构及消费者有丰富的经验，对旧机动车行业有深刻的理解。
（2）技术优势。
优信拍研发了目前最具实用性的车辆车况检测设备（查客软件）。可适用国内所有车型的车况检测，实现了包括车辆基本信息读取、显性损伤登记、非显性损伤探查、电子电路及机械工况探查在内车辆检查报告的一次性检测生成，并支持检测报告以WLAN、WIFI、3G模式实时上传。报告图文结合、易用强，为电子拍卖建立了重要的交易基础。
（3）服务优势。
优信拍具有国内最完善的汽车交易后续服务链条和严谨的交易管理流程。可根据客户的实际需求为客户提供远程安全支付、交易复核代理、本地/外迁手续代办和汽车物流（优仕物流）等服务。

(4) 规模优势。

目前,"优信拍"已成为宝马中国、大众中国 Das WeltAuto、东风本田、东风日产、广汽丰田、雷克萨斯、上海通用、一汽—大众、一汽丰田等汽车生产厂商授权经销商的拍卖业务指定应用平台。同时"优信拍"亦在国内大型汽贸集团中获得了广泛认可,已成为包括联拓集团、捷亚泰、亚之杰、首汽集团、运通集团、达世行、燕骏集团、惠通嘉华等在内的国内知名汽贸集团旗下经销商旧机动车拍卖业务指定应用平台。优信拍在全国设立4个业务区域和分公司,北京、上海、广州、深圳、成都等城市已上线开拍,可提供目前国内最多的旧机动车拍卖货源。

2) 车易拍

车易拍是北京巅峰科技有限公司,历时5年打造的中国第一个真正实现远程不看车即可交易的旧机动车在线交易平台。公司以让旧机动车交易为使命,在中国旧机动车档案资料严重缺失、旧机动车车源高度碎片化分布的环境下,将互联网信息实时互动优势充分整合利用到旧机动车交易各环节中,突破了车况、车价等信息严重不对称的产业瓶颈,有效建立了以车况公开为基础的、透明、公开、高效、可控的旧机动车业务规模化运营体系。

(1) 特点优势。

与现有的旧机动车交易服务模式不同,车易拍平台牢牢抓住了旧机动车交易的车辆信息透明化这个关键环节,以268V标准化旧机动车检测技术为支撑,建立了严格的旧机动车历史事故和现实综合车况分级评价体系,通过标准规范和检测程序,与严格的检测员及检测管理制度,保障车况检测的真实性和准确性。车易拍平台对所有签约经销商郑重承诺:在车辆交接时出现现实车况与检测报告不符的,车易拍将承担赔偿责任。

在车易拍平台出售旧车的消费者,从检测到在线拍卖最后到确认交易,通常只需不到1h的时间。全部过程高效、便捷、安全。

车易拍平台所提供的服务,对卖车人而言,售价相对更高更合理、手续变更更放心更安全;对于买车人而言,车况信息更透明、更有保障,极大提升了旧机动车行业的社会形象。

车易拍电子商务平台创新了一种交易模式。以268V标准化检测技术为基础,车易拍于2010年9月面向4S店经销商,再次创新推出了以提升置换成功率为目标的嵌入式竞价E置换服务;迄今我们已为6万名车主提供了卖车换车服务。

无需现场看车、互不见面的竞价方式,有效保障了交易价格的客观性和公平性,竞价过程中,"车易拍"平台工作人员对车辆买卖双方不进行任何价格引导,将定价权完全交与竞买人,有效避免了人为干预价格行为。

(2) "车易拍e置换"服务流程。

①检测。30~40min为车辆进行268V标准化检测,形成车辆检测报告并上传车易拍平台。车易拍是旧机动车检测第一个承诺责任赔付的,即因检测失误导致的交易损失由车易拍承担,这样的检测承诺,保证了车商看报告而勿需看实车交易。

②竞价。15min全国买家即时出价;车主不离店,亲历竞价全程。车主在竞价终端看到并确认的价格即为成交价,后续与买家交验车辆、车款由车易拍负责,解决车主办理手续的烦恼。

③车辆交验、过户、物流,成交车辆转移到车易拍物流交接中心完成,4S店和用户只需

专注于新车销售洽谈。成交车辆转移至车易拍物流中心,由车易拍与买家完成车辆交验等。车易拍承诺成交车款限时支付帮助代办相关过户手续,保障成交车辆安全过户,并通过 e 置换平台电子化管理相关手续;为全国商户提物流配送服务,让车商实现足不出户买全国。

(3)车易拍对行业影响。

北京汽车限购政策之下,车易拍平台将充分发挥由标准检测技术和互联网交易平台所构成的规模化渠道优势,本着为政府分忧,为消费者服务的理念,为北京的旧机动车市场提供一个通畅的旧机动车消化和外迁渠道,通过与汽车生产厂、汽车交易市场、汽车销售集团、4S 店的合作,真正实现以置换带动销售、以旧机动车带动新车的新旧车联动的规模化经营。

车易拍平台目前是获得政府资金支持的北京市商务委的电子商务示范项目及北京市政府指定旧机动车网络教育平台,同时也是北京市环保局指定旧机动车外迁、获取环保补贴的一站式服务平台。车易拍平台使中国旧机动车交易市场,进入了一个全新的电子商务时代。

二、任 务 实 施

（一）旧机动车的收购与销售

1. 车辆的总体价值构成

旧机动车收购定价的影响因素：车辆实体的产品价值，各项手续的价值。

2. 旧机动车收购后应支出的费用

从收购到售出时限内，还要支出的费用有：保险费、日常维护费、停车费、收购支出的货币利息和其他管理费等。

旧机动车的购置费用一般包括购车费、交易增值税，带保险交易的车辆根据情况还要付相应的保险费，翻新车辆则要交相应的维护费用。

3. 影响旧机动车价格的因素

市场宏观环境的变化，市场微观环境的变化，供求关系的变化，品牌知名度和维修服务条件均会影响价格。

4. 旧机动车收购定价的方法

（1）以现行市价法、重置成本法的思想方法确定收购价格。

（2）以清算价格的思想方法确定收购价格。

（3）以快速折旧的思想方法确定收购价格。

5. 旧机动车收购价格的计算

旧机动车收购价格可以运用重置成本法和现行市价法计算，只要将被收购车辆的估算价格乘以折扣率，即可计算出收购价格；如果是运用快速折旧法计算，将重置成本全价减去累计折旧额与车辆维修费用，同样可以计算出旧机动车收购价格。

6. 旧机动车收购定价考虑的因素

（1）车辆的使用年份。使用3年内的旧机动车折价幅度最大，大约在新车价格的20%～30%。然后，越往后，折价幅度越低。

（2）车辆行驶里程。在旧机动车市场，有"新车"和"次新车"之分，1年2万km叫"新车"，3年6万km叫"次新车"。无论从性能还是外观来讲，这些车都不亚于新车，还省去了磨合的麻烦，而且不易贬值。

（3）车辆机械状态的好坏。虽然有些旧机动车使用年份很长，而且行驶里程也不少，但由于车主勤于维护，车况依然很好，也能卖个好价钱。

（4）车辆外观的好坏，以及有无修理的痕迹。

（5）车辆配置的高低。

（6）车辆排量的大小（1.6L排量减税）。

（7）车辆颜色是否符合该品牌客户的普遍喜好。

（8）车辆是否属于知名品牌。

（9）是否符合当地车辆的环保政策。

（10）同类车辆在旧机动车市场库存的多少。

（11）同品牌新车价格波动幅度的大小。

（二）旧机动车的交易流程

1. 旧机动车的过户

符合交易条件的旧机动车就可以办理过户手续。以北京市场旧机动车交易过户手续为例，了解以下四种情况的所需手续。

（1）个人对个人。

（2）个人对单位。

（3）单位对单位。

（4）单位对个人。

2. 不允许办理过户的旧机动车

（1）申请车主印章与原登记车主印章不相符的。

（2）未经批准擅自改装、改型及变更载货质量、乘员人数的。

（3）违章、肇事未处理结案的或公安机关对车辆有质疑的。

（4）达到报废年限的（对已达到报废使用年限，但车辆技术状况较好，使用性质为自用的汽车，经特殊检验合格后，在达到报废使用年限后两年内，准予申办过户登记，但不准转籍）。

（5）未参加定期检验或检验不合格的。

（6）新车入户不足 3 个月的（进口汽车初次登记后不满两年的，但法院判决的除外）。

（7）人民法院通知冻结或抵押期未满的。

（8）属控购车辆无《申报牌照证明章》的。

（9）进口汽车属海关监管期内，未解除监管的。

3. 旧机动车交易流程

旧机动车交易流程如图 5-7 所示。

1）旧机动车交易应准备的材料

车辆行驶证、机动车登记证、机动车登记副表、车辆购置附加费证、车辆保险证、车船使用税证、身份证、户口簿等。

买卖双方需签订由工商部门监制的《旧机动车买卖合同》，合同一式三份，买卖双方各持一份，工商部门保留一份。经工商部门备案后才能办理车辆的过户或转籍手续。

等评估报告出来后，开始办理过户手续。办理好的过户凭证由买方保留，卖方最好也保留一份复印件，以备日后不时之需。

2）交易费用

代办费用：委托经营公司代办费用一般在 200 元左右。

过户费用：交易过户费按车辆评估价的 5‰ 收取，这笔费用的承担由买卖双方自行协商。

图 5-7 旧机动车交易流程

(三)汽车置换与置换模式

1. 汽车置换的基本原则
(1)对在用车辆不满意。
(2)尽量不要选择同档次车型。
(3)贷款车可以置换。
(4)新车可以用原来的"牌"。

2. 我国汽车置换的发展现状

继上海通用汽车率先进入旧机动车领域后,许多汽车厂家均涉及旧机动车置换,如上海大众、一汽大众、东风日产等厂家也纷纷进军旧机动车市场。

3. 国内主要汽车置换运作模式
(1)用本厂旧机动车置换新车(即以旧换新)。
(2)用本品牌旧机动车置换新车。

(3)只要购买本厂生产的新车,置换的旧机动车不限品牌。

(4)委托寄售方式。

4. 4S店旧机动车置换的主要优势

从2004年开始,大多数汽车厂家纷纷推出旧机动车置换服务。如上海通用"诚新二手车"、上海大众"特选二手车"、"一汽大众认证二手车"等。这些4S店经销商开展的旧机动车置换业务是在厂家的授权下经营旧机动车品牌置换业务。

5. 汽车置换质量认证

上汽通用的旧机动车认证有106项检验项目,这106项检验要进行两次,进场第一次,整修后还要进行一次。一汽大众的旧机动车认证有138项检测标准。

秉承对超凡质量和卓越性能的一贯追求,BMW尊选二手车均经过严格的专业检测,检测内容高达100项(表5-3),包括机械系统、电子系统、制动系统、转向机械装置以及所有安全组件。所有检测均由专业的BMW技师完成,使用最先进的电脑诊断设备进行。一旦发现问题,BMW技师将使用原厂配件进行维修,不符合要求的车辆将不被授予BMW尊选二手车。

6. 汽车置换的服务程序

旧机动车置换流程如图5-8所示。

图5-8 旧机动车置换流程

找到品牌旧机动车授权经销商;专业评估人员对旧机动车进行36项车辆标准化检测、评估(含各种品牌);根据车辆折旧率,结合车况、市场现行价、车辆整修费用等进行估价;进行置换。

注意事项:

(1)新车牌照。新车仍使用原旧机动车牌照的,经销商代办退牌手续和新车上牌手续;新车上新牌照的,经销商可代办手续。

(2)新车需交钱款=新车价格-旧车评估价格。

(3)贷款置换。如果旧车贷款尚未还清,可由经销商垫付还清贷款,款项计入新车需交钱款。

(4)售后服务。商家提供一定期限的质保期。

(四)旧机动车的拍卖

旧机动车拍卖是指旧机动车拍卖企业以公开竞价的形式将旧机动车转让给最高应价者的经营活动。旧机动车拍卖的目的是提高旧机动车市场交易透明度,打造最专业的旧机动车流通平台;提高旧机动车交易双方的满意度,使旧机动车交易更规范;提高旧机动车成交率,为客户提供更多的成交机会。

1. 旧机动车拍卖规则

对于旧机动车拍卖没有统一的标准，但是为了规范拍卖行为，维护拍卖秩序，保护在拍卖活动中各方当事人的合法权益，使拍卖顺利进行，旧机动车拍卖要严格按照《拍卖法》及国家的相关政策法律法规的指导进行。拍卖规则包含下列内容：

(1) 拍卖人拍卖日期与场所。

(2) 拍卖标的及保留价。

(3) 拍卖标的的展示时间及场所。

(4) 竞买人权利和义务。

(5) 保证金缴纳约定。

(6) 拍卖方式。

(7) 买受人的权利和义务。

(8) 拍卖标的清点移交。

(9) 违约责任。

2. 旧机动车拍卖所需资料

1) 旧机动车委托拍卖所需材料

车辆行驶证、购置证、车船税证、车辆所有人证件（私人为身份证、户口簿；企事业单位为企业代码证）。

2) 旧机动车参加竞买所需材料

竞买人身份证明（私人为身份证，企事业单位为企事业单位代码证书）和保证金（按每次拍卖会规定的标准交付）。拍卖人接受委托的，应与委托人签订委托拍卖合同。

3. 旧机动车拍卖流程

旧机动车拍卖流程如图 5-9 所示。

图 5-9 旧机动车拍卖流程

注：1. 办理过户时若将公车转为私车，需缴纳车价 3% 的费用，其余情况则缴纳 1% 的费用。

2. 任何情况，都需缴纳 0.5% 的交易管理费和几百元的办证杂费。

3. 拍卖公司 5% 左右的手续费也是要考虑到的。

三、评价反馈

1. 自我评价

(1) 通过本学习任务的学习你是否已经掌握以下问题：

① 旧机动车收购与销售如何定价。

_____

_____

② 旧机动车的交易流程。

_____

_____

③ 旧机动车的置换与模式。

_____

_____

④ 旧机动车的拍卖的流程。

_____

_____

(2) 去旧机动车市场调查旧机动车的交易过程。

_____

_____

(3) 去4S店调查旧机动车置换过程情况。

_____

_____

(4) 工作着装是否规范？

_____

_____

(5) 能否积极主动参与工作现场的清洁和整理工作？

_____

_____

(6) 在完成本学习任务的过程中，你是否主动帮助过其他同学？是否和其他同学调查旧机动车的置换、拍卖和交易情况？具体问题是什么？结果是什么？
_____
_____
_____

(7) 通过本学习任务的学习，你认为哪些方面还有待进一步改善？
_____
_____
_____

签名：_____　　　____年____月____日

2. 小组评价

小组评价表见表 5-8。

小 组 评 价 表　　　　　　　　　　　　　　　表 5-8

序号	评 价 项 目	评 价 情 况
1	学习态度是否积极主动	
2	是否服从教学安排	
3	是否达到全勤	
4	着装是否符合要求	
5	是否合理规范地使用仪器和设备	
6	是否按照安全和规范的规程操作	
7	是否遵守学习、实训场地的规章制度	
8	是否积极主动地与他人合作、探讨问题	
9	是否能保持学习、实训场地整洁	
10	团结协作情况	

参与评价的同学签名：_____　　　____年____月____日

3. 教师评价
_____
_____

教师签名：_____　　　____年____月____日

附录　旧机动车交易相关法律法规

二手车流通管理办法

（商务部、公安部、国家工商行政管理总局、
国家税务总局令2005年第2号）

第一章　总　　则

第一条　为加强二手车流通管理，规范二手车经营行为，保障二手车交易双方的合法权益，促进二手车流通健康发展，依据国家有关法律、行政法规，制定本办法。

第二条　在中华人民共和国境内从事二手车经营活动或者与二手车相关的活动，适用本办法。

本办法所称二手车，是指从办理完注册登记手续到达到国家强制报废标准之前进行交易并转移所有权的汽车（包括三轮汽车、低速载货汽车，即原农用运输车，下同）、挂车和摩托车。

第三条　二手车交易市场是指依法设立、为买卖双方提供二手车集中交易和相关服务的场所。

第四条　二手车经营主体是指经工商行政管理部门依法登记，从事二手车经销、拍卖、经纪、鉴定评估的企业。

第五条　二手车经营行为是指二手车经销、拍卖、经纪、鉴定评估等。

（一）二手车经销是指二手车经销企业收购、销售二手车的经营活动；

（二）二手车拍卖是指二手车拍卖企业以公开竞价的形式将二手车转让给最高应价者的经营活动；

（三）二手车经纪是指二手车经纪机构以收取佣金为目的，为促成他人交易二手车而从事居间、行纪或者代理等经营活动；

（四）二手车鉴定评估是指二手车鉴定评估机构对二手车技术状况及其价值进行鉴定评估的经营活动。

第六条　二手车直接交易是指二手车所有人不通过经销企业、拍卖企业和经纪机构将车辆直接出售给买方的交易行为。二手车直接交易应当在二手车交易市场进行。

第七条　国务院商务主管部门、工商行政管理部门、税务部门在各自的职责范围内负责二手车流通有关监督管理工作。

省、自治区、直辖市和计划单列市商务主管部门（以下简称省级商务主管部门）、工商行政管理部门、税务部门在各自的职责范围内负责辖区内二手车流通有关监督管理工作。

第二章　设立条件和程序

第八条　二手车交易市场经营者、二手车经销企业和经纪机构应当具备企业法人条件，

并依法到工商行政管理部门办理登记。

第九条　二手车鉴定评估机构应当具备下列条件：

（一）是独立的中介机构；

（二）有固定的经营场所和从事经营活动的必要设施；

（三）有3名以上从事二手车鉴定评估业务的专业人员（包括本办法实施之前取得国家职业资格证书的旧机动车鉴定估价师）；

（四）有规范的规章制度。

第十条　设立二手车鉴定评估机构，应当按下列程序办理：

（一）申请人向拟设立二手车鉴定评估机构所在地省级商务主管部门提出书面申请，并提交符合本办法第九条规定的相关材料；

（二）省级商务主管部门自收到全部申请材料之日起20个工作日内作出是否予以核准的决定，对予以核准的，颁发《二手车鉴定评估机构核准证书》；不予核准的，应当说明理由；

（三）申请人持《二手车鉴定评估机构核准证书》到工商行政管理部门办理登记手续。

第十一条　外商投资设立二手车交易市场、经销企业、经纪机构、鉴定评估机构的申请人，应当分别持符合第八条、第九条规定和《外商投资商业领域管理办法》、有关外商投资法律规定的相关材料报省级商务主管部门。省级商务主管部门进行初审后，自收到全部申请材料之日起1个月内上报国务院商务主管部门。合资中方有国家计划单列企业集团的，可直接将申请材料报送国务院商务主管部门。国务院商务主管部门自收到全部申请材料3个月内会同国务院工商行政管理部门，作出是否予以批准的决定，对予以批准的，颁发或者换发《外商投资企业批准证书》；不予批准的，应当说明理由。

申请人持《外商投资企业批准证书》到工商行政管理部门办理登记手续。

第十二条　设立二手车拍卖企业（含外商投资二手车拍卖企业）应当符合《中华人民共和国拍卖法》和《拍卖管理办法》有关规定，并按《拍卖管理办法》规定的程序办理。

第十三条　外资并购二手车交易市场和经营主体及已设立的外商投资企业增加二手车经营范围的，应当按第十一条、第十二条规定的程序办理。

第三章　行　为　规　范

第十四条　二手车交易市场经营者和二手车经营主体应当依法经营和纳税，遵守商业道德，接受依法实施的监督检查。

第十五条　二手车卖方应当拥有车辆的所有权或者处置权。二手车交易市场经营者和二手车经营主体应当确认卖方的身份证明，车辆的号牌、《机动车登记证书》、《机动车行驶证》，有效的机动车安全技术检验合格标志、车辆保险单、缴纳税费凭证等。

国家机关、国有企事业单位在出售、委托拍卖车辆时，应持有本单位或者上级单位出具的资产处理证明。

第十六条　出售、拍卖无所有权或者处置权车辆的，应承担相应的法律责任。

第十七条　二手车卖方应当向买方提供车辆的使用、修理、事故、检验以及是否办理抵押登记、缴纳税费、报废期等真实情况和信息。买方购买的车辆如因卖方隐瞒和欺诈不能办理转移登记，卖方应当无条件接受退车，并退还购车款等费用。

第十八条　二手车经销企业销售二手车时应当向买方提供质量保证及售后服务承诺,并在经营场所予以明示。

第十九条　进行二手车交易应当签订合同。合同示范文本由国务院工商行政管理部门制定。

第二十条　二手车所有人委托他人办理车辆出售的,应当与受托人签订委托书。

第二十一条　委托二手车经纪机构购买二手车时,双方应当按以下要求进行:

(一)委托人向二手车经纪机构提供合法身份证明;

(二)二手车经纪机构依据委托人要求选择车辆,并及时向其通报市场信息;

(三)二手车经纪机构接受委托购买时,双方签订合同;

(四)二手车经纪机构根据委托人要求代为办理车辆鉴定评估,鉴定评估所发生的费用由委托人承担。

第二十二条　二手车交易完成后,卖方应当及时向买方交付车辆、号牌及车辆法定证明、凭证。车辆法定证明、凭证主要包括:

(一)《机动车登记证书》;

(二)《机动车行驶证》;

(三)有效的机动车安全技术检验合格标志;

(四)车辆购置税完税证明;

(五)养路费缴付凭证;

(六)车船使用税缴付凭证;

(七)车辆保险单。

第二十三条　下列车辆禁止经销、买卖、拍卖和经纪:

(一)已报废或者达到国家强制报废标准的车辆;

(二)在抵押期间或者未经海关批准交易的海关监管车辆;

(三)在人民法院、人民检察院、行政执法部门依法查封、扣押期间的车辆;

(四)通过盗窃、抢劫、诈骗等违法犯罪手段获得的车辆;

(五)发动机号码、车辆识别代号或者车架号码与登记号码不相符,或者有凿改迹象的车辆;

(六)走私、非法拼(组)装的车辆;

(七)不具有第二十二条所列证明、凭证的车辆;

(八)在本行政辖区以外的公安机关交通管理部门注册登记的车辆;

(九)国家法律、行政法规禁止经营的车辆。

二手车交易市场经营者和二手车经营主体发现车辆具有(四)、(五)、(六)情形之一的,应当及时报告公安机关、工商行政管理部门等执法机关。

对交易违法车辆的,二手车交易市场经营者和二手车经营主体应当承担连带赔偿责任和其他相应的法律责任。

第二十四条　二手车经销企业销售、拍卖企业拍卖二手车时,应当按规定向买方开具税务机关监制的统一发票。

进行二手车直接交易和通过二手车经纪机构进行二手车交易的,应当由二手车交易市场经营者按规定向买方开具税务机关监制的统一发票。

第二十五条　二手车交易完成后,现车辆所有人应当凭税务机关监制的统一发票,按法律、法规有关规定办理转移登记手续。

第二十六条 二手车交易市场经营者应当为二手车经营主体提供固定场所和设施,并为客户提供办理二手车鉴定评估、转移登记、保险、纳税等手续的条件。二手车经销企业、经纪机构应当根据客户要求,代办二手车鉴定评估、转移登记、保险、纳税等手续。

第二十七条 二手车鉴定评估应当本着买卖双方自愿的原则,不得强制进行;属国有资产的二手车应当按国家有关规定进行鉴定评估。

第二十八条 二手车鉴定评估机构应当遵循客观、真实、公正和公开原则,依据国家法律法规开展二手车鉴定评估业务,出具车辆鉴定评估报告;并对鉴定评估报告中车辆技术状况,包括是否属事故车辆等评估内容负法律责任。

第二十九条 二手车鉴定评估机构和人员可以按国家有关规定从事涉案、事故车辆鉴定等评估业务。

第三十条 二手车交易市场经营者和二手车经营主体应当建立完整的二手车交易购销、买卖、拍卖、经纪以及鉴定评估档案。

第三十一条 设立二手车交易市场、二手车经销企业开设店铺,应当符合所在地城市发展及城市商业发展有关规定。

第四章 监督与管理

第三十二条 二手车流通监督管理遵循破除垄断,鼓励竞争,促进发展和公平、公正、公开的原则。

第三十三条 建立二手车交易市场经营者和二手车经营主体备案制度。凡经工商行政管理部门依法登记,取得营业执照的二手车交易市场经营者和二手车经营主体,应当自取得营业执照之日起2个月内向省级商务主管部门备案。省级商务主管部门应当将二手车交易市场经营者和二手车经营主体有关备案情况定期报送国务院商务主管部门。

第三十四条 建立和完善二手车流通信息报送、公布制度。二手车交易市场经营者和二手车经营主体应当定期将二手车交易量、交易额等信息通过所在地商务主管部门报送省级商务主管部门。省级商务主管部门将上述信息汇总后报送国务院商务主管部门。国务院商务主管部门定期向社会公布全国二手车流通信息。

第三十五条 商务主管部门、工商行政管理部门应当在各自的职责范围内采取有效措施,加强对二手车交易市场经营者和经营主体的监督管理,依法查处违法违规行为,维护市场秩序,保护消费者的合法权益。

第三十六条 国务院工商行政管理部门会同商务主管部门建立二手车交易市场经营者和二手车经营主体信用档案,定期公布违规企业名单。

第五章 附 则

第三十七条 本办法自2005年10月1日起施行,原《商务部办公厅关于规范旧机动车鉴定评估管理工作的通知》(商建字[2004]第70号)、《关于加强旧机动车市场管理工作的通知》(国经贸贸易[2001]1281号)、《旧机动车交易管理办法》(内贸机字[1998]第33号)及据此发布的各类文件同时废止。

汽车贸易政策

(商务部令2005年第16号)

第一章 总 则

第一条 为建立统一、开放、竞争、有序的汽车市场,维护汽车消费者合法权益,推进我国汽车产业健康发展,促进消费,扩大内需,特制定本政策。

第二条 国家鼓励发展汽车贸易,引导汽车贸易业统筹规划,合理布局,调整结构,积极运用现代信息技术、物流技术和先进的经营模式,推进电子商务,提高汽车贸易水平,实现集约化、规模化、品牌化及多样化经营。

第三条 为创造公平竞争的汽车市场环境,发挥市场在资源配置中的基础性作用,坚持按社会主义市场经济规律,进一步引入竞争机制,扩大对内对外开放,打破地区封锁,促进汽车商品在全国范围内自由流通。

第四条 引导汽车贸易企业依法、诚信经营,保证商品质量和服务质量,为消费者提供满意的服务。

第五条 为提高我国汽车贸易整体水平,国家鼓励具有较强的经济实力、先进的商业经营管理经验和营销技术以及完善的国际销售网络的境外投资者投资汽车贸易领域。

第六条 充分发挥行业组织、认证机构、检测机构的桥梁纽带作用,建立和完善独立公正、规范运作的汽车贸易评估、咨询、认证、检测等中介服务体系,积极推进汽车贸易市场化进程。

第七条 积极建立、完善相关法规和制度,加快汽车贸易法制化建设。设立汽车贸易企业应当具备法律、行政法规规定的有关条件,国务院商务主管部门会同有关部门研究制定和完善汽车品牌销售、二手车流通、汽车配件流通、报废汽车回收等管理办法、规范及标准,依法管理、规范汽车贸易的经营行为,维护公平竞争的市场秩序。

第二章 政策目标

第八条 通过本政策的实施,基本实现汽车品牌销售和服务,形成多种经营主体与经营模式并存的二手车流通发展格局,汽车及二手车销售和售后服务功能完善、体系健全;汽车配件商品来源、质量和价格公开、透明,假冒伪劣配件商品得到有效遏制,报废汽车回收拆解率显著提高,形成良好的汽车贸易市场秩序。

第九条 到2010年,建立起与国际接轨并具有竞争优势的现代汽车贸易体系,拥有一批具有竞争实力的汽车贸易企业,贸易额有较大幅度增长,贸易水平显著提高,对外贸易能力明显增强,实现汽车贸易与汽车工业的协调发展。

第三章 汽车销售

第十条 境内外汽车生产企业凡在境内销售自产汽车的,应当尽快建立完善的汽车品牌销售和服务体系,确保消费者在购买和使用过程中得到良好的服务,维护其合法权益。汽车生产企业可以按国家有关规定自行投资或授权汽车总经销商建立品牌销售和服务体系。

第十一条 实施汽车品牌销售和服务。自2005年4月1日起,乘用车实行品牌销售和服务;自2006年12月1日起,除专用作业车外,所有汽车实行品牌销售和服务。

从事汽车品牌销售活动应当先取得汽车生产企业或经其授权的汽车总经销商授权。汽车(包括二手车)经销商应当在工商行政管理部门核准的经营范围内开展汽车经营活动。

第十二条 汽车供应商应当制订汽车品牌销售和服务网络规划。为维护消费者的利益,汽车品牌销售和与其配套的配件供应、售后服务网点相距不得超过150公里。

第十三条 汽车供应商应当加强品牌销售和服务网络的管理,规范销售和服务,在国务院工商行政管理部门备案并向社会公布后,要定期向社会公布其授权和取消授权的汽车品牌销售和服务企业名单,对未经品牌授权或不具备经营条件的经销商不得提供汽车资源。汽车供应商有责任及时向社会公布停产车型,并采取积极措施在合理期限内保证配件供应。

第十四条 汽车供应商和经销商应当通过签订书面合同明确双方的权利和义务。汽车供应商要对经销商提供指导和技术支持,不得要求经销商接受不平等的合作条件,以及强行规定经销数量和进行搭售,不应随意解除与经销商的合作关系。

第十五条 汽车供应商应当按国家有关法律法规以及向消费者的承诺,承担汽车质量保证义务,提供售后服务。

汽车经销商应当在经营场所向消费者明示汽车供应商承诺的汽车质量保证和售后服务,并按其授权经营合同的约定和服务规范要求,提供相应的售后服务。

汽车供应商和经销商不得供应和销售不符合机动车国家安全技术标准、未获国家强制性产品认证、未列入《道路机动车辆生产企业及产品公告》的汽车。进口汽车未按照《中华人民共和国进出口商品检验法》及其实施条例规定检验合格的,不准销售使用。

第四章 二手车流通

第十六条 国家鼓励二手车流通。建立竞争机制,拓展流通渠道,支持有条件的汽车品牌经销商等经营主体经营二手车,以及在异地设立分支机构开展连锁经营。

第十七条 积极创造条件,简化二手车交易、转移登记手续,提高车辆合法性与安全性的查询效率,降低交易成本,统一规范交易发票;强化二手车质量管理,推动二手车经销商提供优质售后服务。

第十八条 加快二手车市场的培育和建设,引导二手车交易市场转变观念,强化市场管理,拓展市场服务功能。

第十九条 实施二手车自愿评估制度。除涉及国有资产的车辆外,二手车的交易价格由买卖双方商定,当事人可以自愿委托具有资格的二手车鉴定评估机构进行评估,供交易时参考。除法律、行政法规规定外,任何单位和部门不得强制或变相强制对交易车辆进行评估。

第二十条 积极规范二手车鉴定评估行为。二手车鉴定评估机构应当本着"客观、真实、公正、公开"的原则,依据国家有关法律法规,开展二手车鉴定评估经营活动,出具车辆鉴定评估报告,明确车辆技术状况(包括是否属事故车辆等内容)。

第二十一条 二手车经营、拍卖企业在销售、拍卖二手车时,应当向买方提供真实情况,不得有隐瞒和欺诈行为。所销售和拍卖的车辆必须具有机动车号牌、《机动车登记证书》、《机动车行驶证》、有效的机动车安全技术检验合格标志、车辆保险单和缴纳税费凭证等。

第二十二条 二手车经营企业销售二手车时,应当向买方提供质量保证及售后服务承诺。在产品质量责任担保期内的,汽车供应商应当按国家有关法律法规以及向消费者的承诺,承担汽车质量保证和售后服务。

第二十三条 从事二手车拍卖和鉴定评估经营活动应当经省级商务主管部门核准。

第五章 汽车配件流通

第二十四条 国家鼓励汽车配件流通采取特许、连锁经营的方式向规模化、品牌化、网络化方向发展,支持配件流通企业进行整合,实现结构升级,提高规模效应及服务水平。

第二十五条 汽车及配件供应商和经销商应当加强质量管理,提高产品质量及服务质量。

汽车及配件供应商和经销商不得供应和销售不符合国家法律、行政法规、强制性标准及强制性产品认证要求的汽车配件。

第二十六条 汽车及配件供应商应当定期向社会公布认可和取消认可的特许汽车配件经销商名单。

汽车配件经销商应当明示所销售的汽车配件及其他汽车用品的名称、生产厂家、价格等信息,并分别对原厂配件、经汽车生产企业认可的配件、报废汽车回用件及翻新件予以注明。汽车配件产品标识应当符合《产品质量法》的要求。

第二十七条 加快规范报废汽车回用件流通,报废汽车回收拆解企业对按有关规定拆解的可出售配件,必须在配件的醒目位置标明"报废汽车回用件"。

第六章 汽车报废与报废汽车回收

第二十八条 国家实施汽车强制报废制度。根据汽车安全技术状况和不同用途,修订现行汽车报废标准,规定不同的强制报废标准。

第二十九条 报废汽车所有人应当将报废汽车及时交售给具有合法资格的报废汽车回收拆解企业。

第三十条 地方商务主管部门要按《报废汽车回收管理办法》(国务院令第307号)的有关要求,对报废汽车回收拆解行业统筹规划,合理布局。

从事报废汽车回收拆解业务,应当具备法律法规规定的有关条件。国务院商务主管部门应当将符合条件的报废汽车回收拆解企业向社会公告。

第三十一条 报废汽车回收拆解企业必须严格按国家有关法律、法规开展业务,及时拆解回收的报废汽车。拆解的发动机、前后桥、变速器、转向机、车架"五大总成"应当作为废钢铁,交售给钢铁企业作为冶炼原料。

第三十二条 各级商务主管部门要会同公安机关建立报废汽车回收管理信息交换制度,实现报废汽车回收过程实时控制,防止报废汽车及其"五大总成"流入社会。

第三十三条 为合理和有效利用资源,国家适时制定报废汽车回收利用的管理办法。

第三十四条 完善老旧汽车报废更新补贴资金管理办法,鼓励老旧汽车报废更新。

第三十五条 报废汽车回收拆解企业拆解的报废汽车零部件及其他废弃物、有害物(如油、液、电池、有害金属等)的存放、转运、处理等必须符合《环境保护法》、《大气污染防治法》等法律、法规的要求,确保安全、无污染(或使污染降至最低)。

第七章　汽车对外贸易

第三十六条　自 2005 年 1 月 1 日起,国家实施汽车自动进口许可管理,所有汽车进口口岸保税区不得存放以进入国内市场为目的的汽车。

第三十七条　国家禁止以任何贸易方式进口旧汽车及其总成、配件和右置转向盘汽车(用于开发出口产品的右置转向盘样车除外)。

第三十八条　进口汽车必须获得国家强制性产品认证证书,贴有认证标志,并须经检验检疫机构抽查检验合格,同时附有中文说明书。

第三十九条　禁止汽车及相关商品进口中的不公平贸易行为。国务院商务主管部门依法对汽车产业实施反倾销、反补贴和保障措施,组织有关行业协会建立和完善汽车产业损害预警系统,并开展汽车产业竞争力调查研究工作。汽车供应商和经销商有义务及时准确地向国务院有关部门提供相关信息。

第四十条　鼓励发展汽车及相关商品的对外贸易。支持培育和发展国家汽车及零部件出口基地,引导有条件的汽车供应商和经销商采取多种方式在国外建立合资、合作、独资销售及服务网络,优化出口商品结构,加大开拓国际市场的力度。

第四十一条　利用中央外贸发展基金支持汽车及相关商品对外贸易发展。

第四十二条　汽车及相关商品的出口供应商和经销商应当根据出口地区相关法规建立必要的销售和服务体系。

第四十三条　加强政府间磋商,支持汽车及相关商品出口供应商参与反倾销、反补贴和保障措施的应诉,维护我国汽车及相关商品出口供应商的合法权益。

第四十四条　汽车行业组织要加强行业自律,建立竞争有序的汽车及相关商品对外贸易秩序。

第八章　其　　他

第四十五条　设立外商投资汽车贸易企业,除符合相应的资质条件外,还应当符合外商投资有关法律法规,并经省级商务主管部门初审后报国务院商务主管部门审批。

第四十六条　加快发展和扩大汽车消费信贷,支持有条件的汽车供应商建立面向全行业的汽车金融公司,引导汽车金融机构与其他金融机构建立合作机制,使汽车消费信贷市场规模化、专业化程度显著提高,风险管理体系更加完善。

第四十七条　完善汽车保险市场,鼓励汽车保险品种向个性化与多样化方向发展,提高汽车保险服务水平,初步实现汽车保险业专业化、集约化经营。

第四十八条　各地政府制定的与汽车贸易相关的各种政策、制度和规定要符合本政策要求并做到公开、透明,不得对非本地生产和交易的汽车在流通、服务、使用等方面实施歧视政策,坚决制止强制或变相强制本地消费者购买本地生产汽车,以及以任何方式干预经营者选择国家许可生产、销售的汽车的行为。

第四十九条　本政策自发布之日起实施,由国务院商务主管部门负责解释。

二〇〇五年八月十日

二手车交易规范

(商务部公告 2006 年第 22 号)

为规范二手车交易行为,指导交易各方进行二手车交易及相关活动,根据《二手车流通管理办法》,制定《二手车交易规范》,现予发布,在行业内推广实施。

特此公告。

中华人民共和国商务部
二〇〇六年三月二十四日

第一章 总 则

第一条 为规范二手车交易市场经营者和二手车经营主体的服务、经营行为,以及二手车直接交易双方的交易行为,明确交易规程,增加交易透明度,维护二手车交易双方的合法权益,依据《二手车流通管理办法》,制定本规范。

第二条 在中华人民共和国境内从事二手车交易及相关的活动适用于本规范。

第三条 二手车交易应遵循诚实、守信、公平、公开的原则,严禁欺行霸市、强买强卖、弄虚作假、恶意串通、敲诈勒索等违法行为。

第四条 二手车交易市场经营者和二手车经营主体应在各自的经营范围内从事经营活动,不得超范围经营。

第五条 二手车交易市场经营者和二手车经营主体应按下列项目确认卖方的身份及车辆的合法性:

(一)卖方身份证明或者机构代码证书原件合法有效;

(二)车辆号牌、机动车登记证书、机动车行驶证、机动车安全技术检验合格标志真实、合法、有效;

(三)交易车辆不属于《二手车流通管理办法》第二十三条规定禁止交易的车辆。

第六条 二手车交易市场经营者和二手车经营主体应核实卖方的所有权或处置权证明。车辆所有权或处置权证明应符合下列条件:

(一)机动车登记证书、行驶证与卖方身份证明名称一致;国家机关、国有企事业单位出售的车辆,应附有资产处理证明;

(二)委托出售的车辆,卖方应提供车主授权委托书和身份证明;

(三)二手车经销企业销售的车辆,应具有车辆收购合同等能够证明经销企业拥有该车所有权或处置权的相关材料,以及原车主身份证明复印件。原车主名称应与机动车登记证、行驶证名称一致。

第七条 二手车交易应当签订合同,明确相应的责任和义务。交易合同包括:收购合同、销售合同、买卖合同、委托购买合同、委托出售合同、委托拍卖合同等。

第八条 交易完成后,买卖双方应当按照国家有关规定,持下列法定证明、凭证向公安机关交通管理部门申办车辆转移登记手续：

（一）买方及其代理人的身份证明；

（二）机动车登记证书；

（三）机动车行驶证；

（四）二手车交易市场、经销企业、拍卖公司按规定开具的二手车销售统一发票；

（五）属于解除海关监管的车辆,应提供《中华人民共和国海关监管车辆解除监管证明书》。

车辆转移登记手续应在国家有关政策法规所规定的时间内办理完毕,并在交易合同中予以明确。

完成车辆转移登记后,买方应按国家有关规定,持新的机动车登记证书和机动车行驶证到有关部门办理车辆购置税、养路费变更手续。

第九条　二手车应在车辆注册登记所在地交易。二手车转移登记手续应按照公安部门有关规定在原车辆注册登记所在地公安机关交通管理部门办理。需要进行异地转移登记的,由车辆原属地公安机关交通管理部门办理车辆转出手续,在接收地公安机关交通管理部门办理车辆转入手续。

第十条　二手车交易市场经营者和二手车经营主体应根据客户要求提供相关服务,在收取服务费、佣金时应开具发票。

第十一条　二手车交易市场经营者、经销企业、拍卖公司应建立交易档案,交易档案主要包括以下内容：

（一）本规范第五条第二款规定的法定证明、凭证复印件；

（二）购车原始发票或者最近一次交易发票复印件；

（三）买卖双方身份证明或者机构代码证书复印件；

（四）委托人及授权代理人身份证或者机构代码证书以及授权委托书复印件；

（五）交易合同原件；

（六）二手车经销企业的《车辆信息表》,二手车拍卖公司的《拍卖车辆信息》和《二手车拍卖成交确认书》；

（七）其他需要存档的有关资料。

交易档案保留期限不少于3年。

第十二条　二手车交易市场经营者、二手车经营主体发现非法车辆、伪造证照和车牌等违法行为,以及擅自更改发动机号、车辆识别代号(车架号码)和调整里程表等情况,应及时向有关执法部门举报,并有责任配合调查。

第二章　收购和销售

第十三条　二手车经销企业在收购车辆时,应按下列要求进行：

（一）按本规范第五条和第六条所列项目核实卖方身份以及交易车辆的所有权或处置权,并查验车辆的合法性；

（二）与卖方商定收购价格,如对车辆技术状况及价格存有异议,经双方商定可委托二手车鉴定评估机构对车辆技术状况及价值进行鉴定评估。达成车辆收购意向的,签订收购合

同,收购合同中应明确收购方享有车辆的处置权;

(三)按收购合同向卖方支付车款。

第十四条 二手车经销企业将二手车销售给买方之前,应对车辆进行检测和整备。

二手车经销企业应对进入销售展示区的车辆按《车辆信息表》的要求填写有关信息,在显要位置予以明示,并可根据需要增加《车辆信息表》的有关内容。

第十五条 达成车辆销售意向的,二手车经销企业应与买方签订销售合同,并将《车辆信息表》作为合同附件。按合同约定收取车款时,应向买方开具税务机关监制的统一发票,并如实填写成交价格。

买方持本规范第八条规定的法定证明、凭证到公安机关交通管理部门办理转移登记手续。

第十六条 二手车经销企业向最终用户销售使用年限在3年以内或行驶里程在6万公里以内的车辆(以先到者为准,营运车除外),应向用户提供不少于3个月或5000公里(以先到者为准)的质量保证。质量保证范围为发动机系统、转向系统、传动系统、制动系统、悬架系统等。

第十七条 二手车经销企业向最终用户提供售后服务时,应向其提供售后服务清单。

第十八条 二手车经销企业在提供售后服务的过程中,不得擅自增加未经客户同意的服务项目。

第十九条 二手车经销企业应建立售后服务技术档案。售后服务技术档案包括以下内容:

(一)车辆基本资料,主要包括车辆品牌型号、车牌号码、发动机号、车架号、出厂日期、使用性质、最近一次转移登记日期、销售时间、地点等;

(二)客户基本资料,主要包括客户名称(姓名)、地址、职业、联系方式等;

(三)维护修理记录,主要包括维护修理的时间、里程、项目等。

售后服务技术档案保存时间不少于3年。

第三章 经 纪

第二十条 购买或出售二手车可以委托二手车经纪机构办理。委托二手车经纪机构购买二手车时,应按《二手车流通管理办法》第二十一条规定进行。

第二十一条 二手车经纪机构应严格按照委托购买合同向买方交付车辆、随车文件及本规范第五条第二款规定的法定证明、凭证。

第二十二条 经纪机构接受委托出售二手车,应按以下要求进行:

(一)及时向委托人通报市场信息;

(二)与委托人签订委托出售合同;

(三)按合同约定展示委托车辆,并妥善保管,不得挪作他用;

(四)不得擅自降价或加价出售委托车辆。

第二十三条 签订委托出售合同后,委托出售方应当按照合同约定向二手车经纪机构交付车辆、随车文件及本规范第五条第二款规定的法定证明、凭证。

车款、佣金给付按委托出售合同约定办理。

第二十四条 通过二手车经纪机构买卖的二手车,应由二手车交易市场经营者开具国家税务机关监制的统一发票。

第二十五条 进驻二手车交易市场的二手车经纪机构应与交易市场管理者签订相应的管理协议,服从二手车交易市场经营者的统一管理。

第二十六条 二手车经纪人不得以个人名义从事二手车经纪活动。

二手车经纪机构不得以任何方式从事二手车的收购、销售活动。

第二十七条 二手车经纪机构不得采取非法手段促成交易,以及向委托人索取合同约定佣金以外的费用。

第四章 拍　卖

第二十八条 从事二手车拍卖及相关中介服务活动,应按照《拍卖法》及《拍卖管理办法》的有关规定进行。

第二十九条 委托拍卖时,委托人应提供身份证明、车辆所有权或处置权证明及其他相关材料。拍卖人接受委托的,应与委托人签订委托拍卖合同。

第三十条 委托人应提供车辆真实的技术状况,拍卖人应如实填写《拍卖车辆信息》。

如对车辆的技术状况存有异议,拍卖委托双方经商定可委托二手车鉴定评估机构对车辆进行鉴定评估。

第三十一条 拍卖人应于拍卖日 7 日前发布公告。拍卖公告应通过报纸或者其他新闻媒体发布,并载明下列事项:

(一)拍卖的时间、地点;

(二)拍卖的车型及数量;

(三)车辆的展示时间、地点;

(四)参加拍卖会办理竞买的手续;

(五)需要公告的其他事项。

拍卖人应在拍卖前展示拍卖车辆,并在车辆显著位置张贴《拍卖车辆信息》。车辆的展示时间不得少于 2 天。

第三十二条 进行网上拍卖,应在网上公布车辆的彩色照片和《拍卖车辆信息》,公布时间不得少于 7 天。

网上拍卖是指二手车拍卖公司利用互联网发布拍卖信息,公布拍卖车辆技术参数和直观图片,通过网上竞价,网下交接,将二手车转让给超过保留价的最高应价者的经营活动。

网上拍卖过程及手续应与现场拍卖相同。网上拍卖组织者应根据《拍卖法》及《拍卖管理办法》有关条款制定网上拍卖规则,竞买人则需要办理网上拍卖竞买手续。

任何个人及未取得二手车拍卖人资质的企业不得开展二手车网上拍卖活动。

第三十三条 拍卖成交后,买受人和拍卖人应签署《二手车拍卖成交确认书》。

第三十四条 委托人、买受人可与拍卖人约定佣金比例。

委托人、买受人与拍卖人对拍卖佣金比例未作约定的,依据《拍卖法》及《拍卖管理办法》有关规定收取佣金。

拍卖未成交的,拍卖人可按委托拍卖合同的约定向委托人收取服务费用。

第三十五条　拍卖人应在拍卖成交且买受人支付车辆全款后,将车辆、随车文件及本规范第五条第二款规定的法定证明、凭证交付给买受人,并向买受人开具二手车销售统一发票,如实填写拍卖成交价格。

第五章　直　接　交　易

第三十六条　二手车直接交易方为自然人的,应具有完全民事行为能力。无民事行为能力的,应由其法定代理人代为办理,法定代理人应提供相关证明。

二手车直接交易委托代理人办理的,应签订具有法律效力的授权委托书。

第三十七条　二手车直接交易双方或其代理人均应向二手车交易市场经营者提供其合法身份证明,并将车辆及本规范第五条第二款规定的法定证明、凭证送交二手车交易市场经营者进行合法性验证。

第三十八条　二手车直接交易双方应签订买卖合同,如实填写有关内容,并承担相应的法律责任。

第三十九条　二手车直接交易的买方按照合同支付车款后,卖方应按合同约定及时将车辆及本规范第五条第二款规定的法定证明、凭证交付买方。

车辆法定证明、凭证齐全合法,并完成交易的,二手车交易市场经营者应当按照国家有关规定开具二手车销售统一发票,并如实填写成交价格。

第六章　交易市场的服务与管理

第四十条　二手车交易市场经营者应具有必要的配套服务设施和场地,设立车辆展示交易区、交易手续办理区及客户休息区,做到标识明显,环境整洁卫生。交易手续办理区应设立接待窗口,明示各窗口业务受理范围。

第四十一条　二手车交易市场经营者在交易市场内应设立醒目的公告牌,明示交易服务程序、收费项目及标准、客户查询和监督电话号码等内容。

第四十二条　二手车交易市场经营者应制定市场管理规则,对场内的交易活动负有监督、规范和管理责任,保证良好的市场环境和交易秩序。由于管理不当给消费者造成损失的,应承担相应的责任。

第四十三条　二手车交易市场经营者应及时受理并妥善处理客户投诉,协助客户挽回经济损失,保护消费者权益。

第四十四条　二手车交易市场经营者在履行其服务、管理职能的同时,可依法收取交易服务和物业等费用。

第四十五条　二手车交易市场经营者应建立严格的内部管理制度,牢固树立为客户服务、为驻场企业服务的意识,加强对所属人员的管理,提高人员素质。二手车交易市场服务、管理人员须经培训合格后上岗。

第七章　附　　则

第四十六条　本规范自发布之日起实施。

国家税务总局关于统一二手车销售发票式样问题的通知

(国税函[2005]693号)

各省、自治区、直辖市和计划单列市国家税务局：

随着我国经济发展和改革开放的不断深入，机动车销售市场日趋活跃，二手车交易也快速增长。为了适应二手车交易方式变化和强化税收征收管理的需要，总局决定统一二手车销售发票的式样。现就有关问题明确如下：

一、二手车经销企业、经纪机构和拍卖企业，在销售、中介和拍卖二手车收取款项时，必须开具《二手车销售统一发票》(以下简称《二手车发票》)。

二、二手车发票由以下用票人开具：

(一)从事二手车交易的市场，包括二手车经纪机构和消费者个人之间二手车交易需要开具发票的，由二手车交易市场统一开具。

(二)从事二手车交易活动的经销企业，包括从事二手车交易的汽车生产和销售企业。

(三)从事二手车拍卖活动的拍卖公司。

三、《二手车发票》采用压感纸，由各省、自治区、直辖市和计划单列市国家税务局严格按照票样统一印制。

四、《二手车发票》为一式五联计算机票。计算机票第一联为发票联，印色为棕色；第二联为转移登记联(公安车辆管理部门留存)，印色为蓝色；第三联为出入库联，印色为紫色；第四联为记账联，印色为红色；第五联为存根联，印色为黑色。规格为241mm×178mm(票样附后)。

五、《二手车发票》由二手车交易市场、经销企业和拍卖企业开具的，存根联、记账联、入库联由开票方留存；发票联、转移登记联由购车方记账和交公安交管部门办理过户手续。

六、二手车交易市场或二手车拍卖公司在办理过户手续过程中需要收取过户手续费，以及二手车鉴定评估机构收取评估费的，应另外由其开具地方税务局监制的服务业发票；而《二手车发票》价款中不应包括过户手续费和评估费。

七、《二手车发票》从2005年10月1日开始启用，各地旧版发票同时停止使用。各地国税局应将《二手车发票》票样送公安机关备案。各地地税局印制的涉及二手车交易的服务业发票按上述时间同时启用。

八、《二手车发票》的开票软件暂由各省、自治区、直辖市和计划单列市国税局统一开发，并无偿提供给用户使用。在未使用税控收款机前，可不打印机打代码、机打号码、机器编号和税控码。

附件：《二手车销售统一发票》式样

抄送：各省、自治区、直辖市和计划单列市地方税务局。

二〇〇五年七月五日

二手车销售统一发票
发票联

发票代码000000000000
发票号码00000000

开票日期：

机打代码 机打号码 机器编号		税控码		
买方单位/个人		单位代码/身份证号码		
买方单位/个人住址			电话	
卖方单位/个人		单位代码/身份证号码		
卖方单位/个人住址			电话	
车牌照号	登记证号		车辆类型	
车架号/车辆识别代码	厂牌型号		转入地车辆管理所名称	
车价合计(大写)			小写	
经营、拍卖单位				
经营、拍卖单位地址		纳税人识别号		
开户银行、账号			电话	
二手车市场		纳税人识别号		
		地址		
开户银行、账号			电话	
备 注：				

开票单位(盖章) 　　工商部门审核(盖章) 　　开票人 　　手写无效

第一联 发票联

二手车销售统一发票
转移登记联

发票代码000000000000
发票号码00000000

开票日期：

机打代码 机打号码 机器编号		税控码		
买方单位/个人		单位代码/身份证号码		
买方单位/个人住址			电话	
卖方单位/个人		单位代码/身份证号码		
卖方单位/个人住址			电话	
车牌照号	登记证号		车辆类型	
车架号/车辆识别代码	厂牌型号		转入地车辆管理所名称	
车价合计(大写)			小写	
经营、拍卖单位				
经营、拍卖单位地址		纳税人识别号		
开户银行、账号			电话	
二手车市场		纳税人识别号		
		地址		
开户银行、账号			电话	
备 注：				

开票单位(盖章) 　　工商部门审核(盖章) 　　开票人 　　手写无效

第二联 转移登记联

二手车销售统一发票
出 入 库 联

发票代码000000000000
发票号码00000000

开票日期：

机打代码 机打号码 机器编号		税控码		
买方单位/个人		单位代码/身份证号码		
买方单位/个人住址			电话	
卖方单位/个人		单位代码/身份证号码		
卖方单位/个人住址			电话	
车牌照号		登记证号	车辆类型	
车架号/车辆识别代码		厂牌型号	转入地车辆管理所名称	
车价合计(大写)				小写
经营、拍卖单位				
经营、拍卖单位地址			纳税人识别号	
开户银行、账号			电话	
二手车市场		纳税人识别号		
		地 址		
开户银行、账号			电话	
备 注：				

开票单位(盖章)　　　工商部门审核(盖章)　　　开票人　　　手写无效

第三联 出入库联

二手车销售统一发票
记 账 联

发票代码000000000000
发票号码00000000

开票日期：

机打代码 机打号码 机器编号		税控码		
买方单位/个人		单位代码/身份证号码		
买方单位/个人住址			电话	
卖方单位/个人		单位代码/身份证号码		
卖方单位/个人住址			电话	
车牌照号		登记证号	车辆类型	
车架号/车辆识别代码		厂牌型号	转入地车辆管理所名称	
车价合计(大写)				小写
经营、拍卖单位				
经营、拍卖单位地址			纳税人识别号	
开户银行、账号			电话	
二手车市场		纳税人识别号		
		地 址		
开户银行、账号			电话	
备 注：				

开票单位(盖章)　　　工商部门审核(盖章)　　　开票人　　　手写无效

第四联 记账联

二手车销售统一发票
存 根 联

发票代码000000000000
发票号码00000000

开票日期：

机打代码 机打号码 机器编号		税控码	
买方单位/个人		单位代码/身份证号码	
买方单位/个人住址		电话	
卖方单位/个人		单位代码/身份证号码	
卖方单位/个人住址		电话	
车牌照号	登记证号		车辆类型	
车架号/车辆识别代码	厂牌型号		转入地车辆管理所名称	
车价合计(大写)			小写	
经营、拍卖单位				
经营、拍卖单位地址		纳税人识别号		
开户银行、账号			电话	
二手车市场		纳税人识别号		
		地址		
开户银行、账号			电话	
备 注：				

票样

第五联 存根联

开票单位(盖章)   工商部门审核(盖章)   开票人   手写无效

商务部、发改委、公安部、环境保护部令

(2012年第12号)

《机动车强制报废标准规定》已经2012年8月24日商务部第68次部务会议审议通过,并经发展改革委、公安部、环境保护部同意,现予发布,自2013年5月1日起施行。《关于发布〈汽车报废标准〉的通知》(国经贸经〔1997〕456号)、《关于调整轻型载货汽车报废标准的通知》(国经贸经〔1998〕407号)、《关于调整汽车报废标准若干规定的通知》(国经贸资源〔2000〕1202号)、《关于印发〈农用运输车报废标准〉的通知》(国经贸资源〔2001〕234号)、《摩托车报废标准暂行规定》(国家经贸委、发展计划委、公安部、环保总局令〔2002〕第33号)同时废止。

部　　长：陈德铭

主　　任：张　平

部　　长：孟建柱

部　　长：周生贤

2012年12月27日

机动车强制报废标准规定

第一条　为保障道路交通安全、鼓励技术进步、加快建设资源节约型、环境友好型社会,根据《中华人民共和国道路交通安全法》及其实施条例、《中华人民共和国大气污染防治法》、《中华人民共和国噪声污染防治法》,制定本规定。

第二条　根据机动车使用和安全技术、排放检验状况,国家对达到报废标准的机动车实施强制报废。

第三条　商务、公安、环境保护、发展改革等部门依据各自职责,负责报废机动车回收拆解监督管理、机动车强制报废标准执行有关工作。

第四条　已注册机动车有下列情形之一的应当强制报废,其所有人应当将机动车交售给报废机动车回收拆解企业,由报废机动车回收拆解企业按规定进行登记、拆解、销毁等处理,并将报废机动车登记证书、号牌、行驶证交公安机关交通管理部门注销:

(一)达到本规定第五条规定使用年限的;

(二)经修理和调整仍不符合机动车安全技术国家标准对在用车有关要求的;

(三)经修理和调整或者采用控制技术后,向大气排放污染物或者噪声仍不符合国家标准对在用车有关要求的;

(四)在检验有效期届满后连续3个机动车检验周期内未取得机动车检验合格标志的。

第五条　各类机动车使用年限分别如下:

(一)小、微型出租客运汽车使用8年,中型出租客运汽车使用10年,大型出租客运汽车使用12年;

（二）租赁载客汽车使用15年；

（三）小型教练载客汽车使用10年，中型教练载客汽车使用12年，大型教练载客汽车使用15年；

（四）公交客运汽车使用13年；

（五）其他小、微型营运载客汽车使用10年，大、中型营运载客汽车使用15年；

（六）专用校车使用15年；

（七）大、中型非营运载客汽车（大型轿车除外）使用20年；

（八）三轮汽车、装用单缸发动机的低速货车使用9年，装用多缸发动机的低速货车以及微型载货汽车使用12年，危险品运输载货汽车使用10年，其他载货汽车（包括半挂牵引车和全挂牵引车）使用15年；

（九）有载货功能的专项作业车使用15年，无载货功能的专项作业车使用30年；

（十）全挂车、危险品运输半挂车使用10年，集装箱半挂车20年，其他半挂车使用15年；

（十一）正三轮摩托车使用12年，其他摩托车使用13年。

对小、微型出租客运汽车（纯电动汽车除外）和摩托车，省、自治区、直辖市人民政府有关部门可结合本地实际情况，制定严于上述使用年限的规定，但小、微型出租客运汽车不得低于6年，正三轮摩托车不得低于10年，其他摩托车不得低于11年。

小、微型非营运载客汽车、大型非营运轿车、轮式专用机械车无使用年限限制。机动车使用年限起始日期按照注册登记日期计算，但自出厂之日起超过2年未办理注册登记手续的，按照出厂日期计算。

第六条 变更使用性质或者转移登记的机动车应当按照下列有关要求确定使用年限和报废：

（一）营运载客汽车与非营运载客汽车相互转换的，按照营运载客汽车的规定报废，但小、微型非营运载客汽车和大型非营运轿车转为营运载客汽车的，应按照本规定附件1所列公式核算累计使用年限，且不得超过15年；

（二）不同类型的营运载客汽车相互转换，按照使用年限较严的规定报废；

（三）小、微型出租客运汽车和摩托车需要转出登记所属地省、自治区、直辖市范围的，按照使用年限较严的规定报废；

（四）危险品运输载货汽车、半挂车与其他载货汽车、半挂车相互转换的，按照危险品运输载货车、半挂车的规定报废。

距本规定要求使用年限1年以内（含1年）的机动车，不得变更使用性质、转移所有权或者转出登记地所属地市级行政区域。

第七条 国家对达到一定行驶里程的机动车引导报废。

达到下列行驶里程的机动车，其所有人可以将机动车交售给报废机动车回收拆解企业，由报废机动车回收拆解企业按规定进行登记、拆解、销毁等处理，并将报废的机动车登记证书、号牌、行驶证交公安机关交通管理部门注销：

（一）小、微型出租客运汽车行驶60万千米，中型出租客运汽车行驶50万千米，大型出租客运汽车行驶60万千米；

（二）租赁载客汽车行驶60万千米；

（三）小型和中型教练载客汽车行驶50万千米，大型教练载客汽车行驶60万千米；

（四）公交客运汽车行驶40万千米；

（五）其他小、微型营运载客汽车行驶60万千米，中型营运载客汽车行驶50万千米，大型营运载客汽车行驶80万千米；

（六）专用校车行驶40万千米；

（七）小、微型非营运载客汽车和大型非营运轿车行驶60万千米，中型非营运载客汽车行驶50万千米，大型非营运载客汽车行驶60万千米；

（八）微型载货汽车行驶50万千米，中、轻型载货汽车行驶60万千米，重型载货汽车（包括半挂牵引车和全挂牵引车）行驶70万千米，危险品运输载货汽车行驶40万千米，装用多缸发动机的低速货车行驶30万千米；

（九）专项作业车、轮式专用机械车行驶50万千米；

（十）正三轮摩托车行驶10万千米，其他摩托车行驶12万千米。

第八条　本规定所称机动车是指上道路行驶的汽车、挂车、摩托车和轮式专用机械车；非营运载客汽车是指个人或者单位不以获取利润为目的的自用载客汽车；危险品运输载货汽车是指专门用于运输剧毒化学品、爆炸品、放射性物品、腐蚀性物品等危险品的车辆；变更使用性质是指使用性质由营运转为非营运或者由非营运转为营运，小、微型出租、租赁、教练等不同类型的营运载客汽车之间的相互转换，以及危险品运输载货汽车转为其他载货汽车。本规定所称检验周期是指《中华人民共和国道路交通安全法实施条例》规定的机动车安全技术检验周期。

第九条　省、自治区、直辖市人民政府有关部门依据本规定第五条制定的小、微型出租客运汽车或者摩托车使用年限标准，应当及时向社会公布，并报国务院商务、公安、环境保护等部门备案。

第十条　上道路行驶拖拉机的报废标准规定另行制定。

第十一条　本规定自2013年5月1日起施行。2013年5月1日前已达到本规定所列报废标准的，应当在2014年4月30日前予以报废。《关于发布〈汽车报废标准〉的通知》（国经贸经〔1997〕456号）、《关于调整轻型载货汽车报废标准的通知》（国经贸经〔1998〕407号）、《关于调整汽车报废标准若干规定的通知》（国经贸资源〔2000〕1202号）、《关于印发〈农用运输车报废标准〉的通知》（国经贸资源〔2001〕234号）、《摩托车报废标准暂行规定》（国家经贸委、发展计划委、公安部、环保总局令〔2002〕第33号）同时废止。

附件：
  1. 非营运小微型载客汽车和大型轿车变更使用性质后累计使用年限计算公式.doc
  2. 机动车使用年限及行驶里程参考值汇总表.doc

附件 1

非营运小微型载客汽车和大型轿车
变更使用性质后累计使用年限计算公式

$$累计使用年限 = 原状态已使用年 + \left(1 - \frac{原状态已使用年}{原状态使用年限}\right) \times 状态改变后年限$$

备注：公式中原状态已使用年中不足一年的按一年计算，例如，已使用 2.5 年按照 3 年计算；原状态使用年限数值取定值为 17；累计使用年限计算结果向下圆整为整数，且不超过 15 年。

附件2

机动车使用年限及行驶里程参考值汇总表

车辆类型与用途				使用年限(年)	行驶里程参考值(万 km)
汽车	载客	营运	出租客运 小、微型	8	60
			出租客运 中型	10	50
			出租客运 大型	12	60
			租赁	15	60
			教练 小型	10	50
			教练 中型	12	50
			教练 大型	15	60
			公交客运	13	40
			其他 小、微型	10	60
			其他 中型	15	50
			其他 大型	15	80
			专用校车	15	40
		非营运	小、微型客车、大型轿车*	无	60
			中型客车	20	50
			大型客车	20	60
	载货		微型	12	50
			中、轻型	15	60
			重型	15	70
			危险品运输	10	40
			三轮汽车、装用单缸发动机的低速货车	9	无
			装用多缸发动机的低速货车	12	30
	专项作业		有载货功能	15	50
			无载货功能	30	50
挂车	半挂车		集装箱	20	无
			危险品运输	10	无
			其他	15	无
	全挂车			10	无
摩托车			正三轮	12	10
			其他	13	12
轮式专用机械车				无	50

注：1. 表中机动车主要依据《机动车类型 术语和定义》(GA802—2008)进行分类；标注 * 车辆为乘用车。

2. 对小、微型出租客运汽车(纯电动汽车除外)和摩托车，省、自治区、直辖市人民政府有关部门可结合本地实际情况，制定严于表中使用年限的规定，但小、微型出租客运汽车不得低于6年，正三轮摩托车不得低于10年，其他摩托车不得低于11年。

参 考 文 献

[1] 李天江,明平顺.旧机动车鉴定估价[M].北京:人民交通出版社,2006.
[2] 张克明,汽车评估[M].北京:机械工业出版社,2000.
[3] 中国总括表.中国汽车生产总括表(2007年8月)[R].FOURIN 中国汽车调查月报,2007,10:52-53.
[4] 耿莉敏,杜建,边耀璋.旧机动车综合成新率计算方法[J].长安大学学报.自然科学版.2006,26(6):95.
[5] 冯秀荣,王斌.影响二手车价值的因子分析[J].商业研究,2008,02:102-104.
[6] 胡宁,陈志恒,吴训成,等.二手车价格评估中的车型分类方法研究[J].上海工程技术大学学报.2004,18(3):195-198.
[7] 耿丽娟.旧机动车鉴定估价方法及信息系统的研究[D].西安:长安大学,2004.
[8] 阿里·古巴提.也门二手车鉴定评估方法研究[D].西安:长安大学,2006.
[9] 张延民.一汽—大众公司开辟 AUDI 二手车市场的可行性研究报告[D].长春:吉林大学,2003.
[10] 中国二手车网[EB/OL].http://www.zg2sc.cn.
[11] 51汽车-二手车[EB/OL].http://www.51AUTO.com.
[12] 二手车参考价[J].汽车与社会,2008,4:146-148.
[13] 四招"杀手锏"精挑二手车[J].汽车与社会,2007,12:179.
[14] 驰昊资讯网[EB/OL].http://autolist.ucar.cn.
[15] 中国二手车城网[EB/OL].http://www.cn2che.com/.
[16] 2008年我国二手车行业政策三大看点.273电子杂志.http://ebook.273.cn.
[17] 陈晓芸.2008年二手车市场迎来开门红[N].中国汽车报,2008-1-14(D14).
[18] 郑元春.2007年二手车市场呈现四大特点[N].北京汽车报,2007-12-27(A04).
[19] 张震.二手车交易准新车越来越多,车龄缩短[N].中国消费者报,2008-1-18(B04).
[20] 刘勇.2008换车将"挂高速挡"[N].市场报,2008-1-16(4).
[21] 2008二手车将迎来"牛市"[J].汽车与社会,2008,2:160.
[22] 如何检查二手车车况质量[J].汽车与社会,2007,12:179.
[23] 贺北时.国外二手车发展情况[N].中国汽车报,2007-11-5(C12).
[24] 黄鹏飞.瞪大眼睛,6招帮你挤出旧车"水分"[N].法治快报,2007-1-4(6).
[25] 中国汽车流通协会[EB/OL].http://www.cada.gov.cn/.
[26] 虞晓芬,汪初牧.资产评估[M].北京:清华大学出版社,2004.
[27] 鲁植雄.二手车鉴定评估实用手册[M].南京:江苏科技出版社,2007.
[28] 戴冠军.汽车维修工程[M].北京:人民交通出版社,1999.
[29] 陈焕江.汽车检测与诊断[M].北京:机械工业出版社,2001.
[30] 余志生.汽车理论[M].第2版.北京:机械工业出版社,1996.

[31] 王永盛.车险理赔查勘与定损[M].北京:机械工业出版社,2006.

[32] 屠卫星.汽车文化[M].北京:人民交通出版社,2005.

[33] 中华人民共和国公安部.GA 468—2004 机动车安全检验项目和方法解释说明(宣贯讲义)[S].2004.

[34] 国家质量技术监督局.GB 7258—2004 机动车运行安全技术条件[S].2004.

[35] 上官文斌.二手车经纪人[M].北京:北京理工大学出版社,2007.

[36] 姜正根.二手车鉴定评估实用技术[M].北京:中国劳动社会保障出版社,2007.

[37] 庞昌乐.二手车评估与交易实务[M].北京:北京理工大学出版社,2007.

[38] 张克明.汽车评估[M].北京:机械工业出版社,2002.

[39] 陈高翔.二手车交易实用手册[M].北京:机械工业出版社,2008.

[40] 杨晓晨.精明之选:二手车买卖实战技巧与案例分析[M].北京:机械工业出版社,2009.

[41] 范小乐.轻松选购二手车[M].北京:机械工业出版社,2009.

[42] 沈荣.共赢2013 追梦2014[EB/OL].[2013-05-09]http://2sc.sohu.com/news/20130509/n375350269.shtml.

[43] 屠卫星.二手车置换与品牌二手车的探究[J]技术与市场,2013,3.

[44] 陈志杰.二手车进入品牌时代[N].南方日报,2012-05-11.

[45] 贵阳峰会嘉宾互动研讨二手车的模式创新[EB/OL].[2013-05-09]http://2sc.sohu.com/news/20130509/n375373888.shtml.

[46] 马晓威.互联网是二手车营销不二的选择[EB/OL].[2013-05-09]http://2sc.sohu.com/news/20130509/n375355171_2.shtml.

[47] 互联网如何切入"二手车"?胜算何在?[EB/OL].[2013-07-08]http://2sc.sohu.com/news/20130708/n380973154.shtml.

[48] 陆慧泉,吴丽.汽车也玩大数据,但毕竟不是电商[J].商业周刊,2013,13.

[49] 李博.二手车越来越重[J].第一财经周刊,2013,23.

[50] 第一车网.二手车评估国家标准首次面世[EB/OL].[2012-06-27]http://www.nbd.com.cn/.

[51] 中国汽车流通协会.二手车鉴定评估规范(征求意见稿)[EB/OL].[2012-07-06]http://www.cada.cn/ShowDetail.asp?id=536/.

[52] 51汽车年度盛典 品牌二手车颁奖典礼暨保值率排行榜单发布活动完美落幕[EB/OL].[2012-04-22]http://www.51auto.com/news/201204/nw185947.htm.